本书受到云南省哲学社会科学学术著作出版专项经费资助

受到云南师范大学民族审美教育研究中心经费资助

清代云南「夷人图说」研究

李立 史青 著

中华书局

图书在版编目（CIP）数据

清代云南"夷人图说"研究/李立,史青著. —北京:中华书局,
2021.10
ISBN 978-7-101-15335-4

Ⅰ.清…　Ⅱ.①李…②史…　Ⅲ.少数民族-社会生活-云南
-清代-图解　Ⅳ.K280.74-64

中国版本图书馆 CIP 数据核字（2021）第 182244 号

书　　名	清代云南"夷人图说"研究
著　　者	李　立　史　青
责任编辑	余　瑾
出版发行	中华书局
	（北京市丰台区太平桥西里 38 号　100073）
	http://www.zhbc.com.cn
	E-mail:zhbc@zhbc.com.cn
印　　刷	北京市白帆印务有限公司
版　　次	2021 年 10 月北京第 1 版
	2021 年 10 月北京第 1 次印刷
规　　格	开本/920×1250 毫米　1/32
	印张 10¼　插页 6　字数 270 千字
国际书号	ISBN 978-7-101-15335-4
定　　价	68.00 元

爨蛮图说

爨蛮夲安乇人在晋时为南宁太守中闻乱遂之蛮中陆凉有爨以万氏其爨王楚令尹子文之後焚姓班氏汉末食色投爨遂以万氏其裔也遂坐为镇蛮技尉蛮音而清爨现作乱万歳计千之孟唐以爨归王为南宁州刺史程石城即曲靖也其部在西爲西爨白蛮在东爲东爨鸟蛮以鸟爲饰妄姓其种爨者涯王姓耳之内樏頪甚多有名滇爨者涩水之间之回之而敬初樏頪甚多有名滇爨言涤青好六回之而其大收寨刂力耕火猚寨则聚而爲监男子椎髻摺玉然贤左右俪雙刀寒大猚女披髮衣裙之賛者剌锦绣赎者板军皮为泮岩立丝绅善者裙不摺膝以騰月爲春耶六月廿四爲年节病无甓药用姜互樏之巫祠大琉结或回拜禍或其卜取雄推生剌不爲两斛剌玄闻圉具寰向多寒向骨鳩送之祀以斯山其雍必嬉有姜经省爨字状以柿年精音触如夭象断隂晴民闻旮祭夭爲臺三阶以誇死以豹皮爰扆而焚莹其骨扰山非玉觌奠知其處

僰夷圖說

台北傅斯年图书馆藏未刊稿抄本《滇夷图说·僰夷图说》

白人國說

白人者白國之支流也其先有西海阿育王
奉佛如素不為梁不殺命孫以慈信治國人愛
漢元狩間武帝惡滇之當羌以仁果代王
王治白崖傅玉仁果以慈信治國人愛
其地仍稱白國傳世十五至五鳳龍佑那托其故
云舊譜蜀亮定南中仍封佑那托其故
地賜姓張氏治玉磨時其十七代孫張樂
進求以國讓蒙氏而隱其他首長皆張
氏子孫令之白人即其遺以蒙訛為白
遂稱為一類其實不相通雲南諸郡皆
有之習俗與華人不甚遠

台北傅斯年图书馆藏未刊稿抄本《滇夷图说·白人图说》

地羊鬼圖說

地羊鬼短髮黃睛性奸狡利生深
不帶弓箭刁弩與人相警馳行妖術
咒以木石等物易其所膽心腎遂不
教又置盂飲食中以元江轍其所
為

台北傅斯年图书馆藏未刊稿抄本《滇夷图说·地羊鬼图说》

滇省迤南
迤西夷圖說

自蜀漢諸葛丞相平蠻理治
封白國王龍佑那於故地配蠻
中大姓焦雍妻爨孟量毛李為
部曲厥後南北分爭寧州道絕
爨氏王滇諸姓散居三迤不知紀
名號差殊語言服食因之各異我
朝聲教遠敷諸夷與漢人雜居者多
知向化讀書習禮不惟列庠食餼

德国莱比锡民族学博物馆藏《滇省迤西迤南夷人图说》序1

者此而出且綴科名登仕版者亦
頗有人服食婚喪卷愛漢俗譯言
為夷矣惟邊域巖掫谷窖之輩
猶仍夷風其種尚繁此守土者之
責而覘其種又不可不辨也予滿竿仕
籍歷覽滇之三迤體訪治夷之情而
難易不齊愛乾乾耳目所及繪以四
十四種並錄其梗概於端非欲爭奇
好異聊備為治之採訪云
旹
乾隆五十三年歲次著雍涒灘仲
春如月
三楚賀長庚序

德国莱比锡民族学博物馆藏《滇省迤西迤南夷人图说》序2

德国莱比锡民族学博物馆藏《滇省迤西迤南夷人图说·俅人》

德国莱比锡民族学博物馆藏《滇省迤西迤南夷人图说·傈僳》

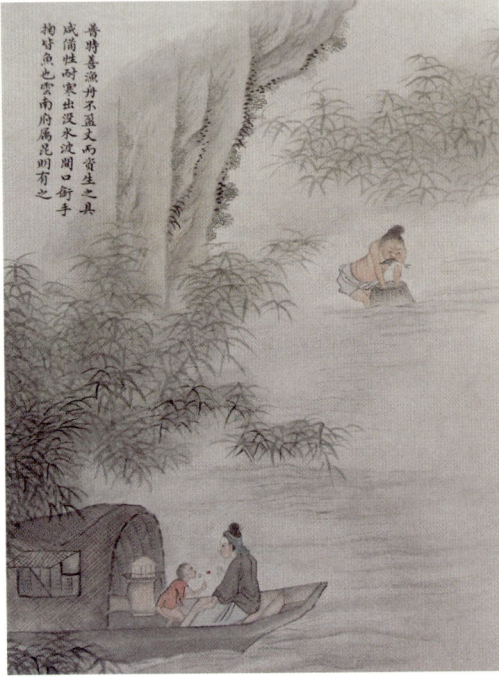

中国社会科学院民族学与人类学研究所图书馆藏《滇省夷人图说·普特》

中国社会科学院民族学与人类学研究所书馆藏《滇省夷人图说·野人》

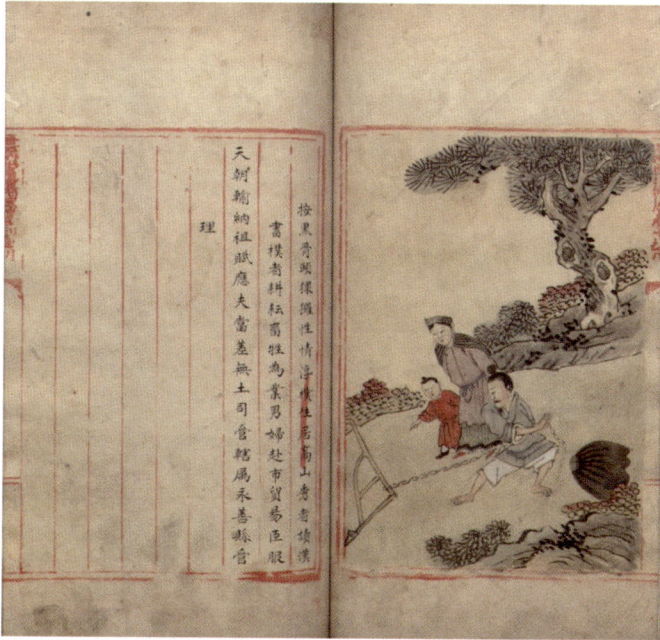

美国国会图书馆藏《云南昭通镇四营营制总册·右营永善县汛黑倮罗》

美国国会图书馆藏《云南标下元江营制总册·僰人》

光绪《续云南通志稿·野蛮》

地羊鬼短髮黃睛性奸狡嗜利出沒不常與人雙能行妖術用器物易其肝膽心腎為木石又置蠱飲食中 _{舊志}

光绪《续云南通志稿·地羊鬼》

目　录

绪 论

一、研究对象

基于人类学的文化整体观，我们尝试透过图文关系及地方历史的文化语境去发掘清代云南夷人图说的民族志意义。

夷人图说是古代流传下来的以非汉民族[①]为描绘对象的历史资料。其突出特点是图文并举，图像与说文以不同形式相匹配。夷人图说有悠长的历史传统，自梁朝萧绎以来，其重要类型"职

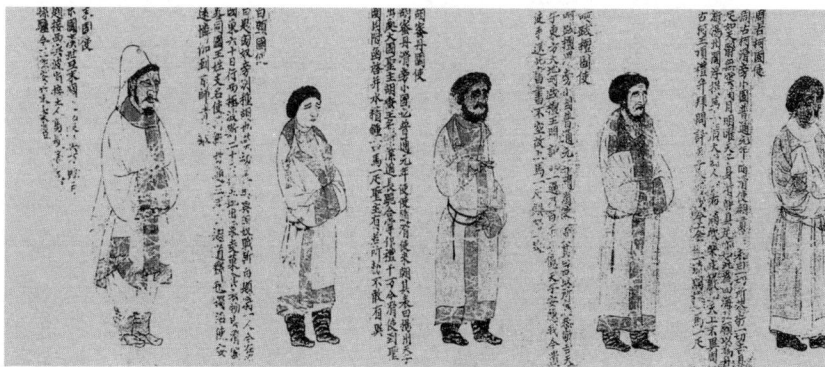

图1 （梁）萧绎《职贡图》摹本局部

[①] 非汉民族在古代文献中多称为"夷人""蛮夷""苗蛮""诸夷"。猡猡、猓猡、猓黑、猗猇、猱猱、猁密、猁鸡、狨、犵、獠、獞等民族称谓带有"犭"旁，除在必要处加以保留外，统一去除"犭"旁或改为"亻"旁。

贡图"就是认识四方夷民、宣示版图主权、构建王朝形象的重要图解形式。云南夷人图说与贵州"黔苗图"、海南"琼黎图"、台湾"台番图"等统称为"百苗图"或"苗图"。

对于历代王朝而言，地处西南边陲的云南具有特殊的地缘政治意义。高山大川造就的多样化生境使云南民族长期保有各自的文化特性。明清易代，随着帝国边疆拓展而来的，是强化治理与认识帝国版图之内及周边民族的需要，明朝开启的改土归流在清朝加大了推进力度。在明朝方志与图说基础上，清朝扩大民族认识的范围，细化民族的种类，民族图说的类型更加丰富，其认识的巅峰在中央政府有乾隆至嘉庆时期绘制的《皇清职贡图》，在地方则有嘉庆时期的《伯麟图说》与道光时期的《云南通志稿》图说。民族图说的涌现，与王朝自上而下的政策倡导和文人异于前朝的务实时风有关，也受到传入中国的西洋绘画写实取向的影响。

据清宫档案记载，乾隆十六年（1751）十一月十七日，四川总督策楞上奏乾隆帝：

> 四川总督臣策楞谨奏，为恭进番图事。窃臣于乾隆十五年八月十一日，承准大学士忠勇公傅恒字寄钦奉上谕，命臣将所知之西番、罗罗男妇形状，并衣饰服习，分别绘图注释，不知者，不必差查等因。钦此。钦遵，谨就臣所经历之夷地，及接见之番民，或参考于该管之文武，绘图二十四幅，并将该处地土风俗、服饰好尚大概情形，逐一注明成帙，恭呈御览。再本年八月十三日，承准廷寄番图二式，钦奉谕旨，令臣将所属苗瑶，以及外夷番众，照式绘图，送军机处汇呈，以昭王会之盛等因。臣现在钦遵，留心图写，容俟绘就另进。合并陈明，臣谨恭折具奏，伏祈

皇上睿鉴。为此谨奏。①

据此可知，乾隆十五年（1750）开启工程浩大的《皇清职贡图》编绘计划。

乾隆十六年，乾隆帝谕令军机大臣：

> 我朝统一区宇，内外苗夷输诚向化，其衣冠状貌各有不同，著沿边各督抚于所属苗、瑶、黎、僮以及外夷番众，仿其服饰绘图送军机处，汇齐呈览，以昭王会之盛。②

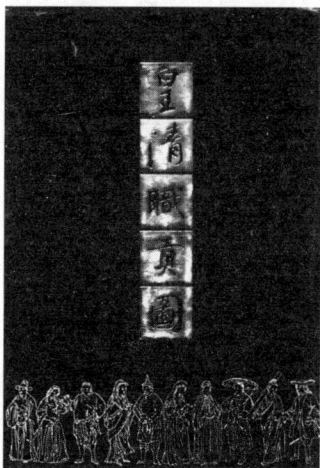

图2　辽沈书社《皇清职贡图》
封面书影

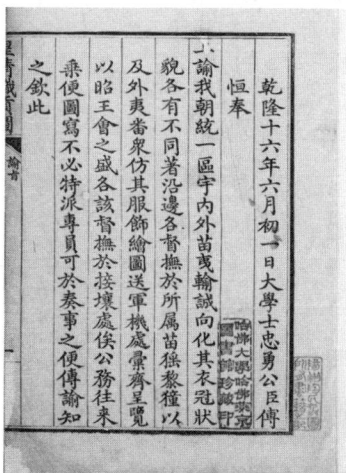

图3　《皇清职贡图》书影

①《四川总督策楞奏折》收入《宫中档乾隆朝奏折》（第一辑），台北"故宫博物院"，1982年，第910页。见赖毓芝：《图像帝国：乾隆朝〈职贡图〉的制作与帝都呈现》，《"中央研究院"近代史研究所集刊》第75期，2012年，第7页，注19。
②（清）傅恒等编著：《皇清职贡图》，辽沈书社，1991年，第1页。

《四库全书》总纂官纪昀在《四库全书总目·皇清职贡图提要》中称赞该图所绘：

> 或奉赆贡筐，亲睹其人；或仗钺乘轺，实经其地。允摄提合，雒以来所未睹之隆轨。①

乾隆二十一年（1756），云南巡抚爱必达命谢圣纶纂辑《百蛮图说》，进呈御览。谢氏在《滇黔志略》中记述：

> 余按各图与《通志》所载"种人"尤多不符，盖《通志》缘由旧志备录，新图则通行各属绘图册报，其于种类风俗，于近时皆为确凿可据。②

乾隆五十三年（1788），任云南迤南道兵备道的贺长庚，在其所制《滇省迤西迤南夷人图说》的序文中称：

> 予滥竽仕籍，历篆滇之三迤，体访治夷之情，而难易不齐。爰就耳目所及，绘得四十四种，并录其概于端。非欲争奇好异，聊备为治之采访云。③

---

① （清）纪昀等总纂：《景印文渊阁四库全书》第594册，台湾商务印书馆股份有限公司，1983年，第1页。
② （清）谢圣纶：《滇黔志略》卷十五《种人》，古永继点校，贵州人民出版社，2008年，第184页。
③ 贺长庚：《滇省迤西迤南夷人图说序》，见Claus Deimel. *Das Yunnan-Album Diansheng Yixi Yinan Yiren Tushuo:Illustrierte Beschreibung der Yi-Stämme im Westen und Südene der Provinz Dian.* Museum für Völkerkunde zu Leipzig, 2003, I–II.

另外，嘉庆三年（1798），清朝名将杨遇春在镇守云南普洱期间，编纂了一部被称为《普洱夷人图说》的图册，他在图册卷首序文中自呈：

> 余在黔最久，历任苗疆……备阅百蛮种类，钩念夷情……汇得四十五种……爰命丹青绘辑成图，务肖其实，不假妆饰。①

同样在嘉庆年间，《伯麟图说》的总纂官云贵总督伯麟，在进献图册的奏章中开篇便申明制图所遵奉的标准：

> 圣天子乾乾保泰，烛万里于户闼。诏以三迤山川人物、设险经野诸大政，括举梗概，登之图绘，用佐乙览。臣检校既竣，谨以图所未能备者，胪举申系于简末。②

即以云南"山川人物、设险经野"为对象，"登之图绘，用佐乙览"。图成后，又亲自"检校既竣"。

无论是制作规模、数量、精致程度，还是图像所涉及的非汉民族种类，夷人图说在清代都较之前有大的扩展。根据绘写内容与风格的相似性，可以将清代夷人图说分为几大类型：《皇清职贡图》、《滇夷图说》及其同源图说、《伯麟图说》摹本类型、《滇省迤西迤南夷人图说》及其同源图说、营制总册图说、方志图

---

① 赵荔：《清代〈普洱夷人图说〉研究》，云南大学硕士学位论文，2013年，附录"《普洱夷人图册（图说）》图文照片"，第52—53页。
② 揣振宇主编：《滇省夷人图说·滇省舆地图说》，中国社会科学出版社，2009年，第109页。

说。我们主要围绕这些图说展开讨论。虽然我们将研究对象的时间范围限定在清代，空间范围限定在云南，但必要时也会涉及清代之前和云南之外夷人图说的源流脉络。

二、研究现状

什么样的材料能够进入史学家的视野？这往往取决于史学家的问题意识和内心关切。史学的传统领域向来倚重文字材料，轻视图像。但正如彼得·伯克所言，当史学家们的兴趣延伸到了日常生活史、心态史、身体史、物质文化史等新领域的时候，他们的目光也开始转向图像[1]。到今天，图像可以用作历史的证据，当无疑问。问题在于要证明什么以及如何使用图像。

艺术史自来以图像为其研究对象，由德国学者瓦尔堡在20世纪初创建的图像学致力于将美术史发展为一种人文学科。它的研究方法，在一定程度上提示了图像作为历史证词的潜力。按潘诺夫斯基《图像学研究》一书的归纳，图像学解读图像的方法是一个系统化的意义生成的模型。它通过"前图像志描述—图像志分析—图像学解释"三个步骤，逐步对图像进行"风格史""类型史""文化象征史"三个层次的分析与解读[2]。图像学视图像为整体文化中的一个组成部分，如果解读者缺乏特定文化的相关知识，图像就无法解读，而通过解读则可以揭示图像背后的时代精神。另一位图像学学派的成员贡布里希却反对这种"艺术表达时代精神"的观点。他指出，主张特定时代有一个同质的文化是荒

[1]（英）彼得·伯克：《图像证史（第二版）》，杨豫译，北京大学出版社，2018年，第1页。

[2]（美）欧文·潘诺夫斯基：《图像学研究：文艺复兴时期艺术的人文主题》，戚印平、范景中译，上海三联书店，2011年，导论，第13页。

谬的①。在为自己的论文集《象征的图像：文艺复兴艺术研究第二卷》写的导言中，他特别强调了"阐释的有效性"，认为对图像意义的探寻不能排除原作者的意图②。虽然反对图像反映时代精神的看法，但贡布里希的图像研究并没有走向"非历史"的形式研究，他只是以一种更为客观的方式，即从艺术自身的历史来建立图像与历史的联系。他断言："没有一个艺术家能摒弃一切程式'画其所见'。"③他在1959年结集出版的《艺术与错觉》一书，就是回答"艺术何以能有其历史？"这一问题的著作。他在书中提出了一个著名的公式"先制作，后匹配"④，即画家再现事物必先套用既有"图式"，然后再依据现实去加以"修正"。不难看出，在此公式中具体的历史仍然不可或缺。如果说贡布里希以希腊艺术的革新为例，论述了这一公式的有效性，那么方闻则是利用中国古代的书法与绘画做了同样的事情。他把贡布里希的公式通俗地表述为"绘画都是'老图式'与'新看法'的结晶"⑤。他的研究，无论是在早期的《心印》中对唐代以后中国山水画风格变化的分

---

① （英）贡布里希：《文艺复兴：西方艺术的伟大时代》，李本正、范景中编选，中国美术学院出版社，2000年，第6页。

② （英）贡布里希：《象征的图像——贡布里希图像学文集》，杨思梁、范景中编选，广西美术出版社，2015年，第30页。

③ （英）贡布里希：《艺术与错觉：图画再现的心理学研究》，林夕、李本正、范景中译，浙江摄影出版社，1987年，序言，Ⅶ。

④ （英）贡布里希：《艺术与错觉：图画再现的心理学研究》，林夕、李本正、范景中译，浙江摄影出版社，1987年，第117页。

⑤ （美）方闻：《中国艺术史九讲》，谈晟广编，上海书画出版社，2016年，第187页。

析①，还是在《超越再现》中对《照夜白》马的造型的分析②，以及在论文《为什么中国绘画是历史》中对《女史箴图》人物线条的分析③，都体现了“先制作，后匹配”的说服力。方闻的研究并未止于风格变化的描述，而是积极地引入历史、文化等视角，在具体的历史中去寻找风格变化的原因。高居翰同样让我们看到了这种结合风格分析和历史情境分析来进行研究的努力。在《气势撼人》一书中，高居翰用图像“说话”，描述了17世纪的中国画家在面对表现对象时的不同取向、心态和策略，勾勒了一条再现之路的中断与延续的线索，还揭开了董其昌、陈洪绶等名家与画史所论大相径庭的面向④。

　　以上所举虽然都是艺术史家的论著，但是它们大都把图像看成整体文化的一个组成部分，其使用图像的方式其实更接近人类学家。尤其值得一提的是，这些作者在运用图像解释文化或者重构历史时，是把图像当作图像而不是当作文字的附庸来使用。这一点给予我们极大的启发。问题在于他们使用的图像在类型上太偏重于艺术作品，而在历史之中，人们的日用之物大多并非艺术品。大量被使用、被观看并产生影响的图像是由无名之辈所创造的。正如英国学者弗朗西斯·哈斯克尔所暗示的，如果关注的

① （美）方闻：《心印：中国书画风格与结构分析研究》，李维琨译，上海书画出版社，2016年。

② （美）方闻：《超越再现：8世纪至14世纪中国书画》，李维琨译，浙江大学出版社，2011年，第10—14页。

③ （美）方闻：《中国艺术史九讲》，谈晟广编，上海书画出版社，2016年，第77页

④ （美）高居翰：《气势撼人：十七世纪中国绘画中的自然与风格》，李佩桦、傅立萃等译，生活·读书·新知三联书店，2009年。

是图像所提供的证词,那么图像的艺术品质就只能退居其次①。
1993年,哈斯克尔出版了《历史及其图像》一书。他在书中描述了
十余位西方学者利用图像重现历史的故事,讨论了他们是何时、
如何以及在什么样的材料基础上来重现往昔的问题。这些学者包
括古物学家、声名显赫的哲学家、历史学家和艺术史家,时间跨
度从文艺复兴直到20世纪初叶,而使用的图像材料除了名作,还
包括那些普通的雕刻、插图、壁画、版画、装饰物以及钱币和纪
念章上的图像。哈斯克尔的研究可以说明:如果扩大图像资源的
范围,就可以获知更为丰富的"图像证史"的历史。但哈斯克尔并
没有刻意去构建一个关于"图像证史"的清晰的谱系,他更看重
的是图像对历史阐释者个人的影响,甚至是情感方面的影响。这
些影响当然会关系到他们的历史叙述。所以与其说此书梳理了西
方"图像证史"的传统,不如说它更倾向于向我们展示那些历史
图像的力量。

《历史及其图像》出版后不久,另一位英国学者彼得·伯克
出版了《图像证史》一书。此书从主题的角度,主要介绍了20世
纪下半叶历史研究领域图像运用的情况。这些主题涵盖了宗教、
政治、物质文化、社会景观、他者形象等多个领域,涉及照片、绘
画、插图、广告、电影等多种视觉媒介。彼得·伯克不仅以极开阔
的视野介绍了图像对各种主题历史叙事的影响,用大量的事例指
出了"图像证史"过程中的各种陷阱,而且还从总结图像学的得
失入手,探讨了心理分析、结构主义、后结构主义、艺术社会史、
图像文化史等研究方法对图像学方法进行超越的可能图景及其

---

① (英)弗朗西斯·哈斯克尔:《历史及其图像:艺术及对往昔的阐释》,孔
令伟译,商务印书馆,2018年,第3页。

范围。这不是一本如何解码历史图像的"技巧指南",彼得·伯克并没有确立一套"图像证史"的研究范式。通过观察使用图像的种种实例,他确认了一种并不新颖但却有效的方法,即坚持一种严格的历史考证的传统方法,主张图像与文字档案相互补充、印证[①]。在他看来,一方面图像所提供的有关过去的证词确有真正价值,甚至那些不准确的图像也可以作为偏见的证明;另一方面,图像往往又是含糊的,具有多义性,其中包括图像的多样性及使用它们的多样性[②]。

在国内,思想史学者葛兆光一直力主跨领域扩充思想史材料,所以他较早就开始关注图像,并呼吁思想史学者重视古代图像资料的运用。他概略地梳理了1990年代前后使用中国古代图像来研究思想的著述,认为它们的聚焦并非在图像本身,而是将图像当作文字的附庸。所以他主张,使用图像应从图像本身入手,比如构图、变形、位置、设色诸方面,这样才能看到那些从文字资料看不到的思想。这看起来很像一位艺术史学者的观点,但他同时认为中国古代图像资料其实非常丰富多样,而艺术史的研究对象范围太窄,没法容纳更广泛的图像资料[③]。从扩充艺术史材料的角度,易东华呼应了他的思想[④]。《中国古典语境中的"图"与"像"》一文从文字训诂入手,指出在古人的语境中图是图,像是

[①]（英）彼得·伯克:《图像证史（第二版）》,杨豫译,北京大学出版社,2018年,第293页。

[②]（英）彼得·伯克:《图像证史（第二版）》,杨豫译,北京大学出版社,2018年,第295页。

[③]葛兆光:《思想史研究课堂讲录——视野、角度与方法》,生活·读书·新知三联书店,2005年,第136—142页。

[④]易东华:《中国古典语境中的"图"与"像"》,载黄专主编:《世界3·开放的图像学》,中国民族摄影艺术出版社,2017年,第194—218页。

像，画是画，各有意涵。而作为知识的载体，"图"在识字人口较少的早期中国，普及程度远高于文字。他依据古代目录学的纂辑和知识分类，认为中古图像文献作为整体知识的一个部分，已经广泛地存在于经、史、子、集四部之中，图像的类型也远超古代画学的研究范围，涉及舆地图、历法图、祥瑞图、神怪图、宫室图、鸟兽图、草木图等等。可见，能够成为历史研究材料的图像范围非常广泛。所以他又着意在传统画学之外，梳理了一条由颜之推到顾炎武的"图学"谱系，并认为这条谱系因立于知识和道德的基石之上，是古代图像的正统。从这点我们就容易理解，为何以这些古代图像为研究对象的著作经常会牵涉古人的世界观和意识形态问题。比如巫鸿的《武梁祠》对汉代祠堂的研究①，葛兆光的《古地图与思想史》对古舆图的研究②，邢义田的《画为心声》对汉墓画像砖和壁画的研究③，孟久丽的《道德镜鉴》对古代"叙事性绘画"的研究④，以及马雅贞的《刻画战勋》对战勋图的研究⑤。

学界对包括云南夷人图说在内的苗图的关注始于国外。19世纪30年代德国史学家诺孟（Carl Friedrich Neumann）有苗图的翻译与描述，此后有传教士卫三畏（Samuel Wells Williams）及探险

①（美）巫鸿：《武梁祠：中国古代画像艺术的思想性》，柳扬、岑河译，生活·读书·新知三联书店，2015年。

②葛兆光：《古地图与思想史》，《中国测绘》2002年第5期。

③邢义田：《画为心声：画像石、画像砖与壁画》，中华书局，2011年。

④（美）孟久丽（Julia K. Murray）：《道德镜鉴：中国叙述性图画与儒家意识形态》，何前译，生活·读书·新知三联书店，2014年。

⑤马雅贞：《刻画战勋：清朝帝国武功的文化建构》，社会科学文献出版社，2016年。

家克拉克(George W. Clark)、柯乐洪(A. R. Colquhoun)等人的记述。1870年来华的德国汉学家夏德(Friedrich Hirth)在中国27年间收集到一些苗图抄本,其说文经汉堡民族学博物馆长Chiu Chang-kong(丘长恭)译成德文,并在1937年撰写的《中国古代苗族的历史文化》中加以介绍。曾于1934年访问中国的德国汉学家艾伯华(Wolfram Eberhard)著有《中国及其西南邻邦》,将多种苗图版本做综合比较①。

　　国外较新的研究成果主要以美国学者何罗娜(Laura Hostetler)、澳大利亚学者王富文(Nicholas Tapp)为代表。前者将贵州苗图视为内部殖民扩张的产物,致力于分析清帝国对边疆民族这一他者的认识与想象②,后者注重对苗图人文景观与构图形式的阐释③。虽然二者由于不能娴熟运用中文文献尤其古代文献的局限而有言之失据之处④,其殖民体系分析也引来国内学者的

---

① 参见史晖:《国外"苗图"收藏与研究》,《民族艺术》2009年第4期;史晖:《国外"苗图"收藏与研究》,中央民族大学博士学位论文,2009年。

② Laura Hostetler. *Qing Colonial Enterprise: Ethnography and Cartography in Early Modern China.* University of Chicago Press, 2001; David Deal, Laura Hostetler. *The Art of Ethnography : A Chinese Miao Album.* University of Washington Press, 2006.《民族志的艺术——中国苗图》一书的序言"比较历史学视野中的近代早期民族志"译成中文发表:(美)何罗娜:《〈百苗图〉:近代中国早期民族志》,汤芸译,《民族学刊》2010年第1期;(美)何罗娜:《比较历史学视野中的〈百苗图〉》,汤芸译,《民族学刊》2010年第2期。

③ Nicholas Tapp, Don Chon. *The Tribal Peoples of Southwest China: Chinese Views of the Other Within.* White Lotus Press, 2000.

④ 比如何罗娜将云南三迤错误地理解为云南与西藏、缅甸及越南交界的地带。

质疑①，但精于图像解读与学术阐发而能给我们带来研究方法与
理论的启示。

　　国内研究者的关注始于20世纪30年代刘咸的《苗图考略》一
文，该文介绍国外收藏及研究状况，特别强调苗图的民俗学价值，
"《苗图》因系手绘本，少见通人著述，然其为清代作品应无疑
义。私意以为《苗图》之作，源自清帝乾隆之敕撰《皇清职贡图》
一书"，"《苗图》一书，不仅因艺术工巧，足供书画家之欣赏已
也，其真正价值，乃在科学上之贡献，自人类学观之，此实吾国民
俗学上惟一有价值之著作也"②。他对苗图与《皇清职贡图》关
系的判断不完全正确，对苗图价值的强调也有失偏颇，但无论如
何，此文开启国内研究苗图风气之先。

　　以外邦远人为描绘对象的职贡图是中国古代重要的民族绘
画题材。影响巨大的《皇清职贡图》，其传统可上溯至梁代萧绎
的《职贡图》。此方面亦有相关研究成果，早在20世纪60年代，
金维诺、岑仲勉两位先生考证过职贡图的版本与作者③，此后畏
冬、赖毓芝关于《皇清职贡图》绘制过程的研究④以及葛兆光从

---

①　吴莉苇：《比较研究中的陷阱——评劳拉·霍斯泰特勒〈清朝殖民地事
　　业〉》，《史学月刊》2005年第6期。
②　刘咸：《苗图考略》，《方志》1936年第9卷第1期。
③　金维诺：《"职贡图"的时代与作者——读画札记》，《文物》1960年第
　　7期；岑仲勉：《现存的职贡图是梁元帝的原本吗？》，《中山大学学报》
　　1961年第4期。
④　畏冬：《〈皇清职贡图〉创制始末》，《紫禁城》1992年第2期；赖毓芝：
　　《图像帝国：乾隆朝〈职贡图〉的制作与帝都呈现》，《"中央研究院"近
　　代史研究所集刊》第75期，2012年。

“天下观”看职贡图的研究[1]，均能给人以启发。

正如祁庆富指出的，“苗疆”是“苗蛮图”的发源地，“黔苗图”是“苗蛮图”之始[2]。20世纪80年代以来，继宋兆麟发表关于“《贵州民族》条幅”的文章[3]之后，在获取海外苗图资料及研究动态的基础上，国内研究渐成规模。贵州“百苗图”研究成果较为丰富，杨庭硕领军的团队致力于苗图的整理与研究，出版“百苗图研究丛书”，辨析版本，校勘文字，解读图像，考释族属[4]。宋蜀华在该丛书总序中指出苗图是汉文历史民族志，其整理研究的难题需要以文化解释等人类学方法与视角加以克服，为此后研究指明方向[5]。杨庭硕、潘盛之编注出版的苗图抄本成为重要的资料[6]。就专题论文而言，黄才贵、李汉林的族名族属研究[7]，李宗

---

[1] 葛兆光：《想象天下帝国——以（传）李公麟〈万方职贡图〉为中心》，《复旦学报（社会科学版）》2018年第3期；葛兆光：《描述天下的职贡图》，《人民周刊》2016年第23期；葛兆光：《成为文献：从图像看传统中国之“外”与“内”》，《文汇报》2015年11月13日。

[2] 祁庆富：《绚丽多彩的清代民族画卷——“苗蛮图”研究述略》，《中央民族大学学报（哲学社会科学版）》2003年第3期。

[3] 宋兆麟：《清代贵州少数民族的风俗画》，《文物》1988年第4期。

[4] 李汉林：《百苗图校释》，贵州民族出版社，2001年；杜薇：《百苗图汇考》，贵州民族出版社，2002年；刘锋：《百苗图疏证》，民族出版社，2004年。

[5] 宋蜀华：《〈百苗图研究丛书〉总序》，载李汉林：《百苗图校释》，贵州民族出版社，2001年。

[6] 杨庭硕、潘盛之编注：《百苗图抄本汇编》，贵州人民出版社，2004年。

[7] 黄才贵：《〈黔苗图说〉与民族识别》，《贵州民族研究》1996年第3期；李汉林：《〈百苗图〉族称名源探析例举》，《贵州民族研究》2001年第2期。

放、胡进、严岩奇的苗图抄本版本研究①，罗康隆的苗图物质文化研究②，李德龙以清代《黔南苗蛮图说》为对象的个案研究③，均起到推进苗图研究的重要作用。此外，较有启发的角度是杨庭硕关于《八十二种苗图并说》绘写者绘写手法和隐秘心迹的研究。经过比对，揭示出位卑言轻而又亲历苗疆的绘写者如何挑战官修志书的立场④。此一研究进向在于反观绘写者的表述动机与社会情境，体现出较强的问题意识。尽管取得一系列成果，贵州苗图研究也有值得反思之处。马国君、张振兴在2011年发表的论文中指出，"百苗图"成书年代仍然存在争议，对"百苗图"的版本及史料价值研究多，而对版本差异研究不足。对"百苗图"文字部分研究多，而对图像资料挖掘不够，在关注图像艺术成就的同时，缺乏对图像文化事象的深入解读，从而无力发挥其史料价值⑤。

此后，苗图的图像研究有所推进。占跃海通过分析《黔南苗

① 李宗放：《〈黔苗图说〉及异本的初步研究》，《西南民族学院学报（哲学社会科学版）》1995年第4期；胡进：《"百苗图"源流考略——以〈黔苗图说〉为范本》，《民族研究》2005年第4期；严岩奇：《〈八十二种苗图并说〉的成书年代考——以余上泗〈蛮峒竹枝词〉为研究文本》，《民族研究》2010年第1期。

② 刘慧群、罗康隆：《从〈百苗图〉看19世纪初贵州高原各民族的纺织工艺》，《中央民族大学学报（哲学社会科学版）》2010年第4期；罗康隆：《从〈百苗图〉看18—19世纪贵州各族渔猎生计方式》，《教育文化论坛》2012年第2期。

③ 李德龙：《〈黔南苗蛮图说〉研究》，中央民族大学出版社，2008年。

④ 杨庭硕：《〈百苗图〉对〈乾隆〉〈贵州通志·苗蛮志〉的批判与匡正（上）》，《吉首大学学报（社会科学版）》2006年第4期；《〈百苗图〉对〈乾隆〉〈贵州通志·苗蛮志〉的批判与匡正（下）》，《吉首大学学报（社会科学版）》2006年第5期。

⑤ 马国君、张振兴：《近二十年来"百苗图"研究文献综述》，《中央民族大学学报（哲学社会科学版）》2011年第4期。

蛮图说》耕织图像而体察画家桂馥有意而为之的教化意图①，比较《百苗图》不同绘本与竹枝词相关描述而解读清代汉人入赘非汉民族现象及其绘写者心态②，安琪从清代华夷观念引发的文化格局审视苗图叙事与历史表述的关系③，王万发特别留意到苗图的图文组合关系所构成的"语法形式"④，对于理解图说这种特殊文类不无启发。针对学界缺乏不同图说的对比研究而引发的争议，李胜杰、马国君对三种清代贵州民族图说进行对比研究，在民族分布、命名原则、图像及说文方面发现图说的关联、差异及其规律⑤。

　　祁庆富领军的团队对清代云南夷人图说有较为集中的研究。祁庆富、李德龙、史晖首次对云南夷人图说藏品及其谱系进行总体梳理，认为以"苗图"指称云南夷人图说是一种谬误，应当正名为"滇夷图"。云南夷人图说自成系统，成图时间与作者身份相对明确，研究价值高于贵州苗图⑥。此说有一定合理性，云南夷人图说在夷人种类与绘画风格上确实自成体系，但许多图说的时代与

①占跃海：《桂馥的〈黔南苗蛮图说〉和作者的民族地区治理情结》，《贵州大学学报（艺术版）》2011年第4期。

②占跃海：《"白儿子"图与诗——清代艺术文献中对贵州威宁"白儿子"风俗的描述与艺术家的眼光》，《民族文学研究》2012年第1期。

③安琪：《图像的"华夷之辨"：清代百苗图与苗疆历史的视觉表述》，《云南社会科学》2013年第2期。

④王万发：《形制与观看：关于"苗图"的视觉分析》，《民族艺术》2017年第6期。

⑤李胜杰、马国君：《清代贵州历史民族图志对比研究——以康熙〈贵州通志〉、乾隆〈皇清职贡图〉、嘉庆"百苗图"为中心》，《西南边疆民族研究》2016年第1期。

⑥祁庆富、李德龙、史晖：《国内外收藏滇夷图册概说》，《思想战线》2008年第4期。

作者目前仍然无法确定。回顾云南夷人图说研究，其成果主要体现在以下方面：

　　《滇夷图说》《滇省迤西迤南夷人图说》《滇省夷人图说·滇省舆地图说》分别在中国台湾、德国和中国大陆出版，《滇苗图说》《夷人图说目录》《苗蛮图说》《云南标下元江营制总册》《云南昭通镇四营营制总册》《云南营制苗蛮图册》分别在哈佛燕京图书馆、美国国会图书馆、英国维尔康图书馆网站公布，在《清代民族图志》《清代边疆史料抄稿本汇编》《清代滇黔民族图谱》《清代少数民族图册研究》等著作中也含有部分云南夷人图说资料①。

　　图说个案研究侧重于比较和考证。宋兆麟以文字描述的形式介绍《滇南夷情汇集》，并对夷人的族属作简要交代②。祁庆富、揣振宇介绍中国社会科学院民族学与人类学研究所图书馆藏《滇省夷人图说》，认为该图说是《伯麟图说》目前所见最早的抄本③。熊丽芬介绍云南省博物馆藏《普洱府图说》，结合史料

---

①李泽奉、刘仲如编：《清代民族图志》，青海人民出版社，1997年；石光明主编，国家图书馆分馆编：《清代边疆史料抄稿本汇编》第36册，线装书局，2003年；云南大学图书馆编：《清代滇黔民族图谱》，云南美术出版社，2005年；祁庆富、史晖等：《清代少数民族图册研究》，中央民族大学出版社，2012年。

②宋兆麟：《云南民族的生动画卷——〈滇南夷情汇集〉试析》，《中国历史博物馆馆刊》1998年第2期。

③祁庆富、揣振宇：《〈滇省夷人图说〉与〈滇省舆地图说〉》，《中华文化画报》2009年第7期；祁庆富、揣振宇：《关于〈滇省夷人图说　滇省舆地图说〉之考证》，载揣振宇主编：《滇省夷人图说·滇省舆地图说》，中国社会科学出版社，2009年。

分析图说呈现的清代民族风俗①。经过比较，可以发现《滇南夷情汇集》《滇省夷人图说》为《伯麟图说》的不同抄本，而熊丽芬介绍的《普洱府图说》则是《伯麟图说》抄本的普洱府部分。留学德国的学者吴秀杰最早向国内介绍德国出版的《滇省迤西迤南夷人图说》，尽管考证不出题著者与绘写者的身份，却指出探究绘写者动机的重要性之所在②。孙麒以文字描述的形式介绍上海大学图书馆藏《滇夷风俗图》10种夷人的图像，分析图说与天启《滇志》的关系③。该图说有文人作序，可以揭示文人雅集性质。赵荔比较故宫博物院古籍特藏部藏《普洱夷人图说》与《滇省迤西迤南夷人图说》、云南大学图书馆藏《云南种人图说》④3种图说，认为三者图文高度相似，虽然《普洱夷人图说》晚于《滇省迤西迤南夷人图说》，但并非后者的摹本，而是参考后者的独立制作。《云南种人图说》更接近《普洱夷人图说》，二者共有的摆夷、龙人两种人为《滇省迤西迤南夷人图说》所无⑤。实际上，我们发现《滇省迤西迤南夷人图说》的"侬人"即为《普洱夷人图说》的"龙人"，只是写法不同而已。曾经有学者研究认为《云南种人图

①熊丽芬：《清代〈普洱府图说〉概况述略》，载林超民主编：《西南古籍研究》，云南大学出版社，2011年；熊丽芬：《从普洱府图说看清代当地民族风俗（上）》，《收藏家》2011年第9期；熊丽芬：《从普洱府图说看清代当地民族风俗（下）》，《收藏家》2011年第10期。

②吴秀杰：《异地的图说：一本关于云南民族的"苗图"——评介〈滇省迤西迤南夷人图说〉的德文译本》，《民族艺术》2005年第2期。

③孙麒：《〈滇夷风俗图〉考略》，《西南民族大学学报（人文社会科学版）》2010年第7期。

④该图说收入云南大学图书馆编《清代滇黔民族图谱》（云南美术出版社，2005年）。

⑤赵荔：《清代〈普洱夷人图说〉研究》，云南大学硕士学位论文，2013年。

说》是《滇省迤西迤南夷人图说》的改绘抄本①，赵荔的研究为
《滇省迤西迤南夷人图说》系列图说关系的判定增加了新的材料
依据。蔡琪蕊比较《滇省夷人图说》与《皇清职贡图》相同的夷
人图文，分析了《滇省夷人图说》的图绘形式与审美特质②。祁庆
富、李德龙比较《御制外苗图》与《滇省夷人图说》，认为二者可
能是《伯麟图说》的抄绘本③。黄金东考证中央民族大学图书馆
藏《云南民族图考》，发现其为《皇清职贡图》云南民族部分的原
始稿本，从而补充职贡图制作从地方到中央转换的细节认识④。

　　图像研究渐成趋势。值得注意的是，继祁庆富教授之后，中
央民族大学苍铭教授组成研究云南夷人图说的团队。刘星雨、苍
铭对《滇省夷人图说》的婚俗与祭祀图像进行文化意义解读⑤，
李瑜、熊燕分别归纳了几种主要夷人图说中的古宗和喇嘛形象特
征⑥。借助夷人图说的图像分析，清代边疆治理研究得以深化。
苍铭通过《滇省舆地图说》《开化府图说》探讨清代中越边界夷

---

① 祁庆富、李德龙、史晖：《国内外收藏滇夷图册概说》，《思想战线》2008
　　年第4期。
② 蔡琪蕊：《清代〈滇省夷人图说〉研究》，昆明理工大学硕士学位论文，
　　2015年。
③ 祁庆富、李德龙：《〈伯麟图说〉考异——〈御制外苗图〉和〈滇省夷人图
　　说〉述略》，《民族研究》2007年第1期。
④ 黄金东：《〈云南民族图考〉版本考》，《中央民族大学学报（哲学社会科
　　学版）》2018年第3期。
⑤ 刘星雨、苍铭：《〈滇省夷人图说〉中的婚俗图像解析》，《广西民族研
　　究》2016年第4期；刘星雨：《〈滇省夷人图说〉中祀田祝丰夷人图像解
　　析》，载彭勇编：《民族史研究》第13辑，中央民族大学出版社，2016年。
⑥ 李瑜：《〈皇清职贡图〉、"滇夷图"中的云南古宗图像解析》，《云南民族
　　大学学报（哲学社会科学版）》2016年第4期；熊燕：《清代"滇夷图"喇
　　嘛图像探析》，《法音》2019年第2期。

人问题①，同时立足于《皇清职贡图》审视清王朝的天下观②。结合历史地理，钱秉毅利用《皇清职贡图》《滇省夷人图说》《滇省迤西迤南夷人图说》分析清代官方的民族认识与治理脉络变化③。安琪先后撰文探讨《南诏图传》的图文关系及神话历史④。云南学者朱和双结合当代民族志调查，比较《皇清职贡图》《滇省夷人图说》与道光、光绪两种方志的图像，发现嫚且蛮的绘写错误⑤，指出台北华文书局版《皇清职贡图》的图像错配⑥，也借助夷图和方志中的图像考察历史传说中的"地羊鬼"究竟为何⑦，解读《滇省夷人图说》描述的饮食习俗，指出绘写者自居于汉文化中心，对夷人的"生""熟"划分与等级秩序建构⑧。与此类似的是，王鹏惠通过方志与图说的图文对读，阐发书写历史的

① 苍铭：《〈滇省舆地图说〉与滇越边界及边防》，《中央民族大学学报（哲学社会科学版）》2016年第2期；苍铭、熊燕：《〈开化府图说〉及所绘中越边界夷人》，《广西民族研究》2018年第6期。

② 苍铭、张薇：《〈皇清职贡图〉的"大一统"与"中外一家"思想》，《云南师范大学学报（哲学社会科学版）》2019年第3期。

③ 钱秉毅：《明清时期对云南非汉民族的认知演进与西南边疆治理——基于明清云南省志和民族图册的研究》，云南大学博士学位论文，2017年。

④ 安琪：《图像的历史叙事——以〈南诏图传〉中的"图文关系"为例》，《民族艺术》2012年第4期；安琪：《从〈南诏图传·祭柱图〉看"南方佛国"的神话历史》，《云南社会科学》2015年第1期。

⑤ 朱和双：《清代姚安府嫚且蛮的图像记忆与文化认同》，《民族艺术研究》2011年第3期。

⑥ 朱和双：《台湾华文书局版〈皇清职贡图〉举误》，《寻根》2013年第5期。

⑦ 朱和双：《从"地羊鬼"看华夏边缘的昆仑狗国神话》，载《中华俗文化研究》第八辑，巴蜀书社，2013年。

⑧ 朱和双：《作为食谱的〈滇省夷人图说〉：因华夏而叛逆的边地故事》，《楚雄师范学院学报》2016年第1期。

汉人如何操纵图像表征，宣示夷夏之防，不断强化非汉民族刻板的异己印象①。

　　在前述祁庆富等学者梳理的夷人图说谱系基础上，干小莉做出进一步梳理，尝试对图说进行分期，以探寻其发展轨迹②。史晖以国外苗图收藏及研究状况为对象的博士论文，较为全面地梳理国外收藏的云南夷人图说及其研究状况，而且具有前瞻性地将苗图纳入中国传统绘画与西洋绘画比较的视野中加以考量，同时探讨如何正确看待和使用图像蕴含的民族志意义。限于论文主题，其讨论未充分展开，但却揭示出夷人图说研究的可能性③。通过细读清代民族图说序跋，李立、史青将研究的目光转向图说绘写群体，揭示绘写者身份与意图的多元性，弥补此方面研究的不足④。

　　上述研究积累了有价值的图文资料，也生发出有启发性的学术观点。不过，总体上细加检视，仍有所欠缺：研究成果多为散见于学术期刊的单篇专题论文，或者是民族图册研究著作涉及的相关章节，再就是某种图说的个案研究，专门针对清代云南夷人图说的综合性研究匮乏。清代夷人图说在古代民族图说体系中的流变脉络需要再探讨，而其图像在绘画史中的定位和意义也需要再思考。图像研究虽然逐渐获得重视，但在解读方面还不够深入，

①王鹏惠：《汉人的异己想象与再现：明清时期滇黔类民族志书写的分析》，台湾大学《考古人类学刊》第58期，2002年。
②干小莉：《"滇夷图"民族志遗产的内涵与价值》，《南方文物》2018年第1期。
③史晖：《国外"苗图"收藏与研究》，中央民族大学博士学位论文，2009年。
④李立、史青：《从图说到图说绘写者——基于清代滇黔民族图说序跋的研究》，《云南师范大学学报（哲学社会科学版）》2019年第3期。

既缺乏图像与图像、图像与文字的互文对读，也需要进一步探究其意义生产的历史语境。对图说绘写者关注较少，其复杂、多元的意图被简化。鉴于图说版本考证的难度，从时间上梳理图说谱系存在诸多不确定性，需要对图说进行更为合理的分类研究。图说所记民族种类的扩展变化及其与方志所记民族种类的关系需要进一步厘清。

三、研究内容

研究主要从两个方面展开，一方面对夷人图说的谱系及图说涉及的民族分类问题提出自己的看法，聚焦具体的夷人图说，力求通过个案的方式，爬梳抉剔相关图说的意义，由此呈现互文、语境等概念对于解读图说的重要性，另一方面探讨图说绘写者的意图及图说生成的传统背景、图像性质定位等相对基础的问题。

第一章探讨志书与图说的民族分类问题。随着明清王朝统辖范围的扩大，云南志书所记民族种类增加。原本与"风俗"合记的"诸夷"在志书中独立出来，至正德《云南志》时形成专记的传统。万历《云南通志》的主修者李元阳将云南民族区分为爨蛮和僰夷两个大类，使白人从僰中分离出来。天启《滇志》的撰写者刘文征打破爨、僰二分的格局，对原先隶属于爨蛮、僰夷的民族重新分类，也导致后世将爨蛮和僰夷误解为具体的民族。辨析《滇志》所记种人与明代《云南诸夷图》、清代《滇夷图说》等夷人图说的关系，可以发现学界关于志书、图说的夷人种类计算有待商榷，其问题源于对天启《滇志·种人》的误读。由此可见，除了从民族史的角度梳理夷人及其名称的历史源流，还可以在志书的书写脉络中理解夷人数目、名称是如何产生的。这种关于古代民族种类的认识有助于提出并解答有意义的夷人图说问题。

　　第二章结合志书与图说所记民族种类，对夷人图说进行分类梳理。由于图说的匿名性与复制性，其断代分期难度极大，较为可行的做法是对图说进行分类研究。我们将图说分为《皇清职贡图》、方志图说系列、《滇夷图说》系列、《伯麟图说》系列、《滇省迤西迤南夷人图说》系列、营制总册图说几大类型，每种类型各有数种代表性图说。我们以表格的形式梳理这些图说收录的夷人类目，同时注明夷人类目的突出变化及图说形式上的突出特点（尤其图文的组合形式）。除方志图说、营制总册图说外的图说大多为摹本（或疑似摹本），但从夷人类目与绘写风格上可判断源于同一母本，所以称之为以某种图说为代表的"同源图说"。

　　第三章着重于典型图说的对比细读，通过白人、僰夷、爨蛮等例子说明图文对应关系的选择性，而普特和俅人分别呈现了不同时期夷人形象之间所具有的恒定性与差异性。傈僳和干罗罗图说的戏剧性场景之所以反复出现，在于固化的刻板印象，其间有时代变化带来的误解、错绘。孔答、喇吾、北苴、果葱等4种夷人从《滇志》和《滇夷图说》之后的方志图说中消失，原因在于归附向化成为绘写夷人的标准，从而将其筛选出去。通过对比《滇夷图说》《滇省夷人图说》的构图特征，寻绎图说一元化构图模式的不同策略及其隐含动机。

　　图说世界的语法与语义需要个案来深描。本研究的两个重点案例分别是明清文献中被称为"野人"和"地羊鬼"的夷人图说，前者揭示图说互文性表述蕴含的形象建构特质，而后者则透露出特定夷人形象的历史生成语境与充满意识形态误读的语法。

　　第四章认为"夷人"形象源自两方面的信息，其一是之前的文本中有关"夷人"的记载和图像，其二是绘写者所处时代的见闻。通过"野人图说"的不同版本，我们得以窥见清代"夷人"形象的建构方式。它们表明"夷图"无法被单独观看,它的意义建立在文本与文本的关系之中。从这个角度去观看"夷图",可以发现一番丰富的文本互涉的景象,其间包括图像与文字、图像与图像、文字与文字之间各种复杂的互动关系。这些互动既存在于某一文本的内部,也存在于文本的外部。其范围涉及同一时期的文本,也涉及前、后不同时期的文本。

第五章探究被称为"地羊鬼"的人群如何被历史叙述和图像表征所污名化而成为边缘族群。地羊鬼的污名起初是一种意识形态建构,之后靠想象与误解来维系与强化。通过梳理志书、传闻所记文字,对照夷人图说中地羊鬼图像的细节,探索地羊鬼形象生成、衍变的脉络,理解志书、图说的夷人记述与历史的关系。回到志书与图说的语境,透过其中叙述事件与绘制图像的语法,尝试贴近历史事实。

与传统史家对图说的忽视相比,图说绘写者受到的关注更为有限。理解绘写者可能难度更大。第六章从作为史料的图说这一传统立场,转换到作为文化表征的图说绘写,尝试进入绘写者的生活与心态。聚焦于清代滇黔民族图说的序跋,在深化关于图说绘写者认识的同时推进图说研究。通过分析《滇省迤西迤南夷人图说》《普洱夷人图说》等清代云南民族图说序跋,尤其是清末《黔南苗蛮图说》序跋及图说绘写者桂馥的个案,探寻绘写者的意图、心态和绘写方式,从而把握图说绘写所建构的深层意义。就图说绘写者的主观意愿和图说的实际效应而言,在基于对清代滇黔民族的观察、理解和想象而形成的地方知识意义之外,图说还包含着丰富的政治道德意义和艺术审美意义。

最后一章回溯中国古代图文表征传统,将云南夷人图说置于其中加以考察,辨析"图""画"关系,探究图说的纪实性与政治性张力。古代中国天下四方的华夷体系以图文并举的模式出现在不同材质的媒介上，这一传统由来已久。不同时代的人们对图像的重视程度不同，但图文关系的讨论一直没有断过。图像能够唤起人们对四方夷民和远国异人的想象，也能促进识字能力有限的人们形成相关认识，从而完善古代中国人的华夷之辨和天下观的建构。与《山海经》《三才图会》等图文相比，职贡图与夷人图说的关系最为接近。清帝国乾隆时期的《皇清职贡图》以其浩大工程将古代职贡图传统推向巅峰。在历代职贡图与夷人图说的"主旋律"之外，文人绘画逐渐将图说纳入自己的表现体系之中，使图说在题材与体裁两方面成为一个特殊画种。夷人图说之所以蕴含着丰富的历史文化意义，与其复杂的流变轨迹有关。

四、研究价值

清代云南夷人图说的图像模式与表述逻辑包含着绘写者面对异文化的认识论视角和意识形态立场，折射出清代中央与边疆、汉族与非汉民族、文人与民间互为他者的社会情境关系。图文互证是清代云南夷人图说构建民族生活世界、呈现地方民俗生活图景的独特形式，具有语图互文和类型化象征的表述逻辑。同一种"夷人"的不同图说之间的差异以及同一图说的"图"与"说"之间的呼应，是探究图说表述逻辑的关键。对夷人图说之"图"的独立性要有足够的重视，因为"图"与"说"的作者很多时候不是同一人，更关键的是"图"与"说"的媒介、手法和传统均不同。用读"文"的方式去读"图"，显然行不通。研究民族图说，需要更为深入地思考图说涉及的关系：一是图说的内部关系，亦即图与说、图与图、说与说、图说与图说之间的关系；一是图说的内外关系，亦即图说在历史学中的地位与图说在艺术史中的地位，思考作为史料的图说与作为美术的图说，由此关注图说的史学意义与美学意义。此外，图说的再现性与表现性、政治性与艺术性、国家性与地方感、绘写者与被绘写者等关系值得再思考。

通过比较与分类，本研究对清代云南夷人图说的民族志图像特性进行定位，使问题意识更为清晰，主要围绕"绘写了什么"与"为什么绘写"这两大问题展开研究。一方面致力于夷人图说文本的微观解读，回答"绘写了什么"这一问题，另一方面力求从清代云南地方历史文化格局和中国古代方志传统中寻找"为什么绘写"的答案。本研究认为，要真正理解"绘写了什么"，必须回答"为什么绘写"这一问题。借助相关正史与方志，把握清王朝治理云南边疆的历史过程，梳理清代云南夷人图说生成的地方历史脉络，诠释其图像意义。不同于将夷人图说作为纯粹史料的"图像证史"研究，关注夷人图说的图像表述模式，尤其重视图说生成的地方文化语境，拓展了分析问题的视野和思路。研究涵盖范围较广，丰富了该问题的研究内容，可与国内外苗图研究构成富有成效的比较与对话。

清代云南夷人图说富含民族志资源和文化遗产信息，本研究对其进行较为全面的整理与研究，及时回应当前国家收集、整理地方历史文献与传承民族文化遗产的需要。夷人图说绘写对象为云南民族支系，其研究能够深化对云南民族构成与发展的认识，亦可揭示清代汉族与非汉民族的文化接触与社会关系。夷人图说留存有大量民族传统文化表现形式，其绘写场景至今仍在民族生活中有所呈现，研究成果能够为今日传承民族文化遗产提供宝贵依据。图说反映出往日的民族关系与民族意识，鉴古以知今，其研究或能给当前的民族政策制订予以借鉴和启示。

第一章　爨僰二分的民族分类 ①

　　明清云南志书中有关于古代民族②的记载，此外有附于志书或单独成册的夷人图说。对于志书的民族分类，著名学者丁文江这样说，"讲云南人种最详细的莫过于云南通志。它征引他书所得的人种多至127种。其实其中同种而异名的不计其数。……其余如所谓飞头僚、地羊鬼等又全是迷信，与人种无关"③。早期民族学者徐益棠持相同看法，称志书"分类方法极不合于科学"④。史家方国瑜认为古代修志者或夷人图说作者的民族分类陈陈相因，没有现实依据，不具科学性，对道光《云南通志稿·种人》的评价是"其种类分别无根据，多以所采录志书之名为名"⑤。不过，参与编纂《云南史料丛刊》的潘先林在道光《云南通志·种人》编者后记中说："虽然其种类分别无根据，多以所

---

①本章部分内容发表于《中央民族大学学报（哲学社会科学版）》2020年第3期。

②明清志书没有使用现代意义的"民族"一词，而是使用"夷人"或"种人"。

③丁文江：《〈爨文丛刻〉自序》，载中央民族学院彝文文献编译室编：《彝文文献研究》，中央民族学院出版社，1993年，第14页。

④徐益棠：《非常时期之云南边疆》，中华书局，1937年，第7页。

⑤方国瑜主编，徐文德等纂录校订：《云南史料丛刊》（第十三卷），云南大学出版社，2001年，第345页。

采录志书之名为名。但它毕竟代表了当时云南人和官方对云南民族的认识,亦是讫清代道光年间为止对云南民族较为全面的一次'识别'。"①针对元至清地方志对滇西民族的分类,贾益探讨方志"种人"分类系统与现代"民族"知识系统的断裂与张力,以此揭示传统中国向现代民族国家转型在地方呈现出的复杂性,使问题得到更为深入的思考②。

　　清代修志者当然没有今天的民族概念,图说中的夷人亦非现代科学指导下的民族识别产物。不过,古代修志者对夷人进行分类是一个事实,他们所做的分类与命名有其所依循的原则。在这个过程中,修志者需要处理的问题,一是如何叙述一般意义上包括城镇汉人在内的风俗与偏远之地夷人的风俗以及二者之间的关系,二是如何在爨、僰这两大类型的基础上再进行分类,以应对新发现或命名的夷人。

第一节　风俗与种人

　　从晋时常璩《华阳国志·南中志》,到唐代樊绰《云南志》(《蛮书》),再到元代李京的《云南志略》,所记云南夷人种类不多,"风俗"与"夷人"合记。李京记载白人、罗罗、金齿百夷、末些、土僚、野蛮、斡泥蛮、蒲蛮等8种,统称"诸夷风俗"③。明代

① 方国瑜主编,徐文德等纂录校订:《云南史料丛刊》(第十三卷),云南大学出版社,2001年,第395页。

② 贾益:《从"种人"纪述到"人种"之分——元至清地方志中的滇西民族分类》,《云南社会科学》2017年第6期。

③ (元)李京:《云南志略》,载王叔武:《大理行记校注　云南志略辑校》,云南民族出版社,1986年,第86—96页。

景泰《云南图经志书》的"风俗"含诸夷种人，即延续此例。在此后的志书中，"风俗"与"种人"逐渐分离，与此相应的是夷人种类不断增加，最终在道光《云南通志稿》中达到141种夷人。

　　景泰《云南图经志书》的《凡例》中说"旧志（洪武云南志）以诸夷之故实总叙于布政司之下，而于各府州但书诸夷之名而已，今则各因其类之最盛于某府某州者，提其风俗之要而分注其事"①。该志分地理志6卷与艺文志4卷，地理志以府州为单位，分别记述建置沿革及事要，其中有"风俗"一项涉及各府州治下的夷人风俗。其记述几乎都用4个字加以命名，比如云南府昆阳州"事要"的"风俗"有"得鱼输税"一则记述"普特"。

　　弘治《云南总志》延续景泰《云南图经志书》的体例，正德《云南志》的体例有变化，除正志中有《风俗》外，在外志中有《诸夷传》6种。编纂者周季凤在《云南志义例》中就《诸夷传》说"前代诸夷传所纪故实俱在今城内，本不必重见，但今与古异，亦追录之，以志其实"②。《诸夷传》共6传，前五传记汉、唐、宋、元的史实，第六传注明所记为"本朝"，主要记"百夷"，包括大伯夷、小伯夷、蒲人、阿昌、缥人、古刺、哈喇、缅人、结些、哈杜、怒人，认为"以其诸夷杂处，故曰百夷。今百字或作伯、僰，皆非也"③。正统年间三次麓川之役对明王朝影响巨大，使得王朝高度重视云南西南部与缅甸接壤的区域，对该区域夷人的认识

①（明）陈文等纂修：景泰《云南图经志书》，《续修四库全书》第681册，上海古籍出版社，2002年，第4页。

②（明）周季凤纂修：正德《云南志》，方国瑜主编，徐文德等纂录校订：《云南史料丛刊》（第六卷），云南大学出版社，2000年，第105—106页。

③方国瑜主编，徐文德等纂录校订：《云南史料丛刊》（第六卷），云南大学出版社，2000年，第478页。

超过以往朝代,所以出现本朝专记"百夷"的现象①。周季凤说正志中的《风俗》"皆各府、州、县据实造报,略加删削,而美恶不同,然美者多汉俗,恶者多土俗"②。在"风俗"之外另设"种人"的描述,就需要将此前混杂在"风俗"中的"种人"描述单列出来。与此同时,关于风俗的记述简化,集中在汉、夷共同的岁时年节、人生礼俗等方面。

万历年间,李元阳主持修纂《云南通志》,其《地理志》中有风俗的记述,另设《羁縻志》,其中有夷人的记述。其后谢肇淛所纂《滇略》有《俗略》《夷略》各一卷,《四库全书提要》著录者称许其为"善史","叙述有法,较诸家地志体例,特为雅洁"③。天启年间,刘文征所修《滇志》已是明代云南方志撰写的尾声,故能总结前人之作,增补新近事迹,"前修诸本云南志流传已稀,而此本较多,故明末清初言滇事者,明以前之故实,多出自此书"④。《滇志》延续万历《云南通志》体例,有《地理志·风俗》和《羁縻志·种人》。在风俗的记述中,首先总叙全省的岁时习俗和婚丧嫁娶等人生礼俗,然后分叙各府风俗。刘文征特别指出夷人风俗因

---

① 明代更早的"百夷传"当属洪武年间钱古训或李思聪所著《百夷传》,景泰《云南图经志书》收录署名李思聪著的《百夷传》,正德《云南志》亦收录该文,但未署名。正德《云南志》的《诸夷传六》基本转录该文。

② (明)周季凤纂修:正德《云南志》,方国瑜主编,徐文德等纂录校订:《云南史料丛刊》(第六卷),云南大学出版社,2000年,第106页。

③ 方国瑜:《云南史料目录概说》,中华书局,1984年,第432页。

④ 方国瑜:《云南史料目录概说》,中华书局,1984年,第435页。方国瑜认为,《滇略》成书于万历天启之际,刘文征的记述止于天启五年而在《滇志》中未提及《滇略》,因此可以推测《滇略》刊刻于此后。他的依据是"《滇志》不言《滇略》"(见《云南史料目录概说》,第432页)。此说不确切,因为《滇志》卷三《地理志·风俗》与卷三十《羁縻志·属夷》总叙均提及《滇略》。

教化而改变，"凡世传《皇舆考》诸书所言，诬恶不典者，皆夷也。今夷且渐化，况于非夷耶？"[1]不过，地处边缘、夷人聚居的丽江、广南、顺宁、永宁等府，其风俗有好斗、仇杀，信鬼、信巫，不信医等未开化的痕迹，如丽江"境内蛮么些、古宗或负险立寨，相仇杀以为常"[2]，广南夷人"好巫不好医"，"时相仇杀"[3]。

康熙《云南通志》基本上沿用《滇志》体例，"风俗"与"种人"分而述之，区别在于将后者的《羁縻志·土司官氏》变成独立的《土司》一卷，"种人"附后。乾隆《云南通志》在康熙《云南通志》基础上增加新的夷人，比如俅人。道光《云南通志稿》将《土司》放在《秩官志》最后，另设《南蛮志》，"种人"为其中独立的一门。光绪《云南通志》和《续云南通志》沿用道光志体例，但《续云南通志》地理志中没有"风俗"一门。值得注意的是，乾隆年间谢圣纶所纂《滇黔志略》将"风俗"与"种人"分开，且"种人"并非附于《土司》之后，而是作为独立的一卷[4]。

第二节　爨僰二分

南中诸夷种类至不可名纪，然大概有二种，在黑水之外者曰僰，在黑水之内者曰爨。僰有百余种，爨亦七十余种。僰性柔

---

① （明）刘文征：《滇志》卷三《地理志·风俗》，古永继校点，云南教育出版社，1991年，第108页。

② （明）刘文征：《滇志》卷三《地理志·风俗》，古永继校点，云南教育出版社，1991年，第111页。

③ （明）刘文征：《滇志》卷三《地理志·风俗》，古永继校点，云南教育出版社，1991年，第111页。

④ （清）谢圣纶：《滇黔志略》卷十五《种人》，古永继点校，贵州人民出版社，2008年，第176—185页。

怯，爨性强悍；僰耐热好居卑，爨耐燥好居高；僰以纺绩稼穑为业，爨以牲畜射猎为业。①

将云南诸夷概括为以黑水为界的爨僰二系，始见于明代李元阳修纂的万历《云南通志》，由于官修志书及他个人的影响力，很快被之后的志书吸纳，流布甚广。《滇略》基本上重复此说：

> 西南诸夷，种类至多，不可名纪。然大端不过两种：在黑水之外者曰僰，在黑水之内者曰爨。僰有百种，爨亦七十余种。僰性柔弱，爨性强悍。僰耐湿，好居卑；爨耐燥，好居高。僰以织纺、稼穑为业，爨以牲畜、射猎为业。②

李元阳的努力一是撰写专文《黑水辩》考证《尚书·禹贡》中的黑水为澜沧江，从而将云南郡县纳入古九州之梁州的范围，"水内皆为汉人，水外即为夷缅"③，以证明诸如白人这样的人群并非蛮夷，而是化内之人。二是以黑水为界，划分爨僰二系，黑水以外即澜沧江以西的区域为僰夷聚居区，黑水以内即澜沧江以

---

① （明）邹应龙修，李元阳纂：万历《云南通志》卷十六《羁縻志》，方国瑜主编，徐文德等纂录校订：《云南史料丛刊》（第六卷），云南大学出版社，2000年，第647页。

② （明）谢肇淛：《滇略》卷九《夷略》，方国瑜主编，徐文德等纂录校订：《云南史料丛刊》（第六卷），云南大学出版社，2000年，第777页。

③ 见刘文征：《滇志》，古永继校点，云南教育出版社，1991年，第868页。

东为爨蛮聚居区①。三是明确表示白不是僰，并重新区分白与僰，将前人志书中的"白夷"（百夷）改为"僰夷"，与此同时将"僰人"改为"郡人"或"白人"，一改以往李京等人认为的"白人之为僰人"②的看法。正如贾益指出的，李元阳所修万历《云南通志》"使得元代李京所述云南三个基本的人种分类：僰、爨、金齿百夷，一变而为两大种类：爨与僰；但'僰'之所指，却经过对'僰'的重新解释而完全不同。实际上，由于'僰夷'与习称之'百夷'混同，使得李京笔下的'僰人'之称基本从以后的地方志文献中消失了，或等于'僰夷'"③。

　　《滇略·夷略》对僰、爨的叙写延续万历《云南通志》。僰、爨二者的叙写方式有所不同，僰的叙写是先总叙僰之分布、沿革和突出的习俗，再描述其分支。叙写以夷人名称开始，如"小伯夷，熟夷也，永昌西南，环境皆是"，共计有：小伯夷、大伯夷、蒲人、阿昌、缥人、古剌、哈喇、缅人、结些、遮娑、地羊鬼、哈杜、怒人、野人、金齿蛮、漆齿蛮、绣面蛮、绣脚蛮、花角蛮等19种。爨的叙写则是在总叙之后以夷人的聚居地开始叙述，如"其在丽江近四川者，曰磨些"，共计有：磨些、斡泥蛮（近郡者曰乌爨、栂鸡、扑剌、些袁）、野蛮（近郡者曰黑罗罗、白罗罗）、普蛮（一名扑子

----

① 方国瑜先生认为，黑水分界的说法最初可能来自元人，为李元阳所借鉴，黑水并非澜沧江，而是礼社江即红河。对照历史地理，以红河为界划分爨、僰更加合乎实际。值得商榷的是，在他看来，爨僰即彝族和傣族。见方国瑜主编，徐文德、木芹纂录校订：《云南史料丛刊》（第三卷），云南大学出版社，1998年，第25页。

② （元）李京：《云南志略·自序》，载王叔武：《大理行记校注 云南志略辑校》，云南民族出版社，1986年，第86页。

③ 贾益：《元明清云南方志中"百夷"等称谓的流变》，《西南民族大学学报（人文社会科学版）》2017年第9期。

蛮）、武定诸夷（罗婆、黑爨、白爨、木察）、广南诸夷（侬人、沙人）、永宁诸夷（西番、野西番）、安宁以西（黑爨、普特）、北胜夷（罗罗、么些、冬门寻丁、俄昌）、楚雄之夷（罗婆，其西南有和泥蛮）、曲靖之夷（黑爨、白爨）、姚安诸夷（散摩都罗罗，苴却乡有黑齿百夷）、广西（黑爨、土僚、沙蛮）。僰、爨的叙写，分别以"以上皆僰种也"和"以上皆爨种也"做结①。"爨种"之后记载的是蒙山老爨、仆食者（白夷之一种），前者老而不死而生尾②，后者变形而食尸，似人非人，皆是荒诞不经的传闻。再往后，则是吐蕃（古宗、西蕃、细腰蕃）、者乐甸与景东接壤诸夷以及三猛（猛缅、猛猛、猛撒）。

《滇志·种人》在总述爨蛮之后，分别叙写白罗罗等10种夷人，再分别叙写僰夷等夷人。万历《云南通志》和天启《滇略》均未将僰夷单列为夷人，刘文征则将僰夷单列为夷人，紧随其后的是前两部志书所没有的白人，并注明"旧讹僰为'白'，遂称其一类，实不相通"③，普特、窝泥、栘鸡、撲喇、磨些、力些、侬人、沙人、西番、峨昌等在万历《云南通志》和天启《滇略》中隶属于爨蛮的夷人被单列在白人之后。

谢肇淛遵循李元阳的爨僰二分法，只是在万历《云南通志》原有僰夷和爨蛮的基础上增加新的夷人。由于白人非爨非僰，近

---

① 方国瑜主编，徐文德等纂录校订：《云南史料丛刊》（第六卷），云南大学出版社，2000年，第777—781页。

② 元代李京《云南志略》记述"罗罗"时最后提及大德六年冬，他随军平叛，"亲见射死一人，有尾长三寸许。询之土人，谓此等间或有之，年老往往化为虎云"。见（元）李京：《云南志略·自序》，载王叔武：《大理行记校注 云南志略辑校》，云南民族出版社，1986年，第91页。

③（明）刘文征：《滇志》卷三十《羁縻志·种人》，古永继校点，云南教育出版社，1991年，第998页。

于汉人，所以没有出现在《夷略》中。刘文征认识到爨僰二分法的
局限性：

> 史称西南夷数十种，不著其名号。《唐书》南诏及两爨蛮
> 传，所载颇详。李氏旧志取而附益之，作爨、僰《风俗》，谓二
> 种尽滇南夷类。然夷繁有徒，翼括未尽，又古今变殊，有名实刺
> 谬，未免牵合附会者。[1]

李元阳将西南夷简化为爨、僰二种，不免牵强附会。但是，刘
文征并未彻底摆脱爨僰二分的叙述格局，爨蛮和僰夷仍然在《滇
志》中出现。他对爨蛮的理解较为清晰，明确其包括白罗罗等10
种夷人，是这10种夷人的总称。同时，彻底改变李元阳和谢肇淛
的叙写方式，不再使用"其在某地，曰某种夷人"的方式，而直接
以某种夷人名称开始叙述。对于僰夷的理解则较为模糊，总叙之
后连用"其在某地"的方式叙述12种僰夷，与李元阳、谢肇淛列
举具体的夷人名称、以夷人名称开始叙述的方式恰恰相反。刘文
征打破爨僰二分的夷人体系有合理性，但也带来一些问题。最突
出的是，在李元阳、谢肇淛那里作为夷人大类的爨蛮和僰夷与其
下属夷人的关系变得模糊，逐渐被理解为某种更为具体的夷人。

乾隆《云南通志》中出现"摆夷"，"僰夷，一名摆夷，又称百
夷"。乾隆《职贡图》谓"僰夷，一名摆夷"[2]。谢圣纶《滇黔志
略》分别叙述白人与僰夷，不再讨论白人与僰夷的关系，谓白人

---

[1]（明）刘文征：《滇志》卷三十《羁縻志·种人》，古永继校点，云南教育出
　版社，1991年，第994页。
[2]（清）傅恒等编著：《皇清职贡图》，辽沈书社，1991年，第791页。

为白国支流,云南各地皆有①。值得注意的是,爨蛮没有被单独叙述,代之以具体的爨系夷人。而僰夷作为一种独立的夷人,其叙述较《滇志》大为简化,"僰夷,一名摆夷。在汉时已有此种。其部落壤接缅甸、车里,地多卑湿,居棘下,故字从棘、从人。流传既久,散居各郡,故所属皆有之"②。

在志书中,僰夷被进一步细分。乾隆四十年(1775)刻本《南诏野史》谓"僰人,一名百夷,又名摆夷,性耐暑热,居多在棘下。本澜沧江外夷人,有水旱二种"③。嘉庆《滇省夷人图说》谓"僰夷,亦名摆依,又名百彝"④,此外载有水百彝、旱百彝、花百彝。道光《云南通志稿》则汇聚前人众说,列出僰夷、旱摆夷、水摆夷、花摆夷和伯彝等。此种认识延续至清末民初,宣统二年(1910)董贯之所绘《古滇土人图志》有僰夷、旱摆夷、水摆夷、花摆夷的图像⑤。

第三节　《云南诸夷图》所记 37 种夷人

爨蛮、僰夷即是爨、僰,是夷人的两个大类,与其所涵盖的夷

---

① (清)谢圣纶:《滇黔志略》卷十五《种人》,古永继点校,贵州人民出版社,2008年,第176页。

② (清)谢圣纶:《滇黔志略》卷十五《种人》,古永继点校,贵州人民出版社,2008年,第177页。

③ (明)杨慎辑,(清)胡蔚订正:《南诏野史》,台北成文出版社,1968年,第205页。

④ 揣振宇主编:《滇省夷人图说·滇省舆地图说》,中国社会科学出版社,2009年,第7页。

⑤ 董路明编著:《古滇土人图志——董贯之清末民国初年钢笔画》,云南美术出版社,2013年。

人不在一个层次。然而，自清初《滇夷图说》以至清末《古滇土人图志》等图说却同时绘出爨蛮、僰夷和其下所属夷人，爨蛮、僰夷被视为一种夷人而不再是夷人的大类。

明初佚名者所绘《云南诸夷图》已经亡佚，明代嘉靖年间高儒《百川书志》载："云南诸夷图，一卷，不著作者，凡载夷人三十七种，前有本朝御史瓯闽杜琼序文。"①明代万历年孙能传、张萱的《内阁藏书目录》载："云南诸夷图说，二册全，万历乙未巡抚大中丞陈用宾撰。"②清代顺治年间钱谦益《绛云楼书目》载："云南诸夷图，云南三十七种夷人图。"③清代康熙年间目录学家钱曾的《读书敏求记》载："云南诸夷图，一卷，云南夷三十七种。旧有图刊，其为官、学佛、渔猎、贸易诸状，其部落、种类，质之勇怯，心之慈暴，与居处之险易，各题于其上。岁久漫漶，布政使毗陵殷公（即殷序）请于黔国公（即沐晟），重锓诸梓，宣德辛亥（1431）夏，巡按御史瓯闽杜琼序其首。"④

在一些学者看来，《云南诸夷图》与《滇志》《滇夷图说》似乎有关联。现藏于台湾"中央研究院"历史语言研究所傅斯年图书馆的《滇夷图说》，记有夷人48种。祁庆富等学者对照天启《滇志·种人》，发现《滇夷图说》与之名目相同的有44种，"有37种基本相同，只是如爨蛮、僰彝等少数文字较长者有删节，有的条目个别字句有改动。显然《滇夷图说》有37种说文出自《滇

① （明）高儒等:《百川书志 古今书刻》，古典文学出版社，1957年，第72页。
② （明）孙能传、张萱:《内阁藏书目录》卷六《志乘部》，清迟云楼抄本，第60页。
③ （清）钱谦益:《绛云楼书目》卷一，清粤雅堂丛书本，第105页。
④ （清）钱曾:《读书敏求记》卷二《地理舆图》，书目文献出版社，1984年，第62页。

志》"①。进而猜测"《云南诸夷图》在明代流传,刘文征《滇志》
有具体记述的37种夷人文字,有可能就是出自《云南诸夷图》之
说","《滇夷图说》采《滇志》有具体记述的'三十七种'应是
明人绘制本《云南诸夷图》的抄本","《滇夷图说》是明代《云
南诸夷图》的增补抄绘本"②。孙麒分析上海师范大学图书馆藏
《滇夷风俗图》,沿用上述观点,同时认为《滇志》"叙述当时云
南全省三十七个少数民族之名称、分布及风俗习惯"③,对于37
种夷人深信不疑。

　　《滇志》在爨蛮之下有夷人10种:1白罗罗、2黑罗罗、3撒弥
罗罗、4撒完罗罗、5阿者罗罗、6鲁屋罗罗、7乾罗罗、8妙罗罗、9罗
婺、10摩察;然后是:11僰夷、12白人、13普特、14窝泥、15㭕鸡、
16㹮喇、17磨些、18力些、19西番、20古宗、21怒人、22扯苏、23
土人、24土僚、25蒲人、26侬人、27沙人、28羯些子、29峨昌、30
缥人、31哈喇、32缅人、33结矬、34遮些、35地羊鬼、36野人;最
后是没有说文、只有分布区域的夷人7种:37喇记、38孔答、39喇
吾、40北苴、41果葱、42喇鲁、43阿成④。

　　《滇夷图说》原本为册页散装,原先的顺序不可知,经不同

---

①祁庆富、李德龙、史晖:《国内外收藏滇夷图册概说》,《思想战线》2008
　年第4期。

②祁庆富、李德龙、史晖:《国内外收藏滇夷图册概说》,《思想战线》2008
　年第4期。

③孙麒:《〈滇夷风俗图〉考略》,《西南民族大学学报(人文社会科学
　版)》2010年第7期。

④见(明)刘文征:《滇志》卷三十《羁縻志·种人》,古永继校点,云南教育
　出版社,1991年,第994—1002页。

编纂者整理后，出现夷人排列顺序不同的两个版本①。在刘铮云主编的《"中央研究院"历史语言研究所傅斯年图书馆藏未刊稿抄本（史部）》第二十一册中，夷人顺序为：（第一册，附"新开盐井"地图）1白人、2爨蛮、3白罗罗、4黑罗罗、5妙罗罗、6阿者罗罗、7乾罗罗、8罗婺、9摩察、10僰彝、11窝泥、12蒲人；（第二册，附"新设兵地方"地图）13撒弥罗罗、14鲁屋罗罗、15撒完罗罗、16犦喇、17普特、18拇鸡、19土人、20土僚、21侬人、22沙人、23喇记（末尾附"李纯久占之处"地图）；（第三册，附"中甸营盘"地图）24么乜、25刺毛、26力乜、27怒人、28俅人、29扯苏、30西番、31古宗、32巴苴、33峨昌、34缥人、35哈喇；（第四册，附"野贼出没之路"地图）36缅人、37结些、38遮乜、39羯乜、40地羊鬼、41野人、42孔答、43喇吾、44北苴、45菓葱、46喇鲁、47阿成；（末尾）48缅僧（有图无文）。

　　《云南诸夷图》记载夷人37种，《滇志》44种夷人中有说文者37种，是否可以依据这个数字的巧合以及二者的年代递进，推断二者所记为相同的37种夷人？上述学者对比《滇志》与《滇夷图说》的37种说文，发现二者基本一致，进而推断《滇夷图说》与《云南诸夷图》的渊源关系。另有明代万历云南巡抚陈用宾所修《云南诸夷图说》，亦被视为与《云南诸夷图》存在某种联系。这样的推断看似合理，实则存在疑问。《云南诸夷图说》与《云南诸夷图》虽然只有一字之差，但《云南诸夷图说》为两册，而《云南诸夷图》为一卷。更关键的是前者所记夷人数目不详，将二者放在一起列举，容易让人产生错误的联想。学者注意到爨蛮、僰

①宋光宇撰辑：《华南边疆民族图录》，"中央图书馆"，1991年；刘铮云主编：《"中央研究院"历史语言研究所傅斯年图书馆藏未刊稿抄本（史部）》第二十一册，台湾"中央研究院"历史语言研究所，2015年。

彝文字较长而有删节，而没有追问为何这两种夷人的文字与其他夷人如此不同。康熙《云南通志》与《滇志》最大的不同是将"白人"放在爨蛮之前，成为种人之首。其爨蛮一条最后仍然有"其种类，附列于后"，与《滇志》表述一致。

最需要辨析的是接下来的问题。首先，《滇志》所记僰夷在万历《云南通志》前的文献中称为白夷或百夷，《云南诸夷图》在宣德六年（1431）重新刊印时已经"岁久漫漶"，可见其原作更早，僰夷这样的名称应该不会在那时出现。

其次，《滇志》所记应该是43种夷人而非44种，其中有说文的具体夷人为36种而非37种。爨蛮与僰夷并非具体的夷人，而是夷人的两个大类，这在《滇略》中表现得很清楚，僰、爨两个大类分别叙写，分别做结。《滇志》明确把爨蛮作为大类，其记述最后一句是"其种类，附列于后"[1]。僰夷的记述之后没有这样的表述，但其起首即言"种在黑水之外，今称百夷"[2]，显然有爨僰二分的痕迹。接着，又说"其种数十，风俗稍别，名号亦殊"[3]，强调其风俗只是稍有区别，但从后面的叙述看，僰夷下属夷人的风俗实际上区别并不小，毕竟其种有别，名号不同。描述僰夷的文字篇幅与爨蛮相当，数倍于其后的白人等夷人，其主体是骑象奏乐的滇西南僰夷，之后分叙散在云南各郡的僰夷。刘文征以不同于对待爨蛮的方式对待僰夷，在最后没有"其种类，附列于后"的

---

① （明）刘文征：《滇志》卷三十《羁縻志·种人》，古永继校点，云南教育出版社，1991年，第995页。

② （明）刘文征：《滇志》卷三十《羁縻志·种人》，古永继校点，云南教育出版社，1991年，第996页。

③ （明）刘文征：《滇志》卷三十《羁縻志·种人》，古永继校点，云南教育出版社，1991年，第996页。

设计，但显然无法将僰夷简化为其下位夷人。僰夷与爨蛮一样，因为囊括太多的夷人，不可能找到有限的文化标志进行总体表征。对于图像而言，尤其如此。我们在《滇夷图说》等图说中看到的爨蛮图像大多是爨蛮说文的第一节，亦即骑战马、配双刀、持长矛，"喜斗轻死"，而僰夷图像则对应于说文第一节的骑象奏乐描述（详细分析见第三章第一节）。

为《清代滇黔民族图谱》作序的李孝友先生谈及明代《云南诸夷图》至乾隆嘉庆年间"已成稀世之本，仅李诂藏有原刻原印之本，珍若拱璧，秘不示人"[1]。当云贵总督伯麟延请李诂绘制夷人图说时，李以自己所藏《云南诸夷图》为蓝本，编绘《滇省夷人图说》。《云南诸夷图》仅记37种人，《滇省夷人图说》记有108种人，前后出入太大，如何以之为蓝本？《云南诸夷图》原刻原印之本为李诂所有，是否意味着还有非原刻原印之本流传于世。既然李诂"秘不示人"，怎么知道他藏有《云南诸夷图》，又怎么知道他以之为蓝本编绘《滇省夷人图说》？大概此说传奇色彩过重，在其选编、笺释的《清代云南民族竹枝词诗笺》一书前言中，李孝友同样谈及李诂绘制《滇省夷人图说》之事，但只字未提《云南诸夷图》蓝本之事。《清代滇黔民族图谱》的序言最终落脚在光绪年间某人以《伯麟图说》为蓝本绘制《云南种人图说》22帧，而《伯麟图说》早已散佚不存，是以《云南种人图》弥足珍贵。同样的逻辑出现在《清代云南民族竹枝词诗笺》前言，只不过谈的是其中所附道光《云南通志稿》的种人图，"（道光）《云南通

---

[1]云南大学图书馆编：《清代滇黔民族图谱》，云南美术出版社，2005年，第7页。

志》存世者已极为稀见，故所插之图亦弥足珍贵"①。

　　构拟一条自《云南诸夷图》到《滇省夷人图说》的线索，此种努力固然可贵，但事实上难以实现。明代《云南诸夷图》《云南诸夷图说》有书目记载，但不能作为夷人图说研究的真正起点。《滇志》所记夷人有名称和说文者为36种，以往认为《云南诸夷图》的37种人即《滇志》所记夷人说不通，至于《云南诸夷图》所记究竟为哪37种人目前尚无法确定。应该从现有《滇夷图说》《滇苗图说》梳理云南诸种夷人图说的源流脉络，而以《滇夷图说》所记48种人中与《滇志》所记有说文的36种人重合者作为研究的起点。

　　古代志书与图说中夷人类目的增加与称谓变化反映出修志者对于志书体例及民族分类的看法。正德《云南志》的修纂者周季凤将夷人从风俗中分出而做专门叙写，主修万历《云南通志》的李元阳提出黑水为界、爨僰二分，《滇志》撰写者刘文征修正李元阳的看法，并使僰夷与白人成为独立的夷人。此后，僰夷进一步细化，而本作为夷人大类的爨蛮被当作独立的夷人写入志书、绘入图说，以致后世研究者将《云南诸夷图》所记37种夷人与《滇志》所记夷人进行对应，忽视了爨蛮与下属夷人重复计算的问题。

　　从夷人分类到图说绘写，有如下问题值得思考：一是绘写者如何凸显白人与僰夷之异；二是爨蛮、僰夷如何与其他夷人在文字上分离，又怎么绘制。作为大类的爨蛮、僰夷，当他们被绘制出来而与其下属夷人并置时，形成耐人寻味的现象。这种现象揭示

①李孝友：《清代云南民族竹枝词诗笺》，云南美术出版社，2005年，前言。

出图说错讹的一种类型，让我们看到绘制者如何以讹传讹、将错就错地用图像去迎合那些高度概括的文字。爨蛮可分为东爨乌蛮、西爨白蛮，亦可按照《滇志》的方式，下分为白罗罗等夷人，而爨蛮又作为一种夷人。僰夷化为摆夷，摆夷化为旱摆夷、水摆夷、花摆夷，于是出现僰夷、摆夷、旱摆夷、水摆夷、花摆夷和伯彝。此种扩展在图像与说文方面有何规律？《滇志》36种夷人如何在云南夷人图说谱系中拓展为《滇夷图说》的48种，以至达到嘉庆《滇省夷人图说》的108种夷人和道光《云南通志稿》中的141种夷人？哪些夷人贯穿始终，这些夷人图像、说文的细节与所指有何变化？哪些夷人为何突然出现，与此前的其他夷人有无关联？有些夷人为何消失，或者消失后又再次出现？概括言之，在纵向维度，关注夷人图说流变过程中的"增"与"减"。

　　夷人在图说中的顺序是理解夷人现实变化和图说者对夷人看法的重要线索，比如白人在《滇志》中排在爨蛮下位夷人和僰夷之后，但在乾隆《云南通志》中跃居夷人之首。由于图说多为册页，顺序容易被打乱，如果不对照相关志书，会误将错乱的顺序当作本来的顺序。同样是白人，在志书的描述中从元代《大理行记》《云南志略》的佛教徒一变而为明代《滇志》中的耕读儒生，《滇夷图说》的图像对应于《滇志》，信徒形象踪迹全无，呼应着清代流行的御制《耕织图》。此种图像反过来强化了白人的儒生形象在志书中的确立和传播（详细分析见第三章第一节）。

　　除了爨蛮、僰夷等具有高度概括性的夷人类型，还有另一类与之形成对照的夷人类型，有特别具体的行为特征或生活地域，包括地羊鬼、飞头僚、仆尸者、雪松村人、铁桥人等。这些特殊甚或另类的夷人是不是夷人，他们何以列入夷人图说，是否称得上夷人的种类，如何出现而又隐退，比如地羊鬼在《滇略》《滇志》

和《滇夷图说》中有所记，之后在不同图说中时隐时现，在嘉庆《伯麟图说》中消失，而在道光《云南通志稿》中又出现，直到清末民初的《古滇土人图志》中依然存在（详细分析见第五章）。地羊鬼之类与普通夷人不同，不在一个层次（《滇志》《滇夷图说》认为地羊鬼的行为如同元江僰夷，却为何单列出来）。与之类似的是僧人，从《滇夷图说》的缅僧到《滇省迆西迆南夷人图说》的红黄喇嘛和三宝，与普通夷人也不在同一个分类层次上。此类例外人群可与另一个极端人群对比，诸如云南府昆明近郊的普特，其标志性符号是渔船与口中衔鱼的男子，图像与说文变化很小（详细分析见第三章第一节）。这些特点突出或特点恒定的夷人，在文字、图像、服饰等细节的繁简变化上可以相互对照。

第二章　图说及方志的夷人类目

　　《哀牢国谱》是云南夷人图绘较早的记载。《华阳国志·南中志·永昌郡》记载"诸葛亮为其国谱"[①]，《南中志·宁州》记"诸葛亮乃为夷作图谱，先画天地日月、君长城府；次画神龙，龙生夷及牛马驰羊；后画部主吏乘马幡盖，巡行安卹；又画夷牵牛负酒，赍金宝诣之像以赐夷，夷甚重之"[②]。据方国瑜先生考证，此处所述图谱可能是一幅画而非一部书，且无相关证据[③]。图谱没有流传下来，可能是文人虚构的传说。从文字描述可以想象这一图谱分为几个段落，其中有龙生夷的起源图像，也有夷人朝贡的画面。关键在于，图谱由诸葛亮赐予夷人，并被后者所看重或倚重，这体现出中原文人对于夷人世界充满支配性的想象建构，尽管其画面是祥和的。与之类似的是后文我们会涉及的《滇夷图说·白人》，其中提到"诸葛亮定南中，仍封佑那于其故地，赐姓张氏"，以此追溯张姓白人的渊源。

　　南诏时期的《南诏图传》（亦称《南诏中兴二年画卷》）和大理国时期的《张胜温画卷》（亦称《宋时大理国描工张胜温画

---

①方国瑜：《云南史料目录概说》，中华书局，1984年，第28页。
②方国瑜：《云南史料目录概说》，中华书局，1984年，第28—29页。
③方国瑜：《云南史料目录概说》，中华书局，1984年，第29页。

卷》）是云南历史上流传下来的重要图像，前者带有图说叙事性质，记述一段南诏历史，后者画工高超，以至于乾隆帝命参与《皇清职贡图》绘制的宫廷画师丁观鹏详加临摹而成《蛮王礼佛图》《法界源流图》。不过，并没有文献说明这两种图像与我们研究的夷人图说有关联，这两种图像是地方政权自己绘写自己的历史与文化，而非处在职贡图与夷人图说那样由近及远、以己观他的异文化建构传统中。

根据绘写内容与风格的相似性，清代夷人图说分属不同类型：《皇清职贡图》类型、《滇夷图说》及其同源图说、《伯麟图说》摹本类型、《滇省迤西迤南夷人图说》及其同源图说、营制总册图说、方志图说。这些类型构成不同的图说系列，由于同源或相互临摹，各种类型内部的相似性大于差异性，而各类型之间则差异性大于相似性。

第一节　《皇清职贡图》的夷人类目

有清一代，乾嘉时朝中央政府主导完成的《皇清职贡图》确是一项空前浩大的文化工程，其认识异族、塑造形象的指向极为突出，与这两种指向伴随并为其助力的是审美趣味和艺术形式。作为中央王朝的大型文化工程，《皇清职贡图》对其同时或其后的民族图说绘写具有示范意义，以之为核心形成一种图说绘写类型，其标准照式的绘写模式与其他夷人图说风俗画式的绘写模式构成对比，二者的互动关联使夷人图说的意义生成获得一种重要的内在理路。对于地方政府、官员文人组织绘写夷人图说的过程，囿于目前掌握的史料，我们的认识极为有限。在此方面，《皇清职贡图》有更多线索，也有相关研究成果，可作为了解夷人图说绘制过程的重要参考。

乾隆十六年清政府启动大型民族图说编纂，至乾隆二十六年（1761）形成4卷彩绘《皇清职贡图》正本。此后，不断增补，成稿于乾隆五十五年（1790）。《皇清职贡图》第一卷为西洋、外藩及朝贡属邦70图，第二卷为东北、福建、湖南、广东、广西等地少数民族61图，第三卷为甘肃、四川等省少数民族92图，第四卷为云南、贵州等省少数民族78图，共计301幅图，包括37种外夷和264种少数民族，人物600个，其中男性302个、女性298个（附绘儿童6个）。264种少数民族人物共526个，其中男性265个、女性261个（附绘儿童6个）。

据畏冬先生研究，《职贡图》的制作历经三阶段，即从各地呈送"番图"，到宫廷画家编绘《职方会览》，再到最终完成《职贡图》[①]。乾隆十五年八月十一日，大学士傅恒向四川总督策楞传达上谕，命将所知"西番、罗罗男妇形状，并衣饰服习，分别绘图注释"[②]。策楞接旨后，命人绘出24幅图进呈。乾隆收到后，命军机处以此为基础制定标准图式，又于次年将图式下发策楞，令其将所属"苗、瑶、黎、僮以及外夷番众"照式绘图，再送军机处汇呈。乾隆十六年闰五月四日，乾隆帝谕令军机大臣曰："我朝统一区宇，内外苗夷输诚向化，其衣冠状貌各有不同，著沿边各督抚于所属苗、瑶、黎、僮以及外夷番众，仿其服饰绘图送军机处，汇

---

① 畏冬：《〈皇清职贡图〉创制始末》，《紫禁城》1992年第2期；畏冬：《乾隆时期〈皇清职贡图〉的增补》，《紫禁城》1992年第6期；畏冬：《嘉庆时期〈皇清职贡图〉的再次增补》，《紫禁城》1993年第1期。

② 《四川总督策楞奏折》收入《宫中档乾隆朝奏折》（第一辑），台北"故宫博物院"，1982年，第910页。见赖毓芝：《图像帝国：乾隆朝〈职贡图〉的制作与帝都呈现》，《"中央研究院"近代史研究所集刊》第75期，2012年，第7页，注19。

齐呈览,以昭王会之盛。各该督抚于接壤处,侯公务往来,乘便图写,不必特派专员,可于奏事之便传谕知之。"[1]乾隆十六年六月一日,军机大臣傅恒等将此上谕内容及标准图式一并发给各地督抚,令他们照样绘写呈送。乾隆二十一年十二月,对各省督抚呈送的画册进行整理,绘制出绢本《职方会览》(两函12册)。乾隆二十二年(1757)七月,以《职方会览》为蓝本绘制《皇清职贡图》绘卷及册页(各一部),至乾隆二十六年大体完成。四川总督策楞上呈的"四川省番图册",现存中国第一历史档案馆,是《皇清职贡图》绘卷原始稿本;现藏法国国家图书馆和法国私人收藏的图册是乾隆二十六年完成的《皇清职贡图》早期绘本;故宫博物院所藏佚名摹本和台北"故宫博物院"所藏谢遂摹本,是乾隆四十年后依照正本摹绘的。

　　嘉庆十年(1805)谕令编纂的《职贡图》,除增加"巴勒布大头人"的"识语"外,新增的内容是在卷九末尾补绘"越南国"3幅图及嘉庆亲题"识语",其余均为乾隆职贡图的摹绘、摹写。乾隆职贡图"以实地采撷的现实细节去成就中国理想天下的虚拟图像",嘉庆职贡图"显然失去与现实的连结,历史似乎在乾隆宫廷所擅长经营'虚实难辨'的迷宫中为幻景所魅,走上了一条与西方所主导之国际趋势渐行渐远的道路"[2]。

　　《皇清职贡图》并非一时之作,历经乾隆、嘉庆两朝由盛转衰的国运变化与从"番图"到《职方会览》再到《皇清职贡图》的汇编综合与格式统一,其间有关于"大一统"和"天下一家"的国

---

① (清)傅恒等编著:《皇清职贡图》,辽沈书社,1991年,第1页。
② 赖毓芝:《图像帝国:乾隆朝〈职贡图〉的制作与帝都呈现》,《"中央研究院"近代史研究所集刊》第75期,2012年。

家形象塑造及配合此形象工程进行的图文美化，有御用文人对说文内容的润饰书写，也少不了宫廷画家丁观鹏等人的妙手丹青使之夺胎换骨。《皇清职贡图》的绘制带有明确的官方指向，有统一下发的图式作为绘制蓝本，说文是最后汇总图像后统一添加书写的。各地上交的番图也并非照单全收，而是经过严格的意识形态把关来取舍增删，其对象信息的采集并没有也不可能完全做到"非我监臣之手量，我将帅所目击，我驿使口陈者，不以登橥削焉"①。"信史"二字不能概括《皇清职贡图》的全部图文。

　　《皇清职贡图》彩绘正本卷四含有黑罗罗等云南夷人36种，另有乾隆、嘉庆年间刊印的白描副本，云南夷人36种收在卷七，本研究主要以白描本的《皇清职贡图》夷人图说为研究对象。职贡图有其自身的传统，耗时日久的乾隆《皇清职贡图》是中央政府自上而下发起的一项文化工程，有统一的制作要求和图式标准，由全国知名的宫廷画师主笔，覆盖的地域范围广阔，民族种类众多，在清代具有无可替代的权威性，对地方政府和文人绘写图说、编纂方志产生了深远的影响。同时，因其素材来源于地方政府提交的图说资料，《皇清职贡图》也反映出地方政府制作夷人图说的某些信息。

　　中央民族大学图书馆藏有题名为"云南民族图考"的绢本彩绘图册，绘写云南夷人40种，与《皇清职贡图》所绘云南夷人36种中的32种类目相同，且形象极为相似。祁庆富、史晖认为《云南民族图考》由《皇清职贡图》及其他图册汇编抄绘而成②，但是黄

---

① （清）傅恒等编著：《皇清职贡图》，辽沈书社，1991年，第1071页。
② 祁庆富、史晖等：《清代少数民族图册研究》，中央民族大学出版社，2012年，第50页。

金东发现实际情况可能相反，《云南民族图考》先于《皇清职贡图》，是云南地方政府上呈给中央政府绘制《皇清职贡图》的图说素材，从前者到后者，图说数量减少、说文内容雅化、人物形象美化，这些痕迹说明二者具有的先后关系①。

《皇清职贡图》《云南民族图考》的夷人类目

图说名称	绘写时间	收藏者	夷人类目	备注
皇清职贡图	乾隆嘉庆绘本、写本、刊本	故宫博物院、台北"故宫博物院"等	1黑罗罗、2白罗罗、3干罗罗、4妙罗罗、5僰夷、6白人、7仲人、8沙人、9侬人、10蒲人、11怒人、12㑩人、13罗婺蛮、14土僚、15窝泥蛮、16苦葱蛮、17扑喇蛮、18撒弥蛮、19苗人、20莽人、21傈僳蛮、22摩察蛮、23扯苏蛮、24拇鸡蛮、25么些蛮、26古宗番、27西番、28羿昌蛮、29海倮罗、30阿者罗罗、31鲁屋罗罗、32麦岔蛮、33嫚且蛮、34利米蛮、35普岔蛮、36缥人	1.彩绘、白描均有。2.图说合一、图说分立均有。3.无山水背景。
云南民族图考	乾隆	中央民族大学图书馆	1土僚、2罗婺、3蒲人、4仲人、5阿度、6僰夷、7卡瓦、8倮倮、9怒人、10苗子、11野倮倮、12老挝、13瑶人、14干罗罗、15白人、16黑罗罗、17白罗罗、18莽子、19西番、20侬人、21撒弥、22窝泥、23摩察、24拇鸡、25古宗、26喇鸡、27么些、28和泥、29交人、30黄喇嘛红喇嘛、31羯些、32㑩人、33沙人、34苦葱、35犪喇、36白喇鸡、37利米、38缥人、39缅目、40普岔	1.绢本彩绘，图说合一。2.无山水背景。

①黄金东：《〈云南民族图考〉版本考》，《中央民族大学学报（哲学社会科学版）》2018年第3期。

资料来源：(清) 傅恒等编著《皇清职贡图》(辽沈书社, 1991年; 哈佛大学哈佛燕京图书馆藏中文善本古籍); 黄金东《〈云南民族图考〉版本考》[《中央民族大学学报 (哲学社会科学版)》2018年第3期]。

第二节 《滇夷图说》的夷人类目

现藏台湾"中央研究院"历史语言研究所傅斯年图书馆的《滇夷图说》是目前所见清代最早的民族图说, 据分析为雍正初期云贵总督高其倬主持编绘。其类目及说文内容源于天启《滇志》, 增加了刺毛、俅人、巴苴、缅僧4种, 共计48种。《滇夷图说》为册页散装, 原先的顺序不可知, 经不同编纂者整理后, 出现夷人排列顺序不同的两个版本。刘铮云版的《滇夷图说》夷人顺序显然比宋光宇版的更为合理, 据汤蔓媛在影印说明中的解释, 此种顺序的主要依据在于天启《滇志》和康熙《云南通志》①。

现藏于哈佛燕京图书馆的《滇苗图说》记有夷人36种, 其说文与《滇夷图说》相同或高度相似者为36种, 加上与《滇夷图说》图像相似而说文错配的4种夷人 (鲁屋罗罗配的是白罗罗、捊鸡配的是缥人、摩察配的是果葱、喇记配的是哈喇), 可知《滇苗图说》实际记有与《滇夷图说》相同的夷人40种, 亦即《滇志》中除结些、遮裟、爨蛮、僰夷之外的40种夷人。顾云臣原作的结些、遮裟可能散落了, 而之所以没有爨蛮、僰夷, 很可能是因为顾氏原作

---

① 刘铮云主编:《"中央研究院"历史语言研究所傅斯年图书馆藏未刊稿抄本 (史部)》第二十一册, 台湾"中央研究院"历史语言研究所, 2015年; 宋光宇撰辑:《华南边疆民族图录》, "中央图书馆", 1991年。前者附有汤蔓媛撰写的《滇夷图说》影印说明, 考证了该图说产生的时代。

或他参考的前人之作本就没有单独画出爨蛮、僰夷[①]。

《滇夷图说》及其同源图说的夷人类目

图说名称	绘写时间	收藏者	夷人类目	备注
滇夷图说	雍正初年	台湾"中央研究院"傅斯年图书馆	1白人、2爨蛮、3白罗罗、4黑罗罗、5妙罗罗、6阿者罗罗、7乾罗罗、8罗婺、9摩察、10僰彝、11窝泥、12蒲人；13撒弥罗罗、14鲁屋罗罗、15撒完罗罗、16檏喇、17普特、18拇鸡、19土人、20土僚、21侬人、22沙人、23喇记；24么㱔、25刺毛、26力㱔、27怒人、28俅人、29扯苏、30西番、31古宗、32巴且、33峨昌、34缥人、35哈喇；36缅人、37结些、38遮㱔、39羯㱔、40地羊鬼、41野人、42孔答、43喇吾、44北且、45菓葱、46喇鲁、47阿成；48缅僧	1.绢本彩绘，右图左说。 2.缅僧，有图无文。 3.夷人顺序按照刘铮云主编《"中央研究院"历史语言研究所傅斯年图书馆藏未刊稿抄本（史部）》第二十一册整理的顺序。 4.说文的主要来源为《滇志》，但增加了喇记、孔答、喇吾、北且、菓葱、喇鲁、阿成等7种夷人的说文。
滇苗图说	道光至咸丰三年（1853）摹本［原作时间为顺治十三年（1656）］	哈佛燕京图书馆	1侬人、2黑罗罗、3檏喇、4喇鲁、5孔答、6土僚、7阿成、8阿者罗罗、9鲁屋罗罗、10喇吾、11峩昌、12古宗、13撒弥、14普特、15罗婺、16比且、17蒲人、18扯苏、19白人、20西番、21拇鸡、22摩察、23撒完、24妙罗罗、25羯㱔、26缅人、27力㱔、28沙人、29喇记、30怒人、31么㱔、32地羊鬼、33干罗罗、34土人、35窝泥、36野人	纸本彩绘，右图左说

———————

[①] 此外，据祁庆富、史晖等学者分析，中国社会科学院民族学与人类学研究所图书馆藏《苗蛮图》亦是《滇夷图说》的同源抄绘本（见祁庆富、史晖等：《清代少数民族图册研究》，中央民族大学出版社，2012年，第43页）。

资料来源：（清）高其倬编《滇夷图说》（刘铮云主编：《"中央研究院"历史语言研究所傅斯年图书馆藏未刊稿抄本（史部）》第二十一册，台湾"中央研究院"历史语言研究所，2015年）；哈佛燕京图书馆藏《滇苗图说》（http://hollis.Harvard.edu/?itemid=library/m/aleph/008986367）。

第三节 《伯麟图说》的夷人类目

中国社会科学院民族学与人类学研究所图书馆藏有《滇省夷人图说·滇省舆地图说》，祁庆富等学者认为其中的《滇省夷人图说》是《伯麟图说》较为准确的摹本，其依据是道光《云南通志稿》之《艺文志》有伯麟《进云南种人图说》，而《滇省夷人图说》附有的跋文与之对照极为相似。另外，中国国家图书馆藏的清代佚名抄本《夷人图说》收有108种夷人的说文，《滇省夷人图说》采用的夷人名目及排序与之基本相同①。通过查阅中国第一历史档案馆馆藏档案，苍铭、熊燕进一步发现伯麟在嘉庆二十四年（1819）二月初六有名为"奏为遵旨篆辑滇省舆地及夷人图说装缮进呈事"的奏折②。

道光《云南通志稿》是了解《伯麟图说》实际情况的重要线索。《进云南种人图说》与《滇省夷人图说》跋文在字数上有一定差距，前者958字，而后者1848字。道光《云南通志稿》大量引述《伯麟图说》，其引述有两种类型。一类为先引述其他文献，最后引述《伯麟图说》，其顺序基本是《皇清职贡图》、乾隆《云南

① 祁庆富、李德龙：《〈伯麟图说〉考异——〈御制外苗图〉和〈滇省夷人图说〉述略》，《民族研究》2007年第1期；祁庆富、李德龙、史晖：《国内外收藏滇夷图册概说》，《思想战线》2008年第4期。
② 苍铭、熊燕：《〈开化府图说〉及所绘中越边界夷人》，《广西民族研究》2018年第6期。

通志》、州府县厅等志、《古今图书集成》、文人笔记（如《峒溪
纤志》《宁洱县采访》《维西见闻记》等），最后是《伯麟图说》。
此种情况包括49种夷人：爨蛮、白人、黑罗罗、白罗罗、妙罗罗、乾
罗罗、撒弥罗罗、阿者罗罗、鲁屋、葛保罗、摩察、水摆夷、倮黑、
大倮黑、扑喇、白扑喇、窝泥、白窝泥、糯比、㭗鸡、土僚、花土
僚、黑土僚、扯苏、山苏、沙人、古宗、西番、喇鲁、沙兔、俅人、披
沙夷、阿成、阿戛、普岔、孟乌、普剽、普列、腊欲、腊兔、舍乌、
山车、阿倮、腊歌、海彝、绷子、遮些、三撮毛、老挝。另一类是只
引述《伯麟图说》，此种情况包括19种夷人：普拉罗罗、旱摆夷、
花摆夷、蒲蛮、黑窝泥、野古宗、野西番、甘人、子间、僳卜、洒
摩、蒙化彝、白腊鸡、交人、鲁兀、阿哂、龙人、阿卡、长头发①。
两种情况合计68种夷人。道光《云南通志稿》对《伯麟图说》十
分重视，为什么引述其中的68种夷人而排除其余40种夷人，值
得思考。举例来说，古宗、么些、力些3种夷人均引述《维西闻见
录》，但是唯有古宗最后引述《伯麟图说》，这种选择可能出于
某种原因。

　　《滇省夷人图说》的夷人类目达108种，比《滇夷图说》多出
60种。对照两种图说，普特、白人、撒弥保罗、僰夷、罗婺、土人、
干保罗、爨蛮、白保罗、黑保罗、沙人、㭗鸡、阿者保罗、侬人、
摩察、怒人、剌毛、缅人、磨些、古宗、傈僳、俅人、遮些、蒲人、
羯些、野人、喇鲁、峩昌、扯苏、西番、妙保罗、鲁屋保罗、撒完
保罗、窝泥、僰喇、土僚、阿成等37种为相同类目。要说明的是，

① 祁庆富、李德龙两位先生认为道光《云南通志稿》种人图说引用《伯麟图
　说》57种，其中只引用《伯麟图说》者有17种，不知是否采用与笔者不同
　的志书版本进行统计。见祁庆富、李德龙：《〈伯麟图说〉考异——〈御制
　外苗图〉和〈滇省夷人图说〉述略》，《民族研究》2007年第1期。

古人对夷人名称的记录会出现同音或同形字混淆的现象，《滇省夷人图说》的磨些、傈僳分别对应于《滇夷图说》的么夆、力夆，其说文分别注明"即唐书么些蛮""即力些"。喇吾、巴苴、缥人、哈喇、结些、地羊鬼、孔答、北苴、缅僧等9种是《滇夷图说》有而《滇省夷人图说》所无的夷人。《滇省夷人图说》有缅和尚，可能即是《滇夷图说》的缅僧，只是由于后者缺说文，不能完全肯定。

通过对照，可以发现《滇省夷人图说》与《皇清职贡图》有相同类目者为：白人、撒弥俅罗（撒弥蛮）、僰夷、罗婺蛮、干俅罗、白俅罗、黑俅罗、沙人、拇鸡（栂鸡）、阿者俅罗、侬人、摩察（摩察蛮）、怒人、磨些（么些蛮）、古宗（古宗番）、傈僳、俅人、蒲蛮（蒲人）、羿昌（羿昌蛮）、扯苏（扯苏蛮）、西番、妙俅罗、鲁屋俅罗、窝泥（窝泥蛮）、蹼喇、土僚、苦葱（果葱）。

由于《伯麟图说》的艺术收藏价值，清代有类似的摹本流通，其中包括艺术水准较高的伪作。典型的例子，是与《滇省夷人图说》高度近似、藏于中央民族大学图书馆善本库的《御制外苗图》，"绘制精良，用笔娴熟，肯定出自丹青妙笔之手。装帧豪华考究，印章钤盖有序，很像是宫廷藏品"[1]。经考证，此图乃伪作，托名为《皇清职贡图》绘制者金廷标。伪作者手段高超，却无法掩饰马脚，"嘉庆后期之作，为什么乾隆的御览印鉴如此齐全？"[2]"有'石渠宝笈'、'宝笈三编'、'石渠继鉴'印，可是

---

[1] 祁庆富、李德龙：《〈伯麟图说〉考异——〈御制外苗图〉和〈滇省夷人图说〉述略》，《民族研究》2007年第1期。

[2] 祁庆富、李德龙：《〈伯麟图说〉考异——〈御制外苗图〉和〈滇省夷人图说〉述略》，《民族研究》2007年第1期。

《御制外苗图》在《石渠宝笈三编》中却见不到。"①

　　《伯麟图说》摹本尚有：中国国家博物馆藏《滇南夷情汇集》，收108种夷人，种类、图像、说文与《滇省夷人图说》一致，只是种人排列顺序不同②。哈佛燕京图书馆藏《夷人图说目录》、中央民族大学图书馆藏《云南三迤百蛮图》，收108种夷人，种类与《滇省夷人图说》基本一致，排序不同，部分夷人名称及说文有所不同，图文有错配，文字有错误。中央民族大学图书馆藏《云南三迤百蛮图》、中国社科院历史研究所图书馆藏《百蛮图》、英国牛津大学博德利图书馆藏《云南三迤百蛮图》③。

　　《普洱府图说》《开化府图说》是《伯麟图说》的两种局部摹本，现藏于云南省博物馆。《普洱府图说》为20世纪50年代收藏，纸本卷轴绘画，共为4个立轴，每轴纵120厘米，横29.8厘米。每立轴绘有上、中、下3幅图，画上加款识，共计12种夷人。由于无作者姓名、图章，无法确切说出年代和作者④。《开化府图说》一共8轴，每轴由上、中、下3幅图构成，每幅纵30厘米，横23厘米，纸本设色。清嘉庆年间作品，作者不详。款识后面都有"文保"或"王文保印"之图章。画的左下角都有"质天物藏"之收藏章。第八轴的下图写有"嘉庆二十四年闰四月，世恩堂王

①祁庆富、李德龙：《〈伯麟图说〉考异——〈御制外苗图〉和〈滇省夷人图说〉述略》，《民族研究》2007年第1期。
②见宋兆麟：《民族文物通论》，紫禁城出版社，2000年，第228—240页；宋兆麟：《云南民族的生动画卷——〈滇南夷情汇集〉试析》，《中国历史博物馆馆刊》1998年第2期。
③见祁庆富、史晖等：《清代少数民族图册研究》，中央民族大学出版社，2012年，第75—80页。
④熊丽芬：《从普洱府图说看清代当地民族风俗（上）》，《收藏家》2011年第9期。

文保藏"之字,并有官方印一枚。第一轴主要介绍了开化府的
历史沿革及地理情况,绘有详细地图。以下7轴分别介绍20种夷
人的生活习俗、居住环境等,每幅画都题有款识说明。在第一轴
的介绍中,行文者称"夷人有:舍武、聂素、普飘、水摆夷、旱摆
夷、阿系、孟乌、腊欲、山车、普岔、花土僚、腊歌、普列、阿戛、
白猓喇、黑土僚、阿度、白喇鸡、交人、阿成、阿倮",共计21种。
后7轴图说中无"腊歌""阿度",却增加了"腊兔"。行文者与绘
图者显然不是同一人,相互没有沟通,图说可能是分别制作后再
合成的。《滇省夷人图说》的开化府夷人共计22种,正好是《开
化府图说》第一轴行文中提及的21种夷人与后7轴图说增加的
"腊兔"。

　　这两种图说有一个共同点,就是将原为册页的图说装裱为立
轴,从而成为书画藏品。《开化府图说》是云南省博物馆1962年
3月向北京文物书店购买而得,说明此前已经在书画市场流通。
云南省博物馆还藏有一种立轴图说,由上而下绘有大二三宝、西
番、俅人、东山夷等4种夷人,被命名为"无款民族风情立轴"。细
观装裱痕迹,显然也是4幅独立的图说拼接而成,与上述两种图
说的情形相仿。

《伯麟图说》摹本的夷人类目

图说名称	收藏者	夷人类目	备注
滇省夷人图说	中国社会科学院民族学与人类学研究所	1子同、2普特、3白人、4撒弥保罗、5保罗、6保卜、7僰夷、8罗婺、9罗缅、10土人、11海保罗、12干保罗、13苗子、14爨蛮、15黑甘夷、16僮人、17白保罗、18黑保罗、19阿晒、20沙人、21普拉保罗、22拇鸡、23阿蝎保罗、24阿者保罗、25葛保罗、26鲁兀、27夔素、28舍武、29阿系、30阿成、31白喇鸡、32山车、33普素、34阿夔、35阿保、36花土僚、37水百彝、38黑土僚、39旱白彝、40普剽、41汶人、42白仆喇、43阿度、44腊歌、45孟乌、46普岔、47腊欲、48腊免、49侬人、50乾人、51披沙保罗、52花苗、53羿子、54摩察、55喇嘛、56怒人、57刾毛、58缅人、59浦人、60古宗、61保黑、62倮人、63遮些、64蒲人、65蔓喇、66褐些、67野人、68喇鲁、69栽目、70卡瓦、71大罗黑、72莪化彝、73罗黑、74利米、75小列密、76蔓且、77洒摩、78浦蛮、79扯苏、80西番、81野西番、82妙保罗、83苦葱、84阿卡、85艮子、86茅子、87三作毛、88黑濮、89黑窝泥、90龙人、91缅和尚、92花白彝、93戈罗、94老挝、95长头发、96绷子、97鲁屋保罗、98撒完保罗、99窝泥、100麦岔、101樸喇、102土僚、103白窝泥、104野古宗、105糯比、106山苏、107卡惰、108黑铺	1. 纸本彩绘，图说合一。 2. 乾人，即道光《云南通志稿》之"甘人"；羿子，即道光《云南通志稿》之"沙兔"。 3. 按照粮道10种，迤东道43种，迤西道30种，迤南道25种的顺序排列夷人。 清雍正八年（1730）置迤东道，同年，置迤西道。清乾隆三十一年（1766），置迤南道。迤东道、治曲靖府，领云南、武定、曲靖、澂江、广西、临安、昭通、东川、开化、广南、元江、镇沅等13府；迤西道，治大理府，领大理、鹤庆、丽江、永北、永昌、顺宁、楚雄、姚安、景东、蒙化等10府。乾隆三十一年析迤东道之迤南道，治元江、临安、普洱4府往属迤东道属之云南、武定二府。普洱府又析迤东道之云武粮储道。武定（1770）降武定府为直隶州，仍属云南。三十五年武定府降为直隶厅，沅江府降西道，仍属普洱。降西道，仍属丽江府。景东三府为散州，仍属丽江府。蒙庆东三府为直隶厅，任商楚雄府。军民府，任属姚安府。

续表

图说名称	收藏者	夷人类目	备注
御制外苗图	中央民族大学	1僰夷、2罗鮝、3剌毛、4缅人、5磨些、6古宗、7倮倮、8侏人、9遮些、10蒲人、11蔓喇、12羯些、13野人、14花苗、15栽苗、16卡瓦、17大倮黑、18蒙化彝、19倮黑、20利米、21小列密、22嫚且、23洒摩、24蒲蛮、25扯苏、26西番、27野西番、28妙倮罗、29苦葱、30阿卡、31良子、32荞子、33三䑓毛、34黑濮、35龙人、36黑窝泥、37缅和尚、38花百倮罗、39七撒倮罗、40老挝、41长头发、42麦岔、43鲁屋倮罗、44撒倮罗、45窝泥、46麦岔、47撲喇、48土獠、49白窝泥、50野古宗、51倮罗、52溪卜、53喇嘛、54怒人、55罗缅、56土人、57海倮罗、58甘倮罗、59苗子、60爨蛮、61黑甘夷、62僮人、63白倮罗、64黑倮罗、65阿西、66沙人、67普拉、68捌倮罗、69阿者倮罗、70阿蜗倮罗、71葛倮罗、72鲁兀、73葛素、74舍武、75阿系、76阿则成、77山车、78白喇鸡、79普列、80阿蔓、81阿倮、82花土獠、83水百彝、84黑土獠、85旱百彝、86普濶、87交人、88白撲喇、89阿度、90腊歌、91孟乌、92普岔、93腊欲、94腊兔、95依人、96乾人、97披沙倮罗、98喇鲁、99羿子、100摩察、101子人、102普特、103卡隋、104黑铺	1.纸本彩绘，图说合一。2.乾人，即道光《云南通志稿》之"甘人"；羿子，即道光《云南通志稿》之"沙兔"。3.怒人之"怒"原文有"犭"旁。

续表

图说名称	收藏者	夷人类目	备注
夷人图说目录	哈佛燕京图书馆	1喇嘛、2怒人、3刺毛、4缅人、5磨些、6古宗、7傈傈、8傈人、9摩些、10浦人、11戛喇、12羯些子、13野人、14喇鲁、15栽目、16卡瓦、17大傈黑、18蒙化彝、19倮黑、20利米、21小列些、22媪目、23洒摩、24蒲蛮、25扯苏、26西番、27野西番、28妙倮罗、29苦葱、30阿卡、31缅甸艮子、32缅甸茅子、33三作毛、34黑濮、35龙人、36黑窝泥、37缅甸利尚、38花摆夷、39戈罗、40老挝、41长头发、42缅甸绷子、43鲁蛮倮罗、44撒栢倮罗、45窝泥、46麦岔、47撲喇、48土僚、49白窝泥、50野古宗、51糯比、52山苏、53卡倮、54黑濮、55子间、56普特、57白人、58撒弥倮罗、59黑甘夷、60童人、61白倮罗、62黑倮罗、63阿西、64沙人、65蒲拉倮罗、66捞鸡、67阿者倮罗、68阿蜴倮罗、69葛倮罗、70查兀、71聂素、72合武、73阿系、74阿成、75山车、76白喇鸡、77普列、78阿夏、79阿倮、80花土僚、81水摆夷、82黑倮罗、83旱摆夷、84普剽、85陜人、86白撲喇、87阿倮、88腊歌、89倮罗、90溪卜、91爽夷、92罗缅、93罗婺、94土人、95海倮罗、96干倮罗、97苗子、98蜜蛮、99孟乌、100普岔、101腊欲、102腊兔、103依人、104乾人、105披沙倮罗、106花苗、107羿子、108摩察	1.纸本彩绘,图说合一。 2.此图说错误较多:摩些,应为遮些;阿西,应为阿僰;鲁黑,应为鲁武;含人,应为合武,阿倮,应为黑土僚;陜人,应为交人。 3.乾人,即道光《云南通志稿》之"甘人";羿子,即道光《云南通志稿》之"沙兔"。

续表

图说名称	收藏者	夷人类目	备注
普洱府图说	云南省博物馆	1老拉、2鲁屋倮罗、3莽子、4阿卡、5撒桓倮罗、6艮子、7绷子、8乜罗、9苦葱、10缅和尚、11花百彝、12长头发	纸本彩绘、图说合一。
开化府图说	云南省博物馆	1水摆夷、2摆夷、3阿系、4普岔、5黑土獠、6花土獠、7腊兔、8普列、9阿曼、10孟乌、11蜡欲、12普剽、13山车、14白朴喇、15白喇鸡、16交人、17舍武、18娈素、19阿成、20阿倮	纸本彩绘、图说合一。

资料来源：揣振宇主编《滇省夷人图说》（中国社会科学出版社，2009年）；祁庆富、李德龙《〈伯麟图说〉考异——〈御制外苗图〉和〈滇省夷人图说〉述略》（《民族研究》2007年第1期）；哈佛燕京图书馆藏《夷人图说（上）》（《收录》（http://id.lib.harvard.edu/aleph/00913584 3/catalog）；熊丽芬《从普洱府图说看清代当地民族风俗（上）》（《收藏家》2011年第9期）、熊丽芬《从普洱府图说看清代当地民族风俗（下）》（《收藏家》2011年第10期）；《开化府图说》（云南省博物馆藏）。

第四节　《滇省迤西迤南夷人图说》的夷人类目

德国莱比锡民族学博物馆收藏的《滇省迤西迤南夷人图说》与《滇夷图说》《伯麟图说》系相比,在夷人类目及绘写风格上有明显区别,体现了突出的地方文化色彩。

《滇省迤西迤南夷人图说》与《滇夷图说》《滇省夷人图说》3种图说均有记述,且夷人名称完全一致者有侬人、沙人、俅人、西番,夷人名称存在细微差别者有:古宗(《滇省迤西迤南夷人图说》为狧猔)、缅和尚(《滇夷图说》为缅僧)、僰夷(《滇夷图说》为僰彝)、剌毛(《滇省夷人图说》为剌毛)、黑倮罗(《滇夷图说》为黑罗罗)、白倮罗(《滇夷图说》为白罗罗)、么些(《滇省夷人图说》为磨些)、怒人(《滇省迤西迤南夷人图说》为怒子)、傈僳(《滇省迤西迤南夷人图说》为傈僳、《滇夷图说》为力�、《滇省夷人图说》为猓猓)、濮蛮(《滇夷图说》为蒲人,《滇省夷人图说》为蒲人、蒲蛮,《皇清职贡图》曰"蒲人即蒲蛮")、苦葱(《滇夷图说》为菓葱)。《滇省迤西迤南夷人图说》说"西番又名苴"[1],当为"西番又名巴苴"之误,云南省博物馆藏《无款民族风情立轴》有"西番一名巴苴"之语,在《滇夷图说》中西番、巴苴并存,此后的图说中巴苴很少出现。

《滇省迤西迤南夷人图说》与《滇省夷人图说》均有记述且名称完全一致者有山苏、糯比、三作毛、黑窝泥、卡瓦、莽子、倮罗、小列密、利米,名称有细微差别者有:旱摆夷(《滇省夷人图说》为旱百彝)、卡隋(《滇省夷人图说》为卡惰)、倮黑(《滇省夷人图说》为罗黑)、水摆夷(《滇省夷人图说》为水百彝)。

---

①Claus Deimel. *Das Yunnan-Album Diansheng Yixi Yinan Yiren Tushuo: Illustrierte Beschreibung der Yi-Stämme im Westen und Südene der Provinz Dian*. Museum für Völkerkunde zu Leipzig, 2003, p.38.

仅在《滇省迤西迤南夷人图说》记述者有：僰人、大头倮罗、卡高、民家、塔城古宗、土兵、桥头人、鲁巨人、情普通、马子、刁巴、西藏大二三宝、雪松村人。此外，瓢头窝泥可能是白窝泥，因为对照《云南种人图说》所绘白窝泥可以发现其与《滇省迤西迤南夷人图说》之瓢头窝泥极为相似，而《云南种人图说》《滇省迤西迤南夷人图说》为同源图说，《滇省迤西迤南夷人图说》分别记述红喇吗、黄喇嘛，而《滇省夷人图说》有喇嘛的记述。排除最后3种夷人，《滇省迤西迤南夷人图说》所特有的夷人为13种。在这些夷人当中，塔城古宗、桥头人、鲁巨人、雪松村人等带有比一般夷人更具体的地方性，土兵、刁巴、西藏大二三宝并非夷人种类而是带有职业特性的夷人群体。僰人、大头倮罗、卡高、民家、情普通、马子在其他系列的夷人图说中未出现过。僰人不同于白人，天启《滇志》称"旧讹僰为'白'，遂称其一类，实不相通"①，《滇省夷人图说》引述《滇志》此说，其后曰"又谓民家子"，亦即白人非僰人，但白人即是民家子。《滇省迤西迤南夷人图说》既有僰人，又有民家，与其他图说中的白人恰恰形成对比，值得关注。

与《滇省迤西迤南夷人图说》高度相似的图说有故宫博物院藏《普洱夷人图说》与云南大学图书馆藏《云南种人图说》②。另外，云南省博物馆藏命名为"无款民族风情立轴"的图说绘写4种夷

---

① （明）刘文征：《滇志》卷三十《羁縻志·种人》，古永继校点，云南教育出版社，1991年，第998页。

② 该图说收入云南大学图书馆编《清代滇黔民族图谱》（云南美术出版社，2005年）。为该书作序的李孝友先生认为，"清光绪年间，有人据《伯麟图说》遴选其中之二十二幅彩绘成册，题名《云南种人图说》，即今云南大学图书馆藏之本。《伯麟图说》早已散佚不存，故此本更弥足珍视"。此说实误，《云南种人图说》为《滇省迤西迤南夷人图说》同源图说，而非《伯麟图说》摹本。

人，其中有大二三宝与东山夷两种，其命名方式类似于《滇省迤西迤南夷人图说》。

《滇省迤西迤南夷人图说》及其同源图说的夷人类目

图说名称	绘写时间	收藏者	夷人类目	备注
滇省迤西迤南夷人图说	乾隆五十三年（1788）	德国莱比锡民族学博物馆	1依人、2大头保罗、3山苏、4黑保罗、5瓢头窝泥、6糯比、7旱摆夷、8卡隋、9白保罗、10保黑、11卡高、12濮蛮、13苦葱、14僰夷、15民家、16缅和尚、17三作毛、18黑窝泥、19沙人、20卡瓦、21水摆夷、22莽子、23僰人、24塔城古宗、25保罗、26土兵、27刺毛、28桥头人、29鲁巨人、30倮倮、31小列密、32古宗、33刁巴、34情普通、35么些、36俅人、37红喇吗、38西番、39犸子、40利米、41黄喇嘛、42怒子、43西藏大二三宝、44雪松村人	1.稿本彩绘，右图左说。 2.图说文字风格不一，似非一时一人之作。
普洱夷人图说	嘉庆三年（1798）	故宫博物院	1水摆夷、2龙人、3大头保罗、4山苏、5黑保罗、6莽子、7僰人、8塔城古宗、9保罗、10古宗、11刁巴、12情普罗、13俅人、14土兵、15刺毛、16桥头人、17鲁巨人、18黑倮倮、19小利密、20西番、21犸子、22利密、23黄喇嘛、24怒子、25西藏大二三宝、26雪松村人、27民家、28卡瓦、29沙人、30三作毛、31缅和尚、32糯别、33旱摆夷、34卡堕、35白保罗、36保黑、37摆夷、38卡高、39苦葱、40僰夷	1.稿本彩绘，右图左说。 2.又有"苗民图说""滇黔苗蛮民图说"的函套名称。 3.序文说夷人类目有45种，目前只见40种。 4.龙人，《滇省迤西迤南夷人图说》作"依人"；扑蛮，《滇省迤西迤南夷人图说》作"濮蛮"。

续表

图说名称	绘写时间	收藏者	夷人类目	备注
云南种人图说	光绪十八年(1892)	云南大学图书馆	1龙人、2山苏、3白窝泥、4黑倮倮、5卡隋、6扑蛮、7旱摆夷、8糯比、9卡瓦、10摆夷、11大头倮倮、12倮黑、13㑌夷、14苦葱、15白倮倮、16沙人、17三作毛、18民家、19黑窝泥、20水摆夷、21缅和尚、22莽子	1.纸本彩绘，右图左说。2.有说无图的种人62种，无图无说的种人条目6种。3.夷人类目缺《滇省迤西迤南夷人图说》的"卡高"，代之以"摆夷"。4.龙人，《滇省迤西迤南夷人图说》作"侬人"；扑蛮，《滇省迤西迤南夷人图说》作"濮蛮"。5."倮"字原文有"犭"旁。

资料来源：Claus Deimel. *Das Yunnan-Album Diansheng Yixi Yinan Yiren Tushuo: Illustrierte Beschreibung der Yi-Stämme im Westen und Südene der Provinz Dian* (Museum für Völkerkunde zu Leipzig, 2003)；赵荔《清代〈普洱夷人图说〉研究》（云南大学硕士学位论文，2013年）；云南大学图书馆编《清代滇黔民族图谱》（云南美术出版社，2005年）。

第五节　营制总册图说的夷人类目

清朝绿营上报的营制总册文件涉及管辖区域的夷人情况，有的还含夷人图说。在夷人种类、文字描述与图像绘制风格等方面，营制总册夷人图说有自己突出的特点。

我们目前收集到两类营制总册：一类为有图有说的较为完整的营制总册，包括乾隆时期的《云南永顺镇营制总册》、嘉庆时期的《云南维西协营制总册》、道光时期的《云南昭通镇四营营制总册》《云南标下元江营制总册》，前二者有完整的图说，后二者是完整的总册；另一类只有图，没有说文，包括以"云南营制苗蛮图册"命名的4种营制总册的部分夷人图，绘制时间约在乾隆时期。

《云南永顺镇营制总册》等营制总册的夷人类目

图说名称	绘写时间	收藏者	夷人类目	备注
云南永顺镇营制总册	乾隆	国家图书馆	1僰人、2白儿子、3蒲蛮、4倮罗、5罗武、6井子、7家僳僳、8摆夷、9小阿娼、10大阿娼、11卡腊、12波鼋子、13羯些、14野僳倮、15卡瓦、16赤发野人	1.彩绘抄本，图说分开。2."卡瓦"二字原文有"犭"旁。
云南营制苗蛮图册	乾隆	英国维尔康图书馆	云南鹤丽镇营制总册12种（包括鹤庆府僰夷、怒子、喇嘛）、云南广罗协营制总册12种（包括僰子、葛倮罗、黑倮罗、白沙人、蹼喇）、云南开化营营制总册24种（包括白倮罗）、云南元江营营制总册12种（包括夷人）	1.稿本彩绘，图说分开。2.《云南营制苗蛮图册》至少由4种营制总册合成。目前该图书馆仅公布鹤庆府僰夷等10种图像（即左侧栏中括号列出者）。此外还有《云南鹤丽镇驻扎鹤庆府城舆图》1幅。
云南维西协营制总册	嘉庆	中央民族大学图书馆	1么些、2古宗、3喇犸、4龙巴、5倮罗、6红黄喇嘛、7怒子、8俅子	1.纸本彩绘，图说分开。2.收藏者在封面题写篆书"维西夷人图"，实为营制总册。3."么些"、怒子之"怒"原文有"犭"旁。4."俅"原文为"犭"旁。
云南昭通镇四营营制总册	道光	美国国会图书馆	（昭通府）1黑倮罗、2白倮罗、3假汉人；（右营永善县汛）1黑倮罗、2白倮罗、3羿子；（前营凉山汛）1黑倮罗、2白倮罗；（前营鲁甸汛）熟猫（熟苗）；（左营大关汛）1黑倮罗、2白倮罗、3猫子（苗子）；（右营吞都汛）羿子	1.彩绘抄本，图说分开。2.羿子之"羿"原文有"犭"旁。

续表

图说名称	绘写时间	收藏者	夷人类目	备注
云南标下元江营制总册	道光	美国国会图书馆	1僰人、2倮罗、3水僰夷、4汉僰夷、5窝泥、6白窝泥、7苦葱、8糯比、9扑猡、10卡惰、11黑铺、12农人	1.彩绘抄本，图说分开。2.农人之"农"原文有"犭"旁。

　　资料来源：《云南永顺镇营制总册》（石光明主编，国家图书馆分馆编：《清代边疆史料抄稿本汇编》第36册，线装书局，2003年）；英国维尔康图书馆藏《云南营制苗蛮图册》（http://welcomeimages.org/indexplus/print.html）；《云南维西协营制总册》（余庆远撰：《维西见闻纪》，李汝春校注，维西傈僳族自治县志编委会办公室编印，1994年）；美国国会图书馆藏《云南昭通镇四营营制总册》（http://LConline.catalog/2012402198/librarycongress）；美国国会图书馆藏《云南标下元江营制总册》（http://LConline.catalog/2012402196/librarycongress）。

　　细读几种营制总册图说，可见其共同点，亦可见其间的细微差别。营制总册的说文主要涉及生活习性、居处地域、生计方式等方面，尤其强调是否输纳租赋、应夫当差、臣服天朝等态度。此外，还涉及由土司抑或地方政府管理的行政归属问题。比如《云南永顺镇营制总册》的僰人"遵守国法，差纳粮赋，服地方官管辖"①，倮罗"有服地方官管者，亦有服土司所管者"②，《云南昭通镇四营营制总册》的夷人均注明"无土司管辖"，如（昭通府）黑倮罗"臣服天朝，输纳粮赋，应夫当差，无土司所辖，属恩安县所管"，《云南标下元江营制总册》则在诸种夷人图说前统一

①《云南永顺镇营制总册》，石光明主编，国家图书馆分馆编：《清代边疆史料抄稿本汇编》第36册，线装书局，2003年，第326页。
②《云南永顺镇营制总册》，石光明主编，国家图书馆分馆编：《清代边疆史料抄稿本汇编》第36册，线装书局，2003年，第334页。

注明"散居四乡村寨，属元江土司所管"。

　　与其他类型的图说相比，营制总册图说突出的特点首先是特有的夷人种类名称，如白儿子、波㲝子、卡腊、赤发野人、喇马、龙巴、假汉人等夷人在其他类型的图说中并无记载。有学者研究过贵州苗图中的"白儿子"，认为其描述的是汉族男子入赘与辞婚归汉现象①，但在云南夷人图说中此一称谓确属少见。出现在其他类型图说中的㑩㑩、峨昌，在《云南永顺镇营制总册》中被细分为家㑩㑩与野㑩㑩、小阿昌与大阿昌。㑩㑩在其他图说中又称力些，往往以彪悍的持弩者形象出现，此处的㑩㑩虽仍有佩刀弩的文字描述，图像则绘家居炊爨，体现㑩㑩的另一种面相。

　　在同一图册中同一种夷人以不同地域进行区分，数次出现，此种现象是别种图说所没有的。《云南昭通镇四营营制总册》在昭通府、右营永善县汛、前营凉山汛、左营大关汛均有黑倮罗、白倮罗，在右营永善县汛、右营吞都汛均有羿子，这些夷人如何描述、如何绘画，实在耐人寻味。

　　以黑倮罗为例，昭通府的说文为：

　　　　按黑骨头倮罗性淳，住居太平寨等九大寨。秀者勤读，朴者耕种畜牲为业。男妇俱赴市贸易。臣服天朝，输纳粮赋，应夫当差，无土司所辖，属恩安县所管。②

　　右营永善县汛：

①占跃海：《"白儿子"图与诗——清代艺术文献中对贵州威宁"白儿子"风俗的描述与艺术家的眼光》，《民族文学研究》2012年第1期。
②此处4段引文均见美国国会图书馆藏《云南昭通镇四营营制总册》(http://LConline. catalog/2012402198/librarycongress)。

按黑骨头倮罗性情淳朴，住居高山。秀者读汉书，朴者耕耘畜牲为业。男妇俱赴市贸易。臣服天朝，输纳租赋，应夫当差。无土司管辖，属永善县管理。

前营凉山汛：

按黑骨头倮罗性淳，住居凉山各寨。秀者读汉书，朴者耕种畜牲为业。男妇俱赴市贸易。臣服天朝，输纳粮赋，应夫当差，无土司所辖，属鲁甸通判管理。

左营大关汛：

按黑骨头倮罗性淳，居大关四山。秀者读汉书，朴者耕耘畜牲为业。男妇俱赴市贸易。臣服天朝，输赋，应夫当差，无土司所辖，属大关同知管理。

除生活区域和地方管辖不同，其余描述则雷同。这不奇怪，因为在一个有限的地域范围，黑倮罗有相同的特征方属正常。奇怪的是，在说文相同的前提下，何以出现4种不同的黑倮罗图像。程式化的山石树木各不相同，这些传统绘画中常见的物象并不代表4个地方的实际生活环境。聚焦画面中的男子，昭通府的黑倮罗在牧牛，右营永善县汛的黑倮罗在犁地，前营凉山汛和左营大关汛的黑倮罗用弩机狩猎飞禽。耕耘（或耕种）畜牲均有说文对应，狩猎场面则是绘者刻意为之，为的是使画面相互区分，其实并无依据。最令人费解的是，前营凉山汛所绘黑倮罗妇，无头，手提飞禽，背负野兔，二者显然是画面中男子射击到的猎物。对此，说文并无相应的解释。紧接其后的白倮罗图像中也有一个面目不清的人物,仿佛绘者故意制造的恶作剧。从笔法上看,4幅图像的绘者应为同一人。

《云南昭通镇四营营制总册》是一种极端的形式,揭示夷人图说的图像既刻意为之、又任意为之的一面。与之不同的是,《云南永顺镇营制总册》的图像确有丰富的文化信息。蒲蛮"家有喜事,辄执兽牌忭舞以为庆"的兽牌舞场面,倮罗"扑跌以为戏"的摔跤场面,摆夷"欲知吉凶,剥开鸡头骨"的占卜习俗,井子"多往井负盐,赴地方官交纳"的盐井历史,诸如此类的场景证之以出土文物,察之以当代民俗,均有迹可循,所绘不虚①。《云南标

图2-1　《云南昭通镇四营营制总册·昭通府黑倮罗》

————————

① 收入国家图书馆分馆所编的《清代边疆史料抄稿本汇编》第36册的《云南永顺镇营制总册》,除僰人、蒲蛮、家倮倮、大阿娼、羯些5种图文相符,其他种类均图文错配。

图2-2 《云南昭通镇四营营制总册·右营永善县汛黑倮罗》

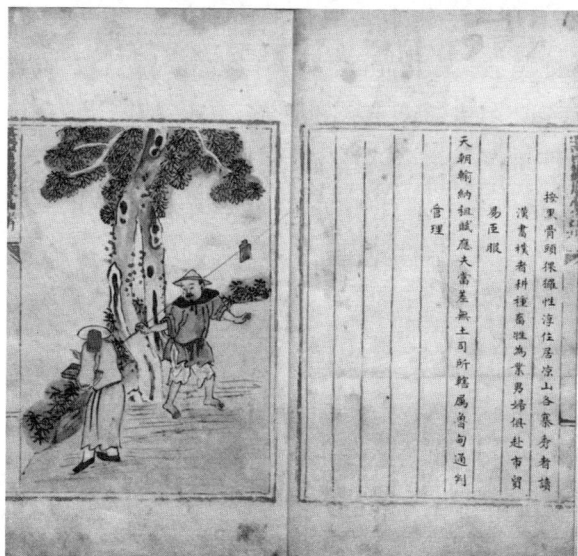

图2-3 《云南昭通镇四营营制总册·前营凉山汛黑倮罗》

图2-4　《云南昭通镇四营营制总册·左营大关汛黑倮罗》

下元江营制总册》记载婚丧民俗尤为细致，汉僰夷"男女以歌为婚，名曰唱铺骚""夫妻反目，取一物为信，听其改嫁"，窝泥"丧敲铓、跳鬼，又名摩挫挫"，白窝泥"银多则明娶，无（则）暗抢藏匿一二月"的抢婚习俗，卡惰"娶妻多有子孙代祖父赔聘，故娶妻之家见媳生女喜不自胜，若连生数子以为受累异常"的婚育观念，以及窝泥、白窝泥行路纺线的生产方式和窝泥、农人"嗜鼠汤"的饮食习惯，此类记载绝非臆想可得，颇具民族志资料意义。

第六节　云南方志的夷人类目

明代后期，云南方志对夷人的记述以谢肇淛的《滇略》和刘文征的《滇志》最为完备。两相比较，后者的夷人类目更为清晰，也直接影响此后的康熙《云南通志》和乾隆《云南通志》。

天启《滇略》、天启《滇志》、康熙《云南通志》、乾隆《云南通志》的夷人类目

方志名称	夷人类目	备注
天启《滇略》	1小伯夷、2大伯夷、3蒲人、4阿昌、5缥人、6古刺、7哈喇、8缅人、9结些、10遮些、11地羊鬼、12哈剌羊鬼、13怒人、14野人、15金齿蛮、16漆齿蛮、17漆面蛮、18绣脚蛮、19花角蛮、20磨些、21斡泥蛮、22乌蛮、23僰鸡、24扑刺、25些莫、26野罗蛮、27黑罗蛮、28白罗罗、29普蛮、30罗婺、31黑罗罗、32白罗罗、33木察、34依人、35沙人、36西番、37野西番、38黑蛮、39普特、40罗罗、41么些、42冬门寻丁、43披昌、44罗婺、45和泥蛮、46黑蛮、47白罗罗、48散摩都罗罗、49黑齿白夷、50黑罗蛮、51土僚、52沙蛮	1.有文无图。 2.夷人类目有异地同族同名的现象，31黑蛮、32白罗罗生活在武定，38黑罗蛮生活在安宁以西，46黑蛮、47白罗蛮生活在曲靖，50黑罗蛮生活在广西。
天启《滇志》	（爨蛮）1白罗罗、2黑罗罗、3撒弥罗罗、4撒完罗罗、5阿者罗罗、6鲁屋罗罗、7乾罗罗、8妙罗罗、9罗婺、10摩察、11僰夷、12白人、13普特、14窝泥、15普泥、16撮鸡、17磨些、18力些、19西番、20古宗、21怒人、22扯苏、23土人、24土僚、25蒲人、26依人、27沙人、28羯些子、29峨昌、30缥人、31哈喇、32缅人、33结些、34遮些、35地羊鬼、36野人；无说文；37喇记、38孔答、39喇吾、40比直、41果葱、42喇鲁、43阿成	1.有文无图。 2."爨蛮"条目后有"其种类附列于后"之说明，包括白罗罗等10种夷人，而不单独作为夷人。 3.喇记、孔答、喇吾、北直、果葱、喇鲁、阿成等7种夷人只记分布区域，无说文。
康熙《云南通志》	1白人；2白罗罗、3黑罗罗、4撒弥罗罗、5撒完罗罗、6妙罗罗、7阿者罗罗、8乾罗罗、9鲁屋罗罗、10罗婺、11摩察、12僰夷、13摞彝、14普特、15窝泥、16撮鸡、17磨些、18力些、19土人、20土僚、21怒人、22扯苏、23依人、24沙人、25蒲人、26古宗、27西番、28峨昌、29缥人、30哈喇、31缅人、32结些、33遮些、34羯些子、35地羊鬼、36野人；无说文：37喇记、38孔答、39喇吾、40比直、41果葱、42喇鲁、43阿成	1.有文无图。 2.与《滇志》比较： ①夷人类目相同，但顺序不同。 ②"白人"移至"爨蛮"之前，位列夷人之首。

续表

方志名称	夷人类目	备注
乾隆《云南通志》	1白人；（爨蛮）2白罗罗、3黑罗罗、4撒弥罗罗、5妙罗罗、6阿者罗罗、7乾罗罗、8鲁屋罗罗、9撒完俅罗、10海俅罗、11阿䴚俅喇、12葛俅罗、13罗婺、14摩察、15㮹夷、16罗黑、17蒲特、18䴔泥、19䍐鸡、20黑铺、21䍐苴、22么些、23力些、24土人、25土獠、26怒人、27扯苏、28山苏、29依人、30沙人、31蒲人、32古宗、33西番、34峨昌、35㲗人、36哈喇、37缅人、38结壆、39遮些、40羁些、41地羊鬼、42喇鲁、43苗子、44黑乾夷、45仲人、46苦葱、47啯乌、48麦岔、49罗缅、50卡瓦、51黑濮、52嫚且、53夏喇、54卡喇、55小列密、56利米、57俅人、58大俅黑、59小俅黑、60野人；无说文：61喇记、62孔答、63喇五、64比苴、65菓葱、66阿成	1.有文无图。 2.与康熙《云南通志》比较： ①喇鲁增加了说文。 ②夷人类目增加22种：海俅罗、阿䴚俅罗、葛俅罗、罗黑、黑铺、山苏、苗子、黑乾夷、罗缅、苦葱、麦岔、利米、夏喇、卡瓦、黑濮、俅人、仲人、苦葱、卡喇、嫚且、小列密、小俅黑。 ③在"其现在种类附列于后"后，增加"现在"二字。 ④古宗"条目，特别注明一作"㑏综"。 ⑤"野人"的位置从有说文的种人之最后移至全部种人最后。

资料来源：（明）刘文征《滇志》（古永继校点，云南教育出版社，1991年）；（明）谢肇淛《滇略》（方国瑜主编，徐文德等纂录校订：《云南史料丛刊》第六卷，云南大学出版社，2000年）；（清）范承勋、吴自肃、丁炜纂：康熙《云南通志》，清康熙三十年（1691）刻本；（清）鄂尔泰等修，靖道谟等纂：乾隆《云南通志》，清乾隆元年（1736）刻本。

从康熙《云南通志》、乾隆《云南通志》到道光《云南通志稿》，再到光绪年间修纂的《云南通志稿》《续云南通志稿》，夷人类目有较大变化。首先是夷人类目在不断增加，乾隆《云南通志》比康熙《云南通志》增加22种，道光《云南通志稿》又比乾隆《云南通志》增加76种。其次是在之前的志书中语焉不详的夷人有了具体的说文。这些变化与先于志书或志书同时期的夷人图说有某种关联性，道光《云南通志稿》引用《伯麟图说》68种夷人的说文极为突出地体现了这一点。再次是道光《云南通志稿》与光绪《云南通志稿》《续云南通志稿》增加了配图。

地方志书中出现的图说，集中在道光《云南通志稿》、光绪《云南通志》和光绪《续云南通志稿》3部志书的《南蛮志》"种人"部分，光绪《云南通志》除对道光之后的史实有所增补外，基本沿用道光《云南通志稿》，种人部分均有6卷，光绪《续云南通志稿》种人部分有2卷，数目由前两部志书的141种减为127种，比前两部志书减少14种夷人，图像也有很大差异。在减少的夷人中，缅和尚、黄教喇嘛、红教喇嘛、谟勒孤喇嘛、善知识喇嘛等是僧人，其他夷人如缅人等大多属于外夷或身份不明的夷人。可见，尽管光绪《续云南通志稿》成书仓促，质量不佳，为人诟病，其修纂者削减种人或其他变更确有某种考量，并非任意为之。

道光《云南通志稿》、光绪《续云南通志稿》的夷人类目

方志名称	夷人类目	备注
道光《云南通志稿》	攀蛮、1阿车、2东爨乌蛮、3白人、4黑罗罗、5白罗罗、6妙罗罗、7海罗罗、8乾罗罗、9撒弥罗罗、10阿者罗罗、11鲁屋罗罗、12撒完罗罗、13阿蜗倮罗、14葛倮夷、15普拉罗罗、16大罗罗、17小罗罗、18个倮、19密义、20摩蛮、21㝫夷、22旱摆夷、23水摆夷、24伯彝、25花摆夷、26罗羧、27蒲人、28蒲蛮、29倮黑、30大倮黑、31小倮黑、32扑喇、33白扑喇、34花扑喇、35普特、36黄泥、37白窝泥、38黑窝泥、39糯比、40黑铺、41㝫鸡、42白姆鸡、43黑姆鸡、44土僚、45花土僚、46白土僚、47黑土僚、48飞头僚、49土人、50怒人、51扯苏、52山苏、53依人、54沙人、55黑沙人、56白沙人、57仆些、58力些、59古宗、60小古宗、61野古宗、62西番、63野西番、64㝫鲁、65苗人、66甘人、67孟人、68沙兔、69黑乾夷、70仲人、71苦葱、72喇乌、73麦岔、74罗缅、75㝫且、76夏喇、77利米、78小列密、79倮人、80披沙夷、81披沙夷、82㝫毛、83子间、84倮卜、85洒摩、86蒙化彝、87瑶人、88㝫素、89马喇、90阿成、91阿夏、92阿系、93阿度、94普岔、95喇侯、96孟乌、97普剽、98普乌、99普列、	1.图文分页，先图后文。 2.如果"爨蛮"单独作为一种夷人，则共计141种夷人。 3.与乾隆《云南通志》比较： ①夷人类目增加77种：普拉罗罗、大罗罗、小罗罗、个倮、密义、旱摆夷、水摆夷、伯彝、花摆夷、黑窝泥、黑姆鸡、花土僚、白土僚、小古宗、黑沙人、白沙人、野古宗、蒲人、糯比、飞头僚、披沙夷、蒙化彝、瑶卜、普岔、腊侯、孟乌、山野古宗、甘人、孟人、沙兔、披沙夷、洒摩、阿系、喇侯、毛、子间、倮卜、洒摩、阿成、阿夏、阿系、普列、车、阿倮、腊鸡、普马、腊歌、白腊鸡、交人、海蛮、合乌、山夷、阿倮、腊侯、龙人、阿卡、长头发、老挝、黄教喇嘛、红教夷、莽子、夏于腊、三撮毛、老挝、黄教喇嘛、误勒孤夷、善知识喇嘛、那马、哀劳缅、缅和尚、阿卡、长头发、三撮毛、善知识喇嘛、那马、夷、八百媳妇、木邦。

续表

方志名称	夷人类目	备注
	100腊欲、101腊兔、102舍乌、103山车、104阿倮、105腊哂歌、106白腊鸡、107茨人、108海蛮、109鲁兀、110阿哂、111卡惰、112黑濮、113缅和尚、114龙人、115阿卡、116长头发、117峨昌、118缥人、119哈剌、120缅人、121艮子、122绷子、123莽子、124结些、125遮些、126羯些子、127地羊鬼、128卡瓦、129野蛮、130夏于腊、131三撮毛、132老挝、133黄教喇嘛、134红教喇嘛、135谟勒孤喇嘛、136善知识喇嘛、137那马、138哀劳夷、139八百媳妇、140木邦	②喇记、孔答、喇五、比直、莫葱等5种人未列入。 ③阿成，在《滇志》、康熙《云南通志》中只有分布区域而无说文，道光《云南通志稿》增加了说文。雍正初年《滇夷图说》有阿成的说文。 ④苗人，乾隆《云南通志》作"苗子"；野蛮，乾隆《云南通志》作"野人"。 4.撒弥罗罗，有说无图。 5.引用《伯麟图说》68种。 6.舍乌，即《伯麟图说》之"舍武"；沙兔，即《伯麟图说》之"羿子"；剌毛，应为剌毛。
光绪《续云南通志稿》	爨蛮、1阿车、2东爨乌蛮、3白人、4黑罗罗、5白罗罗、6妙罗罗、7乾罗罗、8撒弥、9阿者罗罗、10鲁屋罗罗、11撒完罗罗、12阿蝎倮罗、13葛倮罗、14普拉罗罗、15大罗罗、16海罗罗、17小罗罗、18个倮罗、19密㐲、20摩察、21㑩夷、22旱摆夷、23水摆夷、24个伯夷、25花摆夷、26罗婺、27蒲人、28蒲蛮、29倮黑、30大倮黑、31小倮黑、32扑喇、33白扑喇、34花扑喇、35普特、36窝泥、37白窝泥、38黑窝泥、39糯比、40黑铺、41㑩鸡、42白㑩鸡、43黑㑩鸡、44土僚、45花土僚、46白土僚、47黑土僚、48㑩头僚、49土人、50怒人、51拉苏、52山苏、53依人、54沙人、55黑沙人、56白沙人、57么些、58倮倮、59古宗、60小古宗、61野古宗、62西番、	1.说文少者，图文同页，左图后文；说文多者，图文分页，先文后图。 2.如果"爨蛮"单独作为一种夷人，则共计127种夷人。 3.与道光《云南通志稿》比较： ①减少夷目14种：缅和尚、缅人、绷子、莽子、夏于腊、老挝、黄教孤孤喇嘛、谟勒孤喇嘛、善知识喇嘛、哀劳夷、八百媳妇、木邦。 ②撒弥罗罗变为撒弥，增加了丁图。伯彝变为伯彝，海蛮变为海劳夷，个罗变为个倮罗夷，插人大罗罗、小罗罗顺序之间。

续表

方志名称	夷人类目	备注
	63野西番、64喇鲁、65苗人、66甘人、67孟人、68沙兔、69黑乾夷、70仲人、71苦葱、72喇乌、73麦岔、74罗缅、75嫂且、76夔喇、77利米、78小列密、79倮人、80披夷、81披沙夷、82剌毛、83子间、84倮卜、85洒摩、86蒙化彝、87瑶人、88聂素、89马喇、90阿成、91阿夔、92阿系、93阿度、94普岔、95喇倮、96孟乌、97普剽、98孟乌、99普列、100腊歌、101腊兔、102舍乌、103山车、104阿倮、105腊歌、106白腊鸡、107汶人、108海夷、109鲁兀、110阿哨、111卡惰、112黑濮、113龙人、114阿卡、115长头发、116峨昌、117德人、118哈剌、119结普、120遮些、121羁些子、122地羊鬼、123卡瓦、124野蛮、125三撮毛、126那马	

资料来源：（清）阮元、伊里布等修，王菘、李诚等纂：道光《云南通志稿》，清道光十五年（1835）刻本；（清）王文韶、魏光焘修，唐炯等纂：光绪《续云南通志稿》，清光绪二十七年（1901）四川岳池刻本。

第三章　夷人图说的文本细读

不同类型的图说对夷人的记述尤其是图像绘制既有延续性，又有变化，需要选取在图说和志书中出现频率较高、特点突出的数种夷人以及在图说中消失的数种夷人形象，进一步探寻夷人图说类型的差异与关系，揭示不同类型图说的特点，在一定程度上结合历史语境的考察，探讨夷人图说特有的表述模式，归纳夷人图说文化表征的语法，以形成相对具体的夷人图说典型案例。

第一节　夷人图说的构图模式

如何平面化有关对象的各种信息，始终是夷人图说的图像作者必须面对的一个基本问题，也是后人理解这些文本而无法回避的一个基本问题。这一问题可以具体化为一个问题系列，即要画些什么？为什么这样画？有什么作用？产生了什么效果？本文将从构图的角度切入这些问题。构图是组织和安排图像画面的方式，也是筛选、聚合、控制信息的一个过程。从构图入手将直指图像制作者的意图、选择甚至心态。据笔者观察，清代云南民族图说在构图上已具有明显的模式化特点，构图模式①为生产这些图

①本文所谓夷人图说的构图模式，是指这一文类中大部分文本所显示出来的某种相对一致的构图样式或者范式。

像提供了一套既定的基本规则，也为制图者意图的实现提供了可识别的样式。通过厘定图说文本构图模式的基本特征，探究模式选择和使用的动机，分析不同文本在构图手法上的差异及其原因，考察构图方式对形成文本的各项资源的影响，有助于解答上述问题。

一、何以"一元化"

清代云南民族图说所承载的信息多采自相应的地方志。方志作为一方之史，自来是国史的重要组成部分，记录及撰述都早已形成体例，描述少数民族也自有其固定的格套。概括地说，内容上主要是记述边民的活动区域、生业、风俗、习性、源流以及与华夏的关系等诸方面的情况。行文则往往依次叙写，辅以特定材料的穿插、融贯，或长或短，相对灵活。这些信息在转换为图像时，存在着如何将其空间化的问题。纵观清代云南各个时期的夷人图说，可以发现这些图说的图像大都采用了所谓"一元化"的构图方式，即图册的每幅图像都各自构成一个独立自足的叙述单元①。这种方式对于夷人图说而言，不仅是一种构图技巧，而且是一种图像的叙事模式。而在后者的意义上，它至少还存有以下两个方面的意涵。

一是它不仅仅是一个视觉上的单幅画面，而且还是一个一元化的场景结构。这一点，我们在那种用单幅画面同时表现多个情

---

① 孟久丽讨论了常见的几种用来指称这种构图类型的概念，强调中国画家很早就擅长使用单一场景来象征性地讲述复杂的历史和神话故事。她讨论的例子其实也包括将多元场景整合为一元画面的情形。参见（美）孟久丽：《道德镜鉴：中国叙述性图画与儒家意识形态》，何前译，生活·读书·新知三联书店，2014年，第33—36页。

图 3-1 《滇夷图说·白人图说》

景的图像中能更清楚地观察到。

以《滇夷图说》中的"白人"为例，此图为了说明白人在风俗上与汉人相近的特点，用犁田、纺织、读书3个不同的情景来描述白人习性，并通过近景、中景、远景的巧妙安排，将3个不同的情景有机地结构到了一个画面空间内。由此可见，场景中的事件其实无论先后还是多寡，画面的一元化处理，就是依据某种逻辑将之整合为同时发生在一个画面上的事件。此时，这种一元化的手法往往造成合并构图的效果①。合并的构图效果表明，它不同于那种连续性叙事的构图模式，即主要人物在单幅画面中反复出现的构图。其样式，可引一套《圣迹图》册页中的"卫灵公问陈"一图为例。从中可以看到，孔子的形象在一个图画空间内出现了两次。在画面的右边，他端坐着和卫灵公谈话，而在画面的左边则准备乘车离开卫国。

---

① （美）孟久丽：《道德镜鉴：中国叙述性图画与儒家意识形态》，何前译，生活·读书·新知三联书店，2014年，第28页。

图3-2　《圣迹图·卫灵公问陈》①

　　二是在这种构图模式中，人物总是处于某种具体情境或行动的状态之中，人物之间无论是通过何种方式，总能相互关联，彼此呼应。所以有学者把这种构图方式称为"情节型"的构图，并认为这种构图是自足的和内向的，内容的表现仅仅依赖于画面内部的图像元素，而与外界无关②。借此可将其区别于那种在单幅画面中，主要人物正面注视画外的"偶像型"的构图模式。这种模式造成了一种穿透边界而直接与画外观者互动的效果，早期常用于以神、佛等超自然主体为表现对象的绘画，到了明代才在人

①图片采自（美）孟久丽：《道德镜鉴：中国叙述性图画与儒家意识形态》，何前译，生活·读书·新知三联书店，2014年，第199页，图94。这套《圣迹图》约作于16世纪，现藏山东曲阜孔子博物馆。

②（美）巫鸿：《武梁祠：中国古代画像艺术的思想性》，柳扬、岑河译，生活·读书·新知三联书店，2015年，第150页。

物画中流行起来①。夷人图说的叙事目的在于宣扬描绘对象应该是什么样的观念，并不期待与画外观众直接互动，所以采用"情节型"的构图模式。其中只有极少数的图像画有正面看向观众的人物，而且这些人物的身份大多是僧侣。例如《滇夷图说》中的"缅僧"、《滇省夷人图说》中的"缅和尚"。

图3-3　《滇省夷人图说·大、小保黑》

图3-4　《滇省迤西迤南夷人图说·三撮毛》

　　夷人图说的图像采用这种一元化的构图方式，而且每一图通常只用于描述一种人群，相关信息就特别易受形式的限制。这就意味着必须对方志诸方面的信息进行采选和组织。既要重形象，又要考虑形式限制，所以采选重点往往着眼于描述对象的衣食住行和风俗好尚等表相。同时在构图上也显得颇费匠心：有的如图

---

① （美）高居翰：《气势撼人：十七世纪中国绘画中的自然与风格》，李佩桦等译，生活·读书·新知三联书店，2009年，第147—166页。

图3-5 《滇夷图说·菓葱图说》

3-1那样使用同一个空间的不同景别来分配多个情景；也有的利用连续的背景元素来并置不同场景（图3-3）；有设计中心景观来统一多种情景的（图3-4）；也有通过序化人物或运动的层次，而将同一种人的不同风俗统合到一个场景中来呈现的（图3-5）。总之，在绘写少数民族时，即使面对需要表现同一种人的多种习俗的情况，图说的制作者也会想方设法，将其纳入一个一元的独立的画面单元之中。

清代云南民族图说何以会采用这种一元化的构图模式？这显然与此文类所要承载和传播的知识的特性有关。如前所述，夷人图说所要表述的信息，多采自方志。方志也是一种文类，它产生于一国之内整体与部分、中心与边缘、区分与聚合的社会情境本相，并强化此本相①。文类会让人不知不觉地循着某种"范例"进行表述，而这些表述也依循此结构而被接受和理解。如此代代叠积，反复援引，互参互证。在这种社会记忆形成的机制中，那些成形的表相成了被认可的"习性"。这些"习性"正是夷人图说要

①王明珂：《反思史学与史学反思：文本与表征分析》，上海人民出版社，2016年，第113—114页。

描述的核心内容。作为方志的衍生物，夷人图说叙写他者必遵循其固定的格套。所以，这些在图说中呈现出来的"习性"并非客观知识，而是带有秩序意涵的知识，实际"是什么"总要接受"应该是什么"的考量[1]；对"习性"的认知也不是简单的求知，而是王权统驭天下的象征，即所谓知其性，兴教化、服"四夷"。图说文本中具备这样"习性"的人物并不是具体的行动者，而是依据社会地位所创造出来的概念化的人物类型和模板。在一定程度上，可以把"习性"看作王朝叙事的素材，意识形态在它们被选择和编排的环节就浸入了叙事。而且这些素材针对的是以"类"为基本单位的描述对象，通常以概括的方式向社会宣讲"事物应该是什么"的观念。总结来说，这种以"习性"为核心的知识具有秩序性、抽象性、说明性等特点。要有效地传播这样的知识并使其能够为社会广泛接受，没有一种能够使思想变得"可行动化"的文本[2]，则难以实现。图说无疑可以成为这样的文本类型，但从形式而言，它必须兼具可信性和直观性。一元化的构图方式正是理想的选择。

在古代中国，图像的可信度并不仅仅源于图像再现视觉经验的程度，"心"中的真实从不逊色于视觉的真实，而且图式的权威性同样也是图像可信度的依凭。当然，对于夷人图说这种功能性图像而言，"状物形"仍然是绘者追求的目标，其中并未特别凸

---

[1] 正如我们在古代志书中所见，所谓"蛮夷"习性的特质往往比照与华夏一方的亲疏远近关系来确定。各个时期的描述虽有部分损益，但总处于华夷秩序的结构之下。

[2] 关于思想如何影响现实，如何变得"可行动化"的问题，参见王汎森：《思想是生活的一种方式》，北京大学出版社，2018年，第2—13页。

显笔法的重要性,图像的优劣仍然取决于它与物的肖似程度[①]。但是,所谓的"物"并非局限于亲眼所见之物;它也可以是心中之物、往昔之物;既可以是实物,也可以是其形式。很多图说所绘写的人物形象就并非得自实地写生,而是得自摹写或者改绘甚至照搬早前的文本。其范围既包括这些早前文本的母题和情节,也包括它们习用的构图和造型。这些习用的形式已经构成了图像被接受和理解的文化习俗的组成部分。一元化的构图正是一种被习用的构图形式。学者们一般认为,它是中国前佛教时期图像构图的传统范式,而"连续性"构图和"偶像型"构图,则是在佛教艺术的影响下新出现的构图方式[②]。这些方式伴随着新的社会需求和新的叙事策略的兴起而变得越来越流行,但是前佛教时期的手法并没有因此而被新兴手法所替代,它仍然被后代的画家所沿用。在特定的时候,甚至还被用作一种可识别的具有权威性的"古风"和新兴的手法相区别,以示其不同于时尚的道德旨趣。其特征,一是表现对象涉及政治或者道德秩序等问题,二是用理想化的"古"来对抗、抨击令人不满的"今"[③]。巫鸿认为,祖先崇拜的信仰和仪式在普遍意义上规定了中国文化中"现在"和"过

[①] 例如光绪《昆明县志》记画家李诂所绘《滇省夷人图说》:"神采酷肖,称善本云。"见戴纲孙纂:《昆明县志》,台北成文出版社,1967年,第121页。其他图说的序跋中也常见"写真克肖""务肖其实"等评语。参见李立、史青:《从图说到图说绘写者——基于清代滇黔民族图说序跋的研究》,《云南师范大学学报(哲学社会科学版)》2019年第3期。

[②] 关于这几种构图方式的详细讨论,参见(美)巫鸿:《武梁祠:中国古代画像艺术的思想性》,柳扬、岑河译,生活·读书·新知三联书店,2015年,第150—157页;(美)孟久丽:《道德镜鉴:中国叙述性图画与儒家意识形态》,何前译,生活·读书·新知三联书店,2014年,第43—77页。

[③] (美)方闻:《超越再现:8世纪至14世纪中国书画》,李维琨译,浙江大学出版社,2011年,第5页。

图3-6　《滇省夷人图说·摩察》　　　　图3-7　《滇夷图说·羯些图说》

去"之间的关系①。这种关系简单说就是"古"胜于"今"，人物、
道德、制度、风俗、文化、艺术都是越古越好。在中国文化的语境
中，复古一直是一条获取权威的途径。夷人图说采用"古式"，能
有效地确立其权威性和可信性。

　　另外，一元化的构图能够直观、生动、全面地表现"习性"。
职贡图和夷人图说都以"习性"为叙事的素材，但是"职贡图"
的图像任务在于表征"寰宇之内，皆我子民"，呈现的是"天下子
民"同心同德趋向中心的朝贡事件②，主要采用象征性的表现手
法。夷人图说的图像任务则在于图现不同"子民"情境化的生活
"习性"，需要采用叙事性的手法。而作为叙事素材的"习性"，
虽然具有一定细节，却往往没有情节。采用一元化的构图方式，

---

① （美）巫鸿：《时空中的美术：巫鸿中国美术史文编二集》，梅玫等译，生
　　活·读书·新知三联书店，2009年，第4页。
② 赖毓芝：《图像帝国：乾隆朝〈职贡图〉的制作与帝都呈现》，《"中央研
　　究院"近代史研究所集刊》第75期，2012年，第16—24页。

一方面可以将不同"子民"以同质的形式分单元绘写，形成"一种一图"的整体格局，呼应正史、方志的史目；另一方面，对各个单元则塑造具体的人物形象并构建人物行动的情节，以全景构图的方式，全面铺陈"习性"的各个要素，把相关的细节整合进具体的情节之中，利用情节贯通全局，形成一个封闭自足的他者世界。所以诸种图说，无论是否有自然景物作为背景，都会把人物置于一定情节之中，将抽象的观念自然化为具体的生活场景。这些场景有耕种、读书、纺织、捕猎、采摘等生业劳作的场景，也有祭祀、婚嫁、歌舞、节庆、游戏等风俗性场景。另外，绘者还充分运用戏剧元素来表现一些难以表现的抽象观念。例如："凶悍"，就常用狩猎猛兽或者持械争斗的场景来表现（图3-6、图3-7）；"野蛮"，则以裸身、赤足、形貌乖戾的人于山野获猎的场景来表现（图3-8）；描述某类人射术精湛，则图绘为"妇女背负小盾，以供男子练习射箭"这种让人诧异的情景（图3-9）。类似这些戏剧性场景的例子在夷人图说中俯拾皆是。

图3-8　《滇省夷人图说·野人》　　　图3-9　《滇夷图说·力些图说》

夷人图说采用一元化构图，形塑了一幅幅独立、生动、真切的画面，利于从整体上组合成一种完整的秩序井然的人文景观。其中族群的"生""熟"之别以及与"中心"关系的亲疏远近，明确可见。在此图景中，其实已很难分清什么是自然的，什么是习俗的。似乎越是习俗的才越是自然的。可以说，一元化的构图提示了某种审美感性与现实再现的关系，即生动、直观、戏剧性的艺术效果常常能够使人获得一种错觉——图像无需其他中介就能直接地再现事物。这种构图模式保证了这种图像的自然化效果，让人更易于理解，也更易于接受。

二、从全景到目击："一元化"的不同策略

毫无疑问，在夷人图说这一文类中，任何一个文本的产生总会受制于文类的既定格套，但它同时也受制于自身的目的、功能以及创作和接受的时代环境。一元化的构图是夷人图说一直沿用的基本图式，然而各个时期坚持基本图式的方式却并非没有变化。下文将主要比较《滇夷图说》和《滇省夷人图说》两种文本在构图方面的差异。选择这两个文本进行比较，是因为在版本信息明确的前提下，无论从制作的水平、制作者的身份，还是从影响力来说，它们都可以被看作其各自时期民族图说的代表作。

《滇夷图说》所绘夷人48种，《滇省夷人图说》所绘则达到了108种，比前者多出60种。对照两种图说，名目相同的有37种。我们的注意力将集中在这些相同名目的夷人形象上，并且聚焦于画家在一元化构图的原则下如何实现多元习俗的平面化这一问题。聚焦这一问题，比较两种图说各自的应对策略，我们可以看出：《滇夷图说》通过合并情景来保持一元化构图，而《滇省夷人图说》则通过缩减情景来保持一元化的构图。

图3-10　《滇省夷人图说·白人》

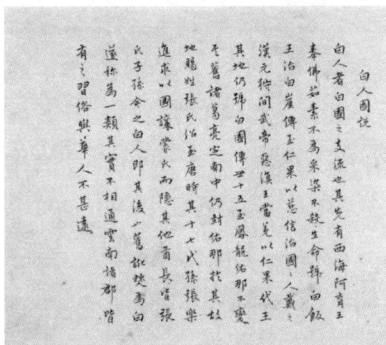

图3-11　《滇夷图说·白人图说》

图3-12　《滇夷说图·白罗罗图说》

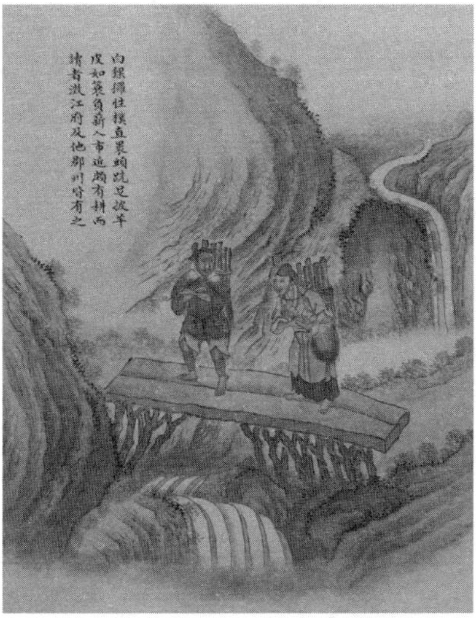

图3-13　《滇省夷人图说·白罗罗》

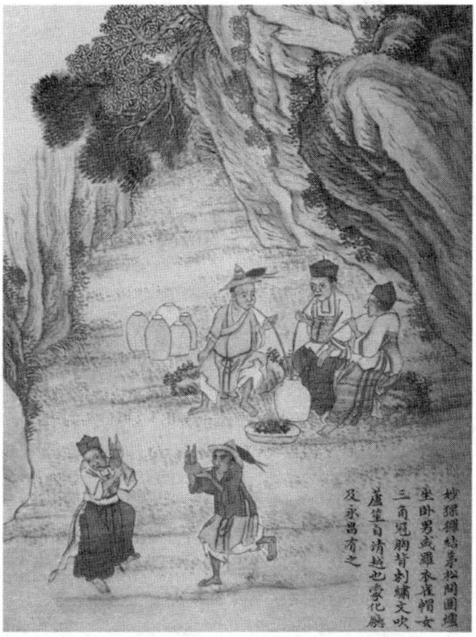

图3-15　《滇省夷人图说·妙罗罗》

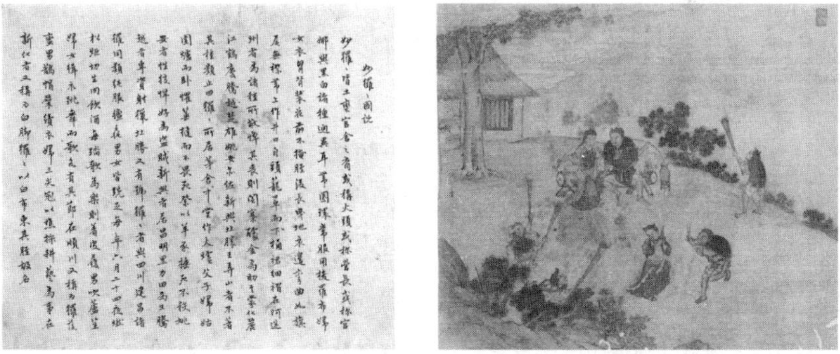

图3-14　《滇夷图说·妙罗罗图说》

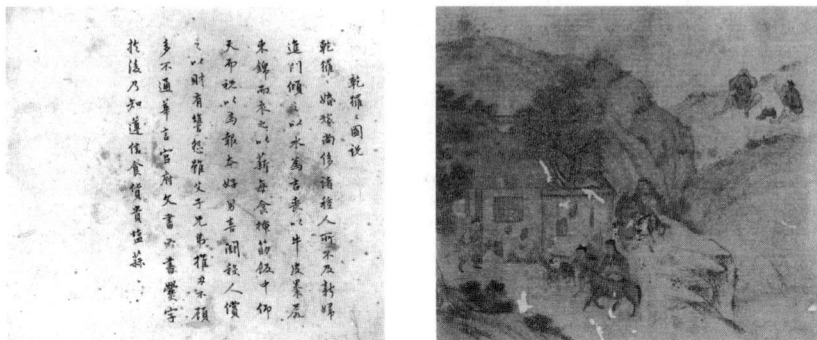

图3-16　《滇夷图说·干罗罗图说》

图3-17　《滇省夷人图说·干罗罗》

在《滇夷图说》所绘48幅图中，比较典型的多情景合并构图的图像至少有10幅；而《滇省夷人图说》所绘108幅图中，明显采用多情景合并构图的只有大倮黑、小倮黑（图3-3）。该图说也是唯一在一幅图中描绘两种人的图说。大概是因为大倮黑、小倮黑本属一个大类，所以采用了合并构图的方式。至于《滇夷图说》中那10幅合并构图的图像，除了"地羊鬼""菓葱""喇吾"3幅外，其余在《滇省夷人图说》中也都有图像表现，具体涉及白人（图3-10、3-11）、白罗罗（图3-12、3-13）、妙罗罗（图3-14、3-15）、干罗罗（图3-16、3-17）、窝泥、撒弥罗罗、峨昌等7种人。

对比两册图说，可见《滇夷图说》的多情景合并构图在《滇省夷人图说》中被处理成单一情景构图。后者裁取前者的某个情景成图的情况，涉及白人、干罗罗、撒弥罗罗、峨昌4种；妙罗罗的习俗在《滇夷图说》中表现为3个情景，而在《滇省夷人图说》中则去除了一个情景，即六月二十四日火把节"燃炬"，并将另外两个情景糅合为一个情景；白罗罗、窝泥在《滇省夷人图说》中则既未沿用《滇夷图说》的多场景构图，也未沿用其相关主题，而是另行选择习俗元素，绘成一幅单一情景的图像。以上所述主题情景的变化，见下表：

	夷人类目	主题情景		主题关系
		《滇夷图说》	《滇省夷人图说》	
1	白人	1犁地；2纺织；3读书	犁地	部分相同
2	妙罗罗	1围坐；2歌舞；3燃炬	围坐歌舞	部分相同
3	干罗罗	1嫁娶；2插箸报本	插箸报本	部分相同
4	撒弥罗罗	1负薪入市；2捕鱼	负薪入市	部分相同
5	白罗罗	1招魂；2祭祀；3占卜	负薪入市	不同
6	峨昌	1负薪行路；2围食；3占卜	野外坐饮	部分相同
7	窝泥	1喂猪；2歌舞	河边二人	不同

两种图册这些构图上的差异，使得两者各自所承载的习俗信息有了多与少的差别。我们知道，相关的地方志是图说有关夷人信息的一个重要来源。《滇夷图说》的夷人类目和说文主要取自明天启《滇志》。《滇志》记述各地夷人，或详或略，详略取决于作者所据材料的多寡。《滇夷图说》力求对应方志，尽量图绘相关信息，甚至将同种不同俗、同种不同地的夷人，以多个情景并置的方式并入一幅图中进行全面表现；《滇省夷人图说》则只使用一个单一的情景，承载的信息明显少于前者。但后者这种"减

料"却不应该被评价为制作水平不如前者。从认知水平的角度看，《滇省夷人图说》记述的夷人种类比《滇夷图说》多出了许多；整个图册的夷人排序也非常严谨，严格依循从中心到边缘的原则，叙述层次的背后有一套完整的云南地图作为参照；而且它对夷人的分类也更为精细，比如从窝泥中又分出了黑窝泥、白窝泥、糯比窝泥等3种。更重要的是，《滇省夷人图说》信息的减少和它采用"说文题于图上"的图文结合样式有关。这种样式决定了说文必须精简，否则就会有损画面的美感。它不可能像"右图左文"的《滇夷图说》那样，有较大的空间全面转录方志信息，而是只能采选部分典型习俗来叙述。问题是它的选择和调整，往往倾向于那些较为容易在一个完整自足的单场景中表现的习俗要素。所以要理解这两册图说的差异，着眼点不在信息的多少和制作水平的高低，而在图像本身。我们认为，《滇省夷人图说》这种"缩减"并不是制作水平的问题，而是刻意为之的。这种把多情景择一片段或者缩减融合为一个单一的情景来表现的旨趣，不是简单地做减法，而是为了将人物、行为和事件纳入一个固定视点的视域范围之中来表现。这个固定视点形成的视角，不再是全知全能的全景视角，而是一个稍高于画面中心的观察者的近景视角；图像的叙事也不是全知全能的叙事，而是转换成了聚焦者的单一视角叙事。这种叙事策略贯穿于整册《滇省夷人图说》，使得整册图说在构图上高度统一。所以两者的差异是风格的差异，也是观看方式的差异。前者的风格特征指向提供信息，而后者则指向唤起特别的视觉经验——一种见证者的视觉经验。

这一变化意味着：绘写者将自身视为情景的见证者，同时也将观图者转变成了情景的见证者。正是这样的见证者，目击了他者的世界和行为；而作为证据的图像也必须与见证者的视觉经验基本相符,从而成为所见之物的自然表达。这就不能允许在同一画面上并置不同时间、不同地点、不同情节的场景。换言之,画面中不应该存在见证者在同一时间、同一地点所看不见的场景①。所以《滇省夷人图说》组织信息的方式就不像《滇夷图说》那么多元,而是采用一种更严格的一元化构图方式,力求画面内部的统一性。这种追求是以预设一位画前的见证者为前提,并通过时间的一致性、地点的一致性、情节的一致性来确保的。这种具有统一性的画面所呈现的是时间系列中的一个瞬间,一个被目击的日常生活的瞬间;明晰地呈现这一瞬间就足以提示日常生活的其他部分。在这里,重要的不是如示意图一般地提供完整的信息,而是哪些信息能够在一瞬间被清楚地看到,瞬间的可视性成为了筛选绘写内容的标准。这说明《滇省夷人图说》的绘写者对"画什么"和"不画什么"的关系问题有着更深入的思考。在制作图像的过程中,他能够依据某种观看方式去预期他的画作对观众的影响。也就是说,这已经不仅仅是一个要表述什么的问题,而且还是一个应该如何去看的问题。

我们知道,在中国思想传统中,"闻见之知"虽然被视为"小知"②,但见闻仍然是获取地方知识的重要途径。这其中其实并未特别突出视觉的权威性,或者说听觉和视觉是处于同一地位且有相互参证的意味。《滇省夷人图说》这种构图策略也许可以说

---

① 贡布里希将此称为"见证原则",他认为这条原则可以从否定的方面确立一项以一致性为基准的真实性标准。(英)贡布里希:《图像与眼睛——图画再现心理学的再研究》,范景中等译,广西美术出版社,2013年,第235页。

② 余英时:《论戴震与章学诚——清代中期学术思想史研究(增订本)》,生活·读书·新知三联书店,2012年,第332—337页。

明：观看方式作为一种评价标准，已经加入到了民族图像的可信性来源的行列。也可以说，在《滇省夷人图说》中"见"被突出来，受到了重视。图像的有效性为一种基于视觉的真实观所左右，什么是可信的和什么是可以看见的联系在了一起。

当然，在画前预设见证者所带来的影响不会只局限于画面的布局方面。因为与这种构图策略相对应的是一种新的视觉经验，是画家与观众之间的一种新的心理定向，这种心理定向驱动了对图像的新的期待。正如贡布里希所言：这种见证者的经验是以透视法为基础的①。所以在《滇省夷人图说》中，透视法的影响也随处可见。比如在整体空间的构造方面，每幅图都基于一个画外的视点将物象置于同一平面上，将人物立于近景或中景，除人物之外的其他物象的排布基本遵循近大远小的规则，借以利用线性透视来压缩空间，延展出明显的景深。另外，细节的刻画也很注重透视的效果：山石、峭壁通过倾斜、推挤的量块造出浑厚的动势，又辅以高光和暗影，再现地层的表面构造（图3–10）；建筑、动物等多用皴法和晕染来仿制阴影效果，增强立体感（图3–11）；洞穴的画法也不再依赖线条，而是凭借

图3–18   《滇省夷人图说·喇嘛》局部

---

① （英）贡布里希：《图像与眼睛——图画再现心理学的再研究》，范景中等译，广西美术出版社，2013年，第238页。

明暗的层次变化，塑造出垂直于地面的层层岩壁，岩壁逐渐退去，引导观者的视线向洞穴深处延伸（图3-18）；溪流则从远处流向近处，在近处与耕种的土地相接，形成一个平整的地平面，溪水前段长于后段，曲折迂回出层次分明的景深空间（图3-19），等等。

但是，《滇省夷人图说》采用的透视法却并非西方绘画的透视法。虽然这些图像在画外预设了一个固定的统

图3-19　《滇省夷人图说·怒人》

一的视点，但它们并没有完全剔除一切从此视点所看不见的物象。一旦进入画中，观者的视点就不再遵循单一性的约束，变得多元起来：通过采用高地平线，造成一个大体的平面后，前景、中景、远景就不再局限于一个视角，而是既有仰视也有俯视；画中景物的高、低、远、近配合着俯仰的视线，形成了多点透视的空间关系；除了较远的远景用消失透视模糊外，前景、中景以及较近的远景都变得同样清晰可见。这样我们又看到了传统中国画那种游移的视角，图像空间又成了可以游览的空间，各处都能够表现出丰富而清晰的细节。

我们认为《滇省夷人图说》这种画法并非取自西法，而是取自盛行于乾隆年间的那种中西折中的宫廷画风。这种画风力求从见证者的视角经验，融合中西绘画技法，利用完整自足的戏剧

性错觉，去创造身临其境的视觉效果①。现在看来，这是一种存在视角矛盾的手法：一方面是通过严苛的一元化构图，将观者转换为见证者，去目睹发生的事件并排除他不可能看到的场景，从而获得亲见者的真实感；另一方面，又不把这种“看见”理解为绝对的瞬间之所见，不完全排除从观看者的角度其实根本看不见或者看不清的物象。然而，正是这种矛盾，使得它能够同时兼顾“摹写毕肖”和“身临其境”两个方面的艺术效果，给当时的观众带来不同于以往的视觉感受。特别是，经由皇权的加持和推广②，这种画风在乾隆时代就已经形成了一股强劲的、有别于汉族文士艺术品位的视觉文化风尚，为皇权深入视觉文化领域提供了帮助。而我们也正可以从此风尚的存在，判断出当时已经塑造出了制作此类图像所需要依靠的观看习惯。这些习惯正是构成图像令人信服的观念的重要条件。《滇省夷人图说》如此绘制，可以说

---

①这种画风最极致的例子是乾隆年间由郎世宁等起稿，送至法国制版印刷的16幅《平定准噶尔回部得胜图》。有关这批战图的研究，参见马雅贞：《刻画战勋：清朝帝国武功的文化建构》，社会科学文献出版社，2016年，第196—208页；聂崇正：《清宫绘画与西画东渐》，紫禁城出版社，2008年，第208—230页。巧合的是，正当这批铜版画在法国制作时，“戏剧性错觉”的绘画观念也正在法国方兴未艾。关于法国18世纪后50年的绘画评论和绘画实践的研究，可参见（美）迈克尔·弗雷德：《专注性与剧场性——狄德罗时代的绘画与观众》，张晓剑译，江苏凤凰美术出版社，2019年。

②以《平定准噶尔回部得胜图》为例，马雅贞认为这一系列画作是作为帝国武功形象而被全面推广的。它们不仅著录于官方典籍，而且还为了赏赐而大量印制。赏赐的对象非常广泛，包括皇亲、军机大臣、功臣将领、各部侍郎、各省总督、部分巡抚、孔子后代，甚至包括4位藏书家。除此之外还分发与各处宫殿、行宫和各直省督抚衙门及将军都统各处，收储和陈设。参见马雅贞：《刻画战勋：清朝帝国武功的文化建构》，社会科学文献出版社，2016年，第229—230页。

深受此画风的影响。这样既可以迎合皇家的品味，也可以取信于其他观众。

迄今为止，夷人图说能否作为"信史"，尚存疑义。其中有肯定，有否定，也有折中的意见。这些意见都有一个相同的立足点，即图像是否真实地反映了现实。而真实者，自然以图像作者亲历亲见、描摹写真为最。这看似一个较为通俗且理所当然的评判标准，但细究起来，却显然超出历史证成的范围。我们即便能全面比对图说、方志和遗俗的相关信息，也无法获取那种直接而整全的证据。图像史料的真实性标准何在？这其实涉及史学家对图像的认识问题。如果仅仅把图绘看成再现现实的手段，把图像的作者看成现实的摹写者，那么"符合论"就主导了夷人图说的价值评判。这必将导致大多数图说被弃之不用，一些有价值的历史信息也将随之隐匿。前文已经指出，夷人图说的绘写对象是某一类人，其成像的依据是有关此一类人的某种理念。至于形成这种理念的源泉则是多元的。其中不但有见闻，也有习惯、成见、政治意识形态和制像技术条件等多种因素；而这里面特别容易被忽视的正是制像技术及其变化给理念形象带来的影响。本节从构图的角度，着力考察这些影响的具体情况。通过构图与信息取舍关系的论述，可以看出：虽然同为画作，夷人图说却不似风俗写生或者肖像写生那样成其为一种模仿的产品。尽管不是全部，但是它的主体部分无疑都带有鲜明的制作色彩，背后自有其治世的目的。所以"画什么"不仅依赖于"有什么"，还取决于"如何画"。它们共同为目的服务，追求由目的所设定的效果。

由此可见，夷人图说这一文类并非只是简单补充方志的记述，它在利用图像的优势以增强信息的权威性、可信性和可理解性。这其实是一条力图使知识通俗化并且权威化的途径。它显示了在图像和现实之间，还存在着一个由功能和形式控制的领域。探索这一领域，为超越"符合论"提供了可能，也有助于开显夷人图说价值的另外一种面向，即此类图像是如何被制造和使用的面向。

第二节   典型图说的对比细读

一、图文的选择性对应

学界普遍认为明清志书中的白人即今天白族的先民。自明代万历时期，白人在云南诸夷中的地位就逐步提升。这与作为白人的修志者李元阳的努力有关。在万历《云南通志》和天启《滇略》中，白人没有作为夷人种类出现，这意味着白人与华人无异。至天启《滇志》，白人作为独立的夷人，被视为古滇地方王国后裔，"古白国之支流也"，通过区分"僰"与"白"，凸显白人与华人相近的文化特征，"旧讹僰为'白'，遂称其一类，实不相通。滇郡及迤西诸郡，强半有之。习俗与华人不甚远，上者能读书，其他力田

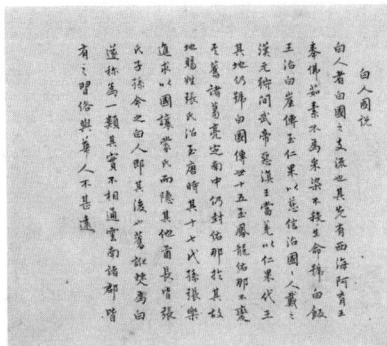

图3-20　《滇夷图说·白人图说》

白人古白国
之支流焉焉
雄为白远辖
为一赖而实
不相通力稽
知礼又谓氏
家子云南府
又大理有之

图3-21 《滇省夷人图
说·白人》

务本，或服役公府，庶几一变至道者矣"[1]。学而优则仕，当差、
为官，或者勤劳务农，知其本分。至康熙《云南通志》，白人从《滇
志》夷人的第十三位调整至第一位，乾隆《云南通志》亦如此。

在《滇夷图说》中，白人的描述为：

> 白人者，白国之支流也。其先有西海阿育王，奉佛茹素，不
> 为采染，不杀生命，号白饭王，治白崖。传至仁果，以慈信治国，
> 国人戴之。汉元狩间，武帝恶滇王当羌，以仁果代王。其地仍号
> 白国，传世十五至凤龙佑那，不变其旧。诸葛亮定南中，仍封佑

---

① （明）刘文征：《滇志》卷三十《羁縻志·种人》，古永继校点，云南教育出
版社，1991年，第998页。

图3-22 《皇清职贡图·景东等府白人、白人妇》

图3-23 道光《云南通志稿·白人》

图3-24 光绪《续云南通志稿·白人》

那于其故地，赐姓张氏。沿至唐时，其十七代孙张乐进求，以国让蒙氏而隐。其他酋长皆张氏子孙，今之白人即其后也。旧讹僰为白，遂称为一类，其实不相通。云南诸郡皆有之，习俗与华人不甚远。①

　　此段文字比《滇志》增加了白人历史流变的内容，特别强调白人有奉佛的传统。据元代李京《云南志略》载白人"家无贫富皆有佛堂，旦夕击鼓参礼，少长手不释念珠，一岁之中斋戒几半。诸种蛮夷刚愎嗜杀……惟白人事佛甚谨，故杀心差少"②，元代郭松年《大理行记》亦有类似记载，"其俗多尚浮屠法，家无贫富皆有佛堂，人不以老壮，手不释数珠；一岁之间斋戒几半"③。《滇夷图说》增加的内容与之相符。至明代，白人（僰人）形象大大改变，礼佛的记述减少，主流形象转而为儒生士子。景泰《云南图经志书》谓"僰俗丕变：僰人有姓氏，云南在处有之。初从庄蹻至滇，遂留其地。后与夷人联姻，子姓蕃息。至汉武时，已侏离嘔咿，尽化为夷矣。迨今渐被华风，服食语言，多变其旧，亦皆尚诗书，习礼节，渐与中州齿"④。正德《云南志》卷三大理府《风俗》在谈到"俗本于汉"时不无遗憾地说"入本朝百余年来，文教

① （清）高其倬编：《滇夷图说》，刘铮云主编：《"中央研究院"历史语言研究所傅斯年图书馆藏未刊稿抄本（史部）》第二十一册，台湾"中央研究院"历史语言研究所，2015年，第19页。
② （元）李京：《云南志略》，载王叔武：《大理行记校注 云南志略辑校》，云南民族出版社，1986年，第87页。
③ （元）郭松年：《大理行记》，载王叔武：《大理行记校注 云南志略辑校》，云南民族出版社，1986年，第22—23页。
④ （明）陈文等纂修：景泰《云南图经志书》，《续修四库全书》第681册，上海古籍出版社，2002年，第9页。

浃洽, 风俗渐于中州同矣。然其尚浮屠, 贵食生, 并星回节等俗而尤仍其旧", 紧接着的"民多士类"则说"郡中汉、僰人, 少工商而多士类, 悦其经史, 隆重师友, 开科之年, 举子恒胜他郡"①。至清代, 白人的儒生形象在志书中基本定型。雍正《宾川州志》载白人"乐耕读, 士风称盛", 乾隆《赵州志》载"白人, 一称民家……习礼教, 通仕籍, 与汉人无异", 乾隆《云南县志》载"白人一种, 即今之民家……读书通（仕）籍, 与汉人无异"。不过, 还有一种较为边缘的白人形象, 正如景泰《云南图经志书》指出的, 儒生士子乃大理府"近城汉、僰风俗", 边远地区的白人则是"汉、僰、罗杂处"（赵州《风俗》）、"居境内有山后人, 虽习僰俗, 其性强悍"（邓川州《风俗》）。至清代, 康熙《大理府志》卷十二云龙州《风俗》载"僰俗亦与俇舞（罗罗中的一部分）同, 独语音异……性颇醇谨而畏法", 雍正《云龙州志》卷三载"乌木郎山, 即僰人巢穴, 垒木而居, 零星散处……近稍向化"②。也就是说, 有两类白人形象, 一类与汉人无异, 另一类则近于山里的"罗", 即彝族。从元至明, 白人主流形象的巨大转变显然是一种选择性表达的结果, 佛教信仰不可能在短时间内从白人精神生活中退去。边远地区的白人更不可能完全华化。

对照《滇夷图说》的图像与说文, 可以发现, 曾经主导白人形象的"奉佛茹素, 不为采染, 不杀生命"没有任何痕迹, 而借自"习俗与华人不甚远"一句实则包含了《滇志》之后的描述"上者能读书, 其他力田务本, 或服役公府", 在画面中得到极为充分

---

① （明）周季凤纂修: 正德《云南志》, 方国瑜主编, 徐文德等纂录校订:《云南史料丛刊》（第六卷）, 云南大学出版社, 2000年, 第138页。
② 以上古籍文献均转引自尤中:《尤中文集》（第3卷）, 云南大学出版社, 2009年, 第157—158页。

的展示。画面祥和，松柳环绕，鸡犬相闻，6个人物分为3组，两男犁田，两女纺织，一着官服的年轻男子在读书，小书童由门外奉茶而来。

比较起来，《滇省夷人图说》的说文简略，画面也少了很多内容。其说文为："白人，古白国之支流，旧讹僰为白，遂称为一类，而实不相通，力穑，知礼，又谓民家子。云南府及大理有之。"①前半段借自《滇志》，后半段表述简化为"力穑，知礼"，画面也仅表现两男犁田，仿佛截取《滇夷图说》一角而成。

《皇清职贡图》的白人图像为白描，男女各一幅，其说文中的"缠头，跣足，短衣"得到表现，但"读书应试者"没有显现。道光《云南通志稿》引《皇清职贡图》《伯麟图说》，其画面为白描，男女二人持锄头，作劳作状。光绪《续云南通志稿》说文同道光《云南通志稿》，其画面由3人构成，二书生倚案读书、论道，一老农持锄站立旁侧观看，表现所引《云南县志》"勤俭力田，颇读书，习礼教"，而其前有"信佛事巫，常持斋诵经"之语则未加表现。光绪《续云南通志稿》与道光《云南通志稿》最大的不同在于图说有山水树木为背景，此图以芭蕉、柳树为衬托，仅为程式化的点缀，与说文无对应关系。值得注意的是，锄头、斗笠、缠头这3种形象均在图说中出现，可见图说关于白人文化符号的某种连续性。比较起来，《滇夷图说》对说文描述的白人形象呈现得最为全面，也最为准确，而光绪《续云南通志稿》图像"随意为之"的成分最重。

上述图说均致力于表现主流白人形象，《滇省迤西迤南夷人

———————

① 说文图片见揣振宇主编：《滇省夷人图说·滇省舆地图说》，中国社会科学出版社，2009年，第3页。

图说》则另辟蹊径，其描述的3种夷人可能都是白人或与白人有关，从而使主流志书、图说遗忘的白人形象得以显现。

其"民家"说文为：

> 生于思茅，迤西所属尤多。喜穿五色衣服，头蒙以青布，栽种、纺织与内地民人无异。每上街买卖，喜饮酒，性淫，见人即引诱之。[1]

图3-25　《滇省迤西迤南夷人图说·民家》

图3-26　《滇省迤西迤南夷人图说·猓人》

思茅属景东府，而景东府属迤西道所辖，《皇清职贡图》谓白人"居景东府地"。从分布区域看，此处的民家即白人的支流。头缠青巾，与汉人无异的耕织，符合前述其他图说的描述。此外有些描述则属于此图说独有：身着"五色衣服"，尤其是赶集时饮酒后男女相互嬉戏（可能是山歌对唱）的场面极为具体而生动，尽管"性淫"的断语出于某种

---

[1]Claus Deimel. *Das Yunnan-Album Diansheng Yixi Yinan Yiren Tushuo: Illustrierte Beschreibung der Yi-Stämme im Westen und Südene der Provinz Dian*. Museum für Völkerkunde zu Leipzig, 2003, p.15.

误解和歧视。

其"僰人"说文为：

> 迤西夷人，性俭啬。富者着袍褂，与汉人同。勤事犁锄，有置田地、平房、高楼而居者，或充当灶户。俱安分畏法。[①]

《皇清职贡图》对白人分布范围的描述较为具体，即"居景东府地而云南、临安、曲靖、开化、大理、楚雄、姚安、永昌、永北、丽江等府俱有之"[②]，清代迤西道所辖含大理、楚雄、顺宁、丽江、永昌、景东、蒙化、永北、鹤庆、姚安等10府，可见白人在迤西分布较广，《滇省迤西迤南夷人图说》称僰人为"迤西夷人"与此相符。图说绘写者对迤西僰人进行区分，富者、耕者和灶户各有描述，其对官府的态度也做出评价。画面对说文有所选择，重点表现灶户担柴熬盐的场面，这与该区域盐井分布及当时盐业发展的历史背景相符。另有"僰夷"一种，其说文称"又名民家"，似乎也是白人。后面比较僰夷图说时再作分析。

道光年间的《云南标下元江营制总册》有"僰人"，其说文为：

> 性朴素，勤耕读，言语、服色及婚丧祭礼多与汉人同，男不衣白，女不饰金。近日多知向学，延训子弟，虽卑寒之家以拮据

① Claus Deimel. *Das Yunnan-Album Diansheng Yixi Yinan Yiren Tushuo: Illustrierte Beschreibung der Yi-Stämme im Westen und Südene der Provinz Dian.* Museum für Völkerkunde zu Leipzig, 2003, p.23.

② （清）傅恒等编著：《皇清职贡图》，辽沈书社，1991年，第795页。

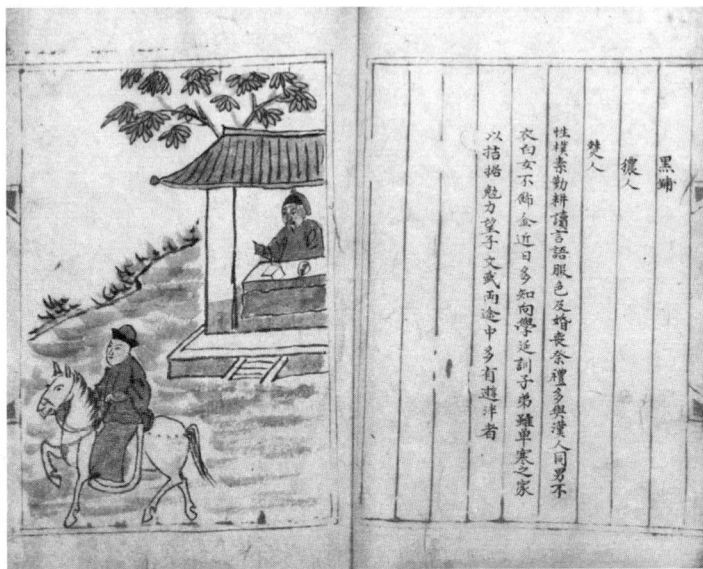

图3-27　《云南标下元江营制总册·僰人》

勉励，望子文武两途中，多有游泮者。①

元江属迤西道，从文字描述看，此处的僰人当为白人之一种，其男女服饰有突出特点。画面绘二男子，年长者为私塾先生，年轻者骑马远行，似在表现"延训子弟""文武两途"之意。说文的语句不尽通顺，字迹工整而质朴，与之相应的是画面亦无太多章法与意趣，并非受过专业训练者所为。尽管《云南标下元江营制总册》与《滇省迤西迤南夷人图说》在说文言辞、书写笔迹和绘画技法上有很大差异，它们与其他图说相比却有某种共性，能够提供其他文献所无、唯有依据现实观察方可获得的各种细节，并非照搬前

---

① 美国国会图书馆藏《云南标下元江营制总册》（http://LConline. catalog/2012402196/librarycongress）。

人志书或图说。这正是其之所以成为夷人图说的一种独特类型的原因。

僰夷是与白人相关的夷人。此种夷人与爨蛮同为夷人大类，其突出特征是分布广、种类多，包含着不同区域的下属夷人。这一点自李元阳修万历《云南通志》时以黑水为界、分云南夷人为爨僰二系即如此。后世修志者及夷人图说绘写者忽视僰夷、爨蛮与其他夷人的层级差异而一视同仁地加以引述并绘写，不得不面对一些困难。以下，先按照时间顺序引述相关文献。

正德《云南志》：

> 百夷，即麓川平缅也，地在云南之西南，东接景东府，东南接车里，南至八百媳妇，西南至缅国，西连戛里，西北连西天古剌，北接西番，东北接永昌。其种类有大百夷、小百夷，又有蒲人、阿昌、缥人、古剌、哈剌、缅人、结些、哈杜、怒人等名，以其诸夷杂处，故曰百夷。今百字或作伯、僰，皆非也。[1]

万历《云南通志》：

> 僰夷，在黑水之外，即今之所谓百夷也，"僰"、"百"声相近，盖音讹也。性耐暑热，所居多在卑湿生棘之地，故造字从棘，从人。滇之西南旷远缅平，滨海多湿，故僰夷居之，虽有数十种，风俗大同小异，统名僰夷也。有大小僰夷、蒲人、阿昌、缥

---

[1]（明）周季凤纂修：正德《云南志》，方国瑜主编，徐文德等纂录校订：《云南史料丛刊》（第六卷），云南大学出版社，2000年，第478页。

人、古喇、哈喇、缅人、结些、哈杜、怒人等名,皆僰类也,风俗稍有不同,名亦因之而异。①

天启《滇略》:

　　僰夷,在迤西黑水之外,即百夷也,好居卑湿棘刺之地,故从棘、从人……其类有小伯夷、大伯夷、蒲人、阿昌、缥人、古刺、哈喇、缅人、结些、遮些、地羊鬼、哈杜、怒人、野人等名,然风俗大同小异。近来内地皆有其人,间有读书入庠者矣。②

天启《滇志》:

　　种在黑水之外,今称百夷。盖声相近而讹也。性耐暑热,居多卑湿棘下,故从棘从人。滇之西南,旷远缅平,滨海多湿,僰夷宅之。其种数十,风俗稍别,名号亦殊。③

　　之后是僰夷的总体描述,再按照发布区域分别描述禄丰、罗次、元谋等地僰夷。
　　《滇夷图说·僰彝图说》:

①（明）邹应龙修,李元阳纂:万历《云南通志》卷十六《羁縻志》,方国瑜主编,徐文德等纂录校订:《云南史料丛刊》(第六卷),云南大学出版社,2000年,第644页。
②（明）谢肇淛:《滇略》卷九《夷略》,方国瑜主编,徐文德等纂录校订:《云南史料丛刊》(第六卷),云南大学出版社,2000年,第777—778页。
③（明）刘文征:《滇志》卷三十《羁縻志·种人》,古永继校点,云南教育出版社,1991年,第996页。

僰彝种在黑水之外，称百彝，盖声相近而讹也。性耐暑热，多居卑湿棘下，故从棘从人。滇之西南，旷远多湿，僰彝宅之，种类数十，风俗稍别，名号亦殊。其缅甸者，为贵种……其在禄丰、罗次、元谋、越州、江川、路南、临安、蒙自、阿迷、新化、纳楼、溪处、十八寨、顺宁、剑川、腾越、镇南、姚安、元江等郡邑，皆柔弱，与编民略同。惟彝习异俗，随地各别，亦有绝不同于别种者。此以缅为贵种，故独详之。①

《皇清职贡图》：

僰夷，一名摆夷，汉为巨篷甸，唐为步雄、嶍峨二部，元初内附，其部落接壤缅甸、车里，今云南、曲靖、临安、武定、广南、元江、开化、镇沅、普洱、大理、楚雄、姚安、永北、丽江、景东十五府皆有之，随各属土流兼辖，与齐民杂处，男子青布裹头，簪花饰，以五色线编竹丝为帽，青蓝布衣，白布缠胫，恒持巾帨，妇盘发于首，裹以色帛，系踩线分垂之，耳缀银环，着红绿衣裙，以小合包二三枚，各贮白金于内，时时携之。地产五谷，宜荞麦。输纳粮税，常入市贸易。②

《滇省夷人图说》：

僰夷，亦名摆依，又名百彝。俗淳，重祀礼，耐暑热，就卑

①（清）高其倬编：《滇夷图说》，刘铮云主编：《“中央研究院”历史语言研究所傅斯年图书馆藏未刊稿抄本（史部）》第二十一册，台湾“中央研究院”历史语言研究所，2015年，第37页。
②（清）傅恒等编著：《皇清职贡图》，辽沈书社，1991年，第791—792页。

湿处,支木作楼居,下杂牛马,釜甑用瓦,捕鼠或虾蟆以待客。
云南府及他郡州皆有之。①

《滇省迤西迤南夷人图说·僰夷》:

> 边疆村寨处处均有。性淳良,服食起居与内地民人不甚相
> 远,又名民家。男以耕读为业,女以织纺治生。②

对照正德《云南志》与万历《云南通志》,前者认为僰夷、伯夷为
百夷之误,指出百夷之"百"因其种类多,包括大小百夷等"诸夷
杂处",而后者通过诠释僰夷之"僰"而认为百夷即僰夷,除此
之外,在前者夷人类目基础上略有增补。《滇略》套用万历《云南
通志》,《滇志》对僰夷这一概念的理解并无改变,只是将僰夷
从其下属夷人中分离出来。正德《云南志》的百夷下属有大小百
夷,万历《云南通志》僰夷下属有大小伯夷,《滇略》僰夷下属有
大小僰夷,《滇志》僰夷下属有夷人,但未加命名。万历《云南通
志》有意识地在命名上区分作为大类的僰夷与下属的大小伯夷,
以示僰夷与伯夷之不同。此后的清代诸种云南通志大体沿用《滇
志》,仅作局部增删。《滇夷图说》的说文沿用《滇志》,由于说文
篇幅所限,对其进行压缩,删除《滇志》分区域描述的文字,仅保
留分布地名,图说绘写者对自己的做法有所解释,即详细描述的

_____

① 说文图片见揣振宇主编:《滇省夷人图说·滇省舆地图说》,中国社会科
　学出版社,2009年,第7页。
② 说文图片见Claus Deimel. *Das Yunnan-Album Diansheng Yixi Yinan Yiren
　Tushuo: Illustrierte Beschreibung der Yi-Stämme im Westen und Südene der
　Provinz Dian.* Museum für Völkerkunde zu Leipzig, 2003, p.14。

是缅甸种僰夷，对其他僰夷种类略而不论。缅甸种的说法似乎与正德《云南志》所言"麓川平缅"有关。《皇清职贡图》《滇省夷人图说》均认为僰夷即摆夷（摆依），后者又补充提出"百彝"之名，可见百夷即僰夷观念影响的痕迹。从"百种夷人"的百夷到"一种夷人"的僰夷，尽管只有一字之差，僰夷作为独立种类夷人的认识被固化了。不同的是《滇省迤西迤南夷人图说》，它认为僰夷又称民家，这意味着僰夷即便不是民家，也与之有密切关系，民家又与白人相关。僰即白的这种认识在万历《云南通志》前曾经流行，在万历《云南通志》之后为主流志书所反对。

　　僰夷本是大类，文字描述篇幅远多于其他夷人，选择何种图像来与之对应就成为问题。

图3-28　《滇夷图说·僰彝图说》

图3-29　《滇省夷人图说·僰夷》

由此观察，可以理解僰夷图像不同于其他夷人图像的流变特点。

　　《滇夷图说·僰彝图说》图像主要表现说文中服饰与骑象的文字内容：

　　酋目辄系钑花金银宝带，官民皆冠箬叶大帽，累金玉珠宝为高顶，上悬小金铃，遍插翠花、翎毛，后垂红缨。部长衣红绿绫缎，绣以金彩。以坐象为贵，十数银镜为络，银铃、银钉为缘，象鞍三面，以铁为栏藉，重裀悬铜铃。鞍后象娜一人，铜帽花裳，手执长钩制象，为疾徐之节。①

图文二者对照，可见图像绘制者贴近文字的细致与功力。

图3-30 《皇清职贡图·曲靖等府爨夷》　　　图3-31 《皇清职贡图·曲靖等府爨夷妇》

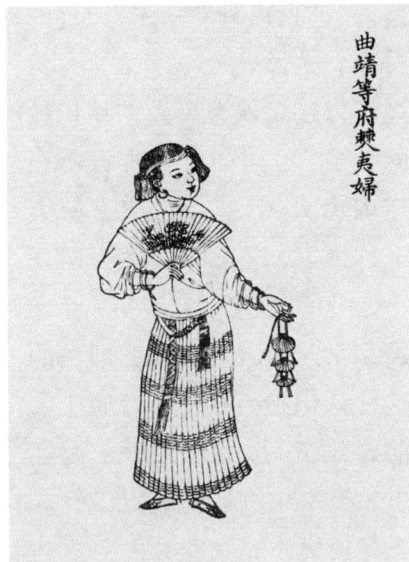

---

① （清）高其倬编：《滇夷图说》，刘铮云主编：《"中央研究院"历史语言研究所傅斯年图书馆藏未刊稿抄本（史部）》第二十一册，台湾"中央研究院"历史语言研究所，2015年，第37页。

图3-32　道光《云南通志稿·僰夷》

图3-33　光绪《续云南通志稿·僰夷》

图3-34　《滇省迤西迤南夷人图说·僰夷》

　　《滇省夷人图说》与《滇夷图说》的夷人图像有许多极为相似，显然来自同一个源头，但也有部分图像没有关联，并非同源。《滇省夷人图说》的僰夷图像就是这样，表现说文中描述的僰夷居住环境与祭祀场面，与《滇夷图说》的骑象巡游画面截然不同。

　　《皇清职贡图》、道光《云南通志稿》、光绪《续云南通志稿》的图像与上述夷人图说不同。《皇清职贡图》绘僰夷重在刻画其服饰，图文一一对应。道光《云南通志稿》沿用《皇清职贡图》画法，将僰夷男女合在同一画面中，为使画面协调，将女子的脸部由向右侧改为左侧，与男子同向，作行进状。光绪《续云南通志稿》画男女二人侧头看一席地而坐的老者，意义指向不明确。《滇省迤西迤南夷人图说》画农田中的三女二男，一妇人挑担立于田中，其他4人在田间歇息，男女均有持烟杆吸烟者。烟杆在《皇清职贡图》、道光《云南通志稿》和《滇省迤西迤南夷人图说》的僰夷图像中都出现，不同处在于前二者唯有男子持烟杆，而后者男女都手持烟杆，甚至精细地绘制出男女所持烟杆的形制差别，显然基于观察，并非凭空捏造。

　　爨蛮是另一种夷人大类。万历《云南通志》首先解释爨蛮得名由来："爨蛮在黑水之内，以其王姓爨遂名爨。"进而说明爨蛮的分布情况，"爨夷之名，其原如此，今云南郡县山谷险阻之地皆此夷居之，种名不同而为爨则一也"。之后描述其主要特征："此蛮寡则刀耕火种，众则聚而为盗。男子椎髻，摘去须髯，左右佩双刀，喜斗，以轻死为勇。马贵折尾，鞍无鞯，剜木为左革右登，状如鱼口，微容足指。妇女披发衣皁，贵者锦绣饰，贱者披羊皮，乘马则并足横坐。室女耳穿大环,剪发齐眉,裙不掩膝。"①

　　接着,介绍其婚丧、祭祀及年节习俗。然后是按照分布区域,逐一列举并描述麼㱔、斡泥蛮、野蛮、普蛮、罗婺等夷人,最后专门提及某些地区的夷人"半为盗贼""海西子尤为蛮之凶者",并总结说"爨蛮终不若僰爽之易制也"。《滇略》延续万历《云南通志》,但在夷人分类命名上有所发展,列举并描述爨蛮的种类增多。《滇志》对爨蛮种类的认识较《滇略》清晰。

　　就图说而言,《滇夷图说·爨蛮图说》的说文与万历《云南通志》等相似,在记述爨蛮史实后如是说:

　　　　其称爨者,从主姓耳。厥初种类甚多,有名鹿卢蛮者,今讹为罗罗。凡黑水之内,依山谷险阻者皆是。名目差殊,言语嗜好亦因之而异。大略寡则刀耕火种,众则聚而为盗。男子椎髻,摘去髭须,左右佩双刀,喜斗轻死,鞍无鞯,马贵折尾,剜木为镫,状似鱼吻,澄容足趾。妇女披发衣皂,贵者饰锦绣,贱者披羊皮。女耳穿大环,剪发齐眉,裙不掩膝。以腊月为春节,六月廿四为年节,病无医药,用彝巫攘之。巫号大觋䎶,或曰拜祃,或曰白马。其卜,取雄鸡生刲取两脾,刮去肉,因其骨窍刺以竹签,相多寡向背顺逆之形,以断吉凶,其应如响。有彝经,皆爨字,状如蝌斗。精者能知天象,断阴晴。民间皆祭天,为台三阶以祷。

①（明）邹应龙修,李元阳纂:万历《云南通志》卷十六《羁縻志》,方国瑜主编,徐文德等纂录校订:《云南史料丛刊》(第六卷),云南大学出版社,2000年,第647页。

死以豹皮裹尸而焚,葬其骨于山,非至亲,莫知其处。①

其图像画二男子于山谷之间骑马持矛相斗,一女子背负婴儿观战。放大画面,可见二男子均剃去唇上胡须,其中一男子所佩双刀十分突出,另一男子的双刀若隐若现。马镫为红色,似为木制,开口不大,形状确实像鱼嘴。女子披发,似戴耳环,穿深色衣,着短裙。图文基本相符。此外,说文提及的年节、卜筮、经文与葬俗就无法在图像中同时表现了。

再来看《滇省夷人图说》,其说文为:

　　爨蛮,其名最古。又号卢鹿蛮。男子去髭须,好勇。妇人皂衣,被绣绤或羊鞯,以别贵贱。曲靖府属有之。②

画面左边为二男子赤手空拳相斗,右侧为二女子及一儿童观看,3人均举手相示,似乎在劝阻打斗男子。男子面部无须,值得注意的是,画中二男子均束发,其中一人缠青巾,而女子也有一人束发、缠青巾。5人均赤足。这些细节在说文中并未提及,但可以在万历《云南通志》等书中找到依据,万历《云南通志》提到爨蛮"男女无贵贱皆披毡跣足""男子椎髻"。由此猜测,图说绘制者一定程度上熟悉志书描述,但女子束发却是一个错误的表现,因为志书描述的女子是披发而非束发。男子好斗与女子观斗是两

---

① (清)高其倬编:《滇夷图说》,刘铮云主编:《"中央研究院"历史语言研究所傅斯年图书馆藏未刊稿抄本(史部)》第二十一册,台湾"中央研究院"历史语言研究所,2015年,第21页。

② 说文图片见揣振宇主编:《滇省夷人图说·滇省舆地图说》,中国社会科学出版社,2009年,第14页。

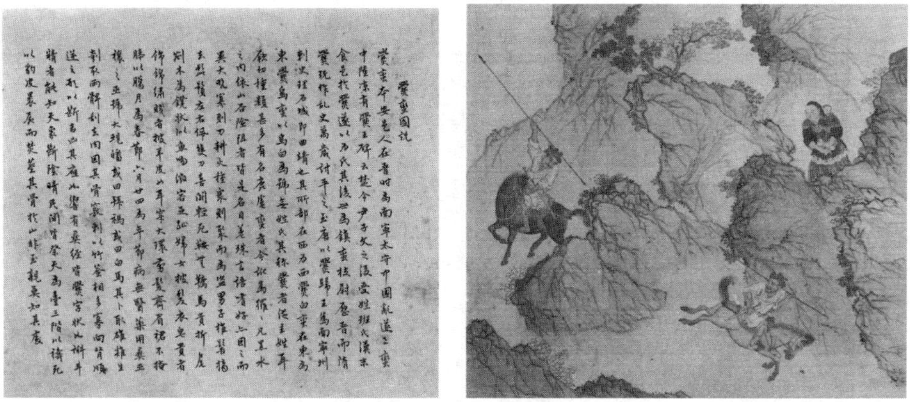

图3-35 《滇夷图说·爨蛮图说》

图3-36 《滇省夷人图说·爨蛮》

图3-37 道光《云南通志稿·爨蛮》

图3-38 光绪《续云南通志稿·爨蛮》

种图说均有的画面内容，所不同的是《滇夷图说》为骑马持械而斗，《滇省夷人图说》乃赤手空拳而斗，前者女子仿佛置身事外，而后者参与其中进行劝阻。二者的差异似乎说明爨蛮发生的历史变化，但也有可能是图说绘写者对志书的选择性理解与表达。道光《云南通志稿》的爨蛮说文引述的乾隆志与万历《云南通志》等前代志书大同小异，此外还引述《蒙化府志》等志书，最后引述的《伯麟图说》唯有一句"云南府属有之"，与《滇省夷人图说》的"曲靖府属有之"不符，使人对《滇省夷人图说》与《伯麟图说》的关系产生疑惑。如果二者为同一种图说，爨蛮分布区域为何出现如此明显的差异？道光《云南通志稿》的画面左侧绘有徒手相斗的男子，右侧一妇人观斗，且抬手劝阻。3人赤足，其中一男子束发椎髻。尽管图像没有以树木为背景，也少了两个人物，从构图特点与人物细节看，显然与《滇省夷人图说》同源。光绪《续云南通志稿》所引志书与道光《云南通志稿》大同小异，其图像以高山峡谷为背景，右侧绘3人，一人骑马持长刀，二人刀枪立于两旁，画面左侧绘二人跪地作求饶状。图文没有对应关系，不知绘制者出于何种考虑，不足为据。

　　僰夷、爨蛮图说的例子说明图像与说文的对应关系具有选择性，说文中比较抽象的内容是图像难以表现而被省略的。

二、捕鱼者与太古之民：图说形象的恒定与对立

据尤中先生考证，明初以后，撒摩都分化出撒弥罗罗，而撒弥罗罗中的渔户称为普特[1]。在夷人图说中，普特出现早而变化小，其特点值得分析。先看相关文字描述。

景泰《云南图经志书》记述生活在云南府昆阳州"得鱼输税"的普特：

> 州近滇池，有濒池捕鱼者，名普特，亦罗罗之别种。茅茨倚岸，不庇风雨，日食生螺，出入水中，得鱼换米以输税。[2]

天启《滇略》：

> 安宁以西，负盐者皆黑爨，老者一人任华人壮者二人之事，壮者任一牛之力。其别种善捕鱼，名普特。[3]

天启《滇志》：

> 以渔为业。性耐寒，多无衣，以败网蔽身。舟不盈丈，而炊爨、牲畜、资生之具咸备。又有泗水捕鱼者，丹须蓬发，竟日水中，与波俱起，口啮手捉皆巨鱼。滇池旁碧鸡山下，其类千余，乘

---

①尤中：《尤中文集》（第3卷），云南大学出版社，2009年，第217页。

②（明）陈文等纂修：景泰《云南图经志书》，《续修四库全书》第681册，上海古籍出版社，2002年，第34页。

③（明）谢肇淛：《滇略》卷九《夷略》，方国瑜主编，徐文德等纂录校订：《云南史料丛刊》（第六卷），云南大学出版社，2000年，第780页。

风扬帆，所居无定，名隶有司之籍，而征呼徭役，多不能及，里胥恒代偿之。①

《滇夷图说·普特图说》：

普特，性耐寒，以渔为业。舟不盈丈，而炊爨、牲畜、资生之具咸备，又有泅水捕鱼者，丹须蓬发，竟没水中，与波俱起，口啮手捉皆巨鱼。今滇池傍碧鸡山下有此种类。②

《滇省夷人图说》：

普特，善渔，舟不盈丈，而资生之具咸备。性耐寒，出没水波间，口衔手掬皆鱼也。云南府属昆明有之。③

道光《云南通志稿》引述乾隆《云南通志》，与《滇夷图说》说文一致。此外，引述《宁州志》“惟捕鱼，不事耕种商贾”。光绪《续云南通志稿》引述乾隆《云南通志》。宣统《宁州志·种人》记述“普特水居，以渔为业”。宁州大致为今云南玉溪市华宁县。

---

① （明）刘文征：《滇志》卷三十《羁縻志·种人》，古永继校点，云南教育出版社，1991年，第998—999页。
② （清）高其倬编：《滇夷图说》，刘铮云主编：《“中央研究院”历史语言研究所傅斯年图书馆藏未刊稿抄本（史部）》第二十一册，台湾“中央研究院”历史语言研究所，2015年，第53页。
③ 说文图片见揣振宇主编：《滇省夷人图说·滇省舆地图说》，中国社会科学出版社，2009年，第2页。

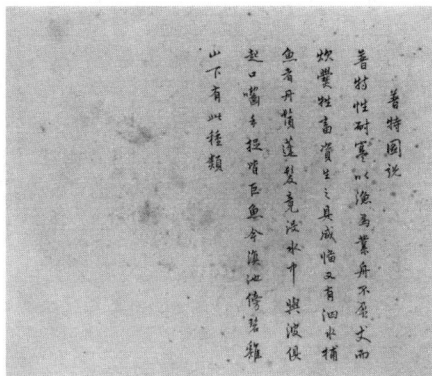

图3-39　《滇夷图说·普特图说》

图3-40　《滇省夷人图说·普特》

图3-41　道光《云南通志稿·普特》

图3-42 光绪《续云南通志稿·普特》

从文字描述看，从明初至清末，普特的生活区域与生计方式相对固定。在滇池周边，以捕鱼为生。稍有变化的是，普特对官府的态度从明初积极交税到明末抗拒徭役。此外，就是捕鱼的方式从"口啮手捉"到"口衔手掬"。

《滇夷图说》《滇省夷人图说》的图像十分相似，二者画面左上方为巉岩峭壁，右侧为大幅的滇池湖水，一渔户于水中捕鱼，其妻儿在舟中歇息。构图、景物与人物相同，但是在细部有差异。从捕鱼方式看，《滇夷图说》所绘确如文字所言是"口啮手捉"，双手各执一鱼，口中还咬着一尾；《滇省夷人图说》则是渔户立于水中，口衔一鱼，双手于水中鱼篓摸鱼。对照文字，《滇夷图说》有"泅水捕鱼……竟没水中，与波俱起"的描述，画面中渔舟浮在侧边，渔户所处水域不可能太浅，不可能立于水中使用鱼篓，泅水捕鱼与之相符。《滇省夷人图说》的画面增加了其说文没有提及的鱼篓，渔户"手掬"之鱼在鱼篓中，图文不完全相符。《滇夷图说》有"滇池傍碧鸡山下"之语，尽管画面中的巉岩峭壁未必就指代碧鸡山，图文之间不免让人产生对应性联想，而《滇省夷人图说》的图像有巉岩峭壁，但说文只提到"云南府属昆明"，没有《滇夷图说》那么具体。《滇夷图说》绘有的船桨、鸡鸭在《滇省夷人图说》中没有出现；二者所绘炊具的位置不同，《滇夷图说》中炊具在船头，而《滇省夷人图说》中的炊具在船舱。《滇夷图说》的舟中小儿为母亲环抱、扶持，而在《滇省夷人图说》中则独自站立着，手摇一纸质风车。类似的风车也出现在清代流行的《御制耕织图》中，图说绘制者想必是由此得到灵感而添加上去的。《滇夷图说》的说文来自《滇志》，该图说或图说母本为清初之作，《滇省夷人图说》的说文是《滇夷图说》说文的缩减改编版。二者的图像同样存在这样的先后关系，即便《滇夷图说》不是《滇省夷人图说》直接模仿的对象，至少可以认为《滇夷图说》更早，也更接近这一图像的母本。至于图像中类似鱼篓这样的细节变化，可能是依据捕鱼方式实际发生的变化而添加，也可能是对"口衔手掬"的合理化处理。

再看两部志书中的普特形象。道光《云南通志稿》绘行进中的二男一女，左侧为一手持、肩负渔网的中年，中间和右侧分别绘一妇人和一青年，二人均有背篓在肩。3人均跣足，中年人的小腿部有刺青。渔网和刺青是渔户的标志。光绪《续云南通志稿》的图像右后方为巉岩，巉岩左侧为渔舟，舟上有炊具。图像前方绘二渔夫，一人出没水中，口衔鱼，手举鱼，另一人立于水中，手扶鱼篓。二人手臂均有刺青。光绪《续云南通志稿》的图像隐约可见《滇夷图说》《滇省夷人图说》的影子，而道光《云南通志稿》另有所本。

总的来说，普特形象有某种恒定性。一方面这是现实中普特变化不大的体现，另一方面也是由于修志者很早就获取了关于普特较为确切的信息，没有留下太多想象的空间。因为普特一直生活在云南府附近，易于接近，便于观察。与之相比，某些夷人在图说中形象变化大，而另一些夷人在图说中虽然变化不大但已经成为传说投射的对象。前者如白人图说，而后者最典型的例子是地羊鬼图说。

天启《滇志》为清代夷人图说提供了最早的文字来源，但是也有少部分夷人并非来自《滇志》，而且频频出现在图说中。今天称为独龙族的俅人就是这样的夷人。《元一统志》丽江路《风俗》载"丽江路，蛮有八种，曰磨些、曰白、曰罗落、曰冬闷、曰峨昌、曰撬、曰吐蕃、曰卢，参错而居"，元代丽江路包括今怒江州在内。尤中先生认为，《元一统志》中的"撬"即"俅"的同音字①。可能是由于了解有限，明代志书对于俅人很少记载。

至清初，情况发生变化。乾隆《云南通志》有简单记述："俅人，丽江界内有之。披树叶为衣，茹毛饮血。无屋宇，居山岩中。"乾隆《丽江府志略》载："俅人，与怒人相近，言语不通。耳穿七孔，坠以木环。"道光《云南通志稿》引述《皇清职贡图》、乾隆《云南通志》和《伯麟图说》3种文献，光绪《续云南通志稿》引述《皇清职贡图》一种文献。

从《滇夷图说》《皇清职贡图》开始，俅人的描述变得丰富，前者记述：

> 俅人居丽江府之澜沧江西，距府约四五百里。其地皆崇山峻岭，削壁悬崖，人迹罕到。生子周岁许，即漆其手足胫股。妇女遍身及面，刺成靛点花纹。蓬头、无衣，各披兽皮，射猎为

食。与怒夷约略相似，性情亦同。①

后者的记述为：

> 俅人居澜沧江大雪山外，系鹤庆、丽江西域外野夷。其居处结草为庐，或以树皮覆之。男子披发，着麻布短衣裤，跣足。妇耳缀大铜环，衣亦麻布。种黍稷，剐黄连为生。性柔懦，不通内地语言，无贡税。更有居山岩中者，衣木叶，茹毛饮血，宛然太古之民。俅人与怒人接壤，畏之不敢越界。②

《滇省夷人图说》的记述有所变化：

> 俅人，居无屋，茹毛饮血，树叶为衣，近知务耕种，常为怒人佣。丽江府俅江外有之。③

另外一个系列的图说《滇省迤西迤南夷人图说》和《普洱夷人图说》也记述了俅人的情况。前者为：

> 居怒江，系大雪山外属夷人。与怒子接壤。性最柔弱，不通

---

① （清）高其倬编：《滇夷图说》，刘铮云主编：《"中央研究院"历史语言研究所傅斯年图书馆藏未刊稿抄本（史部）》第二十一册，台湾"中央研究院"历史语言研究所，2015年，第79页。
② （清）傅恒等编著：《皇清职贡图》，辽沈书社，1991年，第814页。
③ 说文图片见揣振宇主编：《滇省夷人图说·滇省舆地图说》，中国社会科学出版社，2009年，第62页。

汉语。男女科头、挽发,束以红藤。采马尾连为生。①

后者为:

> 居怒江西,大雪山外。系属外夷,与怒子接壤。性情柔弱,
> 不通汉语。男妇科头、挽发,束以红藤。②

嘉庆时期的营制总册《维西夷人图》对俅人的记述为:

> 俅子一种,住居澜沧江、怒江两岸大雪山边,界与怒人地方
> 接壤,系属外域。夷性最柔。男人披发,外披麻布披单,身穿短
> 衣,跣足。女人亦披发,麻布为衣,跣足。男女俱挖黄连。服土
> 弁管,未入版图。③

再看图像。一种形象是茹毛饮血的太古之民,一种是挖黄连
为生的柔顺之民。《滇夷图说》《滇省夷人图说》与道光《云南通
志稿》三者图像同源而有所变化,均以太古之民为主题。《滇夷
图说》以崇山峻岭为背景,山间有河流自上而下,时隐时现。画面
左前方绘二男一女结伴而行,自山中走来。3人均披兽皮,袒胸露

---

①说文图片见Claus Deimel. *Das Yunnan-Album Diansheng Yixi Yinan Yiren Tushuo: Illustrierte Beschreibung der Yi-Stämme im Westen und Südene der Provinz Dian*. Museum für Völkerkunde zu Leipzig, 2003, p.36。

②赵荔:《清代〈普洱夷人图说〉研究》,云南大学硕士学位论文,2013年,第59页。附录"《普洱夷人图册(图说)》图文照片"图13。

③余庆远撰:《维西见闻纪》,李汝春校注,维西傈僳族自治县志编委会办公室编印,1994年,第94页。

怀，跣足，面部及手臂、腿部有刺青（由于衣不蔽体，大部分肌肤均裸露在外）。左侧女子头裹白布，左手拄杖，右手提藤篮。右侧二男子均束发椎髻，中间一人肩背篾筐，手提藤篮，右侧一人负弩。《滇省夷人图说》同样绘有山水背景，只是山形气势减弱，相应的是人物变大，且位置与数量有所改变。人物从《滇夷图说》的左前方移到右前方，增加一儿童。4人均袒胸露怀，跣足，左侧二人为成年男性，椎髻，树叶为衣，一人提藤篮，一人背篾筐。右侧为一妇人，戴灰布帽，披灰布，左手提藤篮，右手抚着一树叶为衣的儿童。道光《云南通志稿》图像的人物构成、服饰装束与《滇省夷人图说》相似，不同处在于以树叶为衣的3个人物换成披兽皮，当然，道光《云南通志稿》图像一律没有山水背景。比较下来，《滇夷图说》的图像在细节上更贴近其说文，刺青的描绘也符合独龙族纹面、纹身的习俗传统，如果没有真切实在的观察，就不可能有此认识。《滇省夷人图说》的男性与女性服饰反差巨大，显然既不合情理，也不符实

图3-43　《滇夷图说·俅人图说》

图3-44　《滇省夷人图说·俅人》

图3-45　道光《云南通志稿·俅人》

图3-46　光绪《续云南通志稿·俅人》

图3-47　《皇清职贡图·鹤庆等府俅人》

际。道光《云南通志稿》的处
理与《滇省夷人图说》不同，
也说明这一点。似乎可以推断，
上述3种图像同源，而《滇夷图
说》更接近图像的母本。

　　《皇清职贡图》《滇省迤
西迤南夷人图说》《维西夷人
图》3种图说均提及采掘黄连以
换取生活必需品是俅人的主要
生计方式之一。《滇省迤西迤南
夷人图说》中说的"马尾连"即
"马尾黄连"，学名为"瓣蕊唐
松草"，是一种生长在高海拔
山区的草本植物，具有药用价
值。《皇清职贡图》分别绘男女

图3-48　《皇清职贡图·鹤庆等府俅
人妇》

各一人，均跣足，披发，着短布衫。男子肩扛锄头，女子背篾筐，
提布袋，显然与说文的"种黍稷，剐黄连"对应。此外，女子图像
有耳坠铜环的细节。《滇省迤西迤南夷人图说》左侧绘有巉岩峭
壁，黄连生于巉岩中。画中二女一男在采掘黄连，跣足，挽发，束
红藤。图像中有说文未提及的细节，即裹腿、麻布短装以及戴耳
环，这些细节在上述其他文献中能找到依据。《维西夷人图》无
山水背景，绘男女各一人，男子手持锄头，似在挖掘，服饰细节与
说文对应，较为准确。光绪《续云南通志稿》在简笔绘出的山间
有男女二人采掘黄连。二人跣足，短衣短裤。左侧的女性手持锄
头，正在采掘，戴耳环，小腿部有裹腿，右侧的男性肩扛锄头，手
提藤篮，满脸胡须。

图3-49《滇省迤西迤南夷人图说·俅人》

图3-50《维西夷人图·俅子》[①]

在上述图像中，两种迥异的俅人形象并存，说明图说有不同来源。《滇省夷人图说》图像突出太古之民的特征，而其说文谓“近知务耕种”，二者明显矛盾，可见太古之民的意象只是一种美化而非如实描述。

三、“负盾习射”与“插箸报本”：图说中的戏剧性场景

倮倮族源于南诏时期的“施蛮”“顺蛮”及元代《元一统志》所称的“卢”。在明清方志和夷人图说中，倮倮写作“栗些”“力些”“力岁”“猓猓”，是史书方志记载较早且记载持续时间较长的民族。

明代景泰《云南图经志书》卷四《北胜州》载：

> 有名栗岁者，亦罗罗之别种也。居山林，无室屋，不事产业，

①图片出自李汝春：《关于〈维西夷人图〉》，载余庆远撰：《维西见闻纪》，李汝春校注，维西傈僳族自治县志编委会办公室编印，1994年，第103页。

常带药箭弓弩，猎取禽兽。其妇人则掘取草木之根以给日食。岁输官者惟皮张耳。①

正德《云南志》卷十二《北胜州·风俗》载：

> 有蛮栗岁，亦罗罗种。巢处山林，猎取禽兽以食。②

天启《滇志》载：

> 惟云龙州有之。男囚首跣足，衣麻布直撒衣，被以越衫，以毳为带束其腰。妇女裹白麻布衣。善用弩，发无虚矢。每令其妇负小木盾径三四寸者前行，自后发矢中其盾，而妇人无伤，以此制伏西番。③

康熙《云南通志》沿用天启《滇志》，乾隆《云南通志》在其基础上有所变化：

> 力些，迤西皆有之。在大理名栗粟，在姚安名猓猲。有生熟二种。男囚首跣足，衣麻布衣，披毡衫，以毳为带，束其腰。妇女裹白麻布。善用弩，发无虚矢。每令其妇负小木盾径三四寸者前

① （明）陈文等纂修：景泰《云南图经志书》，《续修四库全书》第681册，上海古籍出版社，2002年，第88页。

② （明）周季凤纂修：正德《云南志》，方国瑜主编，徐文德等纂录校订：《云南史料丛刊》（第六卷），云南大学出版社，2000年，第212页。

③ （明）刘文征：《滇志》卷三十《羁縻志·种人》，古永继校点，云南教育出版社，1991年，第999页。

行,自后发弩,中其盾而妇无伤。以此制服西番。①

道光《云南通志稿》引述志书较多,包括《皇清职贡图》、乾隆《云南通志》以及武定、永北、大理、丽江等府志,最后完整引用《维西闻见录》。

《滇夷图说·力些图说》的说文来自《滇志》而有所变化:

力夌,惟云龙州有之,今丽江、兰州皆是。男囚首跣足,衣麻布衣,披毡衫,以氆为带,束其腰。妇女裹白麻布。善用弩,发无虚矢。每令其妇负小木盾径三四寸者前行,自后发弩,中其盾而妇无伤。以此能制服西番。②

《滇省夷人图说》是《滇夷图说·力些图说》的简化版:

栗粟,即力些。毡衣氆带,善用弩,每令其妇负木的径数寸,前行,弩发辄中而人不伤,西番畏其技。丽江府及大理有之。③

《皇清职贡图》在历史源流和分布地域方面有更多记载:

①(清)鄂尔泰等修,靖道谟纂:乾隆《云南通志》卷二十四《土司·种人附》,清乾隆元年(1736)刻本,第44页。
②(清)高其倬编:《滇夷图说》,刘铮云主编:《"中央研究院"历史语言研究所傅斯年图书馆藏未刊稿抄本(史部)》第二十一册,台湾"中央研究院"历史语言研究所,2015年,第75页。
③说文图片见揣振宇主编:《滇省夷人图说·滇省舆地图说》,中国社会科学出版社,2009年,第61页。

　　傈僳，相传楚庄蹻开滇时便有此种，无部落，散居姚安、丽江、大理、永昌四府。其居六库山谷者，在诸夷中为最悍；其居赤石崖、金江边地与永江连界者，依树木、岩穴，迁徙无常。男子裹头，衣麻布，披毡衫，佩短刀，善用弩，发无虚矢。妇女短衣长裙，跣足，负竹筐出入。种荞稗，随地输赋。①

《滇省迤西迤南夷人图说·傈僳》的说文为：

　　傈僳，迤西南界均有。有生熟二种，岩居穴处，囚首跣足，高鼻深眼，身着白麻布，披毡衫，猎取禽兽以食，居无定处，食尽则迁。熟者较为驯伏。②

《普洱夷人图说·黑傈僳》说文是《滇省迤西迤南夷人图说》的简化版：

　　黑傈僳，有生熟二种，岩居穴处，囚首跣足，高鼻深眼，身着藤布，披毡，猎取禽兽为食，居无定所，食尽即迁。③

这两种图说提及傈僳"高鼻深眼"，未见于上述几种志书与图说。与此类似的文献，是乾隆《丽江府志略》上卷《官师略·附种人》：

---

① （清）傅恒等编著：《皇清职贡图》，辽沈书社，1991年，第842页。

② 说文图片见Claus Deimel. *Das Yunnan-Album Diansheng Yixi Yinan Yiren Tushuo: Illustrierte Beschreibung der Yi-Stämme im Westen und Südene der Provinz Dian.* Museum für Völkerkunde zu Leipzig, 2003, p.30。

③ 赵荔：《清代〈普洱夷人图说〉研究》，云南大学硕士学位论文，2013年，第62页。附录"《普洱夷人图册（图说）》图文照片"图19。

> 倮倮,有熟生二种。岩居穴处,或架木为巢。囟首跣足,高鼻深眼。身着麻布,披毡衫。猎取禽兽为食,食尽即迁,居无定所。[①]

丽江和普洱均属迤西,地方图说和志书有类似描述是合理的。

《维西夷人图》对倮倮的记载主要是其叛服情况:

> 倮倮一种,其性暴悍。因嘉庆七年不法滋事,蒙督部堂琅统领大军剿服。奏明安设土弁头人分段管束。上纳钱粮,臣服天朝。[②]

倮倮居无定所、游猎为生、强悍好斗的生活习性,在多种文献中有记载。如雍正《云龙州志》卷五《风俗·附种人》载:

> 倮倮,于诸彝中最悍⋯⋯依山负谷,射猎为生,利刃毒矢,日夜不离身,弋兽即生食⋯⋯骨肉有隙,辄相仇杀⋯⋯不时伺隙劫掠行旅,抢夺牛羊⋯⋯后始知法纪,近今敛迹。[③]

乾隆《丽江府志略》上卷《官师略·附种人》描述:

> 佩弩带刀,虽寝息不离⋯⋯嗜酒。一语不投,即持刀相向,俗好仇杀。[④]

---

① 转引自尤中:《尤中文集》(第3卷),云南大学出版社,2009年,第248页。
② 余庆远撰:《维西见闻纪》,李汝春校注,维西傈僳族自治县志编委会办公室编印,1994年,第91—92页。
③ 转引自尤中:《尤中文集》(第3卷),云南大学出版社,2009年,第250页。
④ 转引自尤中:《尤中文集》(第3卷),云南大学出版社,2009年,第248页。

《维西见闻记》对傈僳性情的描述较为具体：

> 出入常佩利刃……喜居悬岩绝顶，垦山而种地，瘠则去之，迁徙不常。刈获则多酿为酒，昼夜沉酣，数日尽之。粒食罄，遂执弓弩药矢猎。登危峰石壁，疾走如狡兔，妇从之亦然……触忿则弩刃俱发，著毒矢处肉，辄自执刀刳去。性刚狠嗜杀，然么些头目土官能治之……栗粟种类，在滇省各夷中为最劣，维西者杂处于各夷中，而受治于么些长，犹较驯顺。①

此处提及维西傈僳与么些的关系是受治于后者。

随着清政府治理范围的扩大，傈僳与周边民族及官府的接触增加，相互冲突的记载出现在志书中。较大的冲突在道光《云南通志稿》有载："嘉庆七年壬戌，维西傈僳恒乍绷作乱，总督觉罗琅玕讨平之。"恒乍绷本为傈僳宗教领袖，么些头人因其势力壮大而加以驱逐。嘉庆六年（1801）冬天大雪，粮食歉收，傈僳向么些借粮不得，加之此前恒乍绷被驱逐，于是引发聚众抢劫。官府随即介入，"总督琅玕派兵往剿，江内傈僳纷纷投降，恒乍绷逃往江外"②。《维西夷人图》所记即为此事。

傈僳散居姚安、丽江、大理、永昌等地，各地傈僳发展状况不同，被修志者区分为熟傈僳与生傈僳两种。前者居澜沧江以东，后者大多在澜沧江以西。官府致力于对傈僳进行"转生为熟"的教化，且不无成效。乾隆《姚州志》引高奣映《问愚录》所言傈僳

---

① （清）余庆远：《维西见闻记》，王云五主编：《大理行记及其他五种》，商务印书馆，1936年，第10页。

② （清）阮元、伊里布等修，王崧、李诚等纂：道光《云南通志稿》卷一百零五《武备志·戎事五》引《案册》，清道光十五年（1835）刻本，第48页。

“常出为盗，今奉法不犯者将十余年矣！益征（证）无有不化之人，盖调制如何耳。此外则化外野彝，不听教化矣”①。

　　弓弩是傈僳强悍好斗的文化标志。在夷人图说所绘持弓弩的民族中，傈僳的形象特点突出。在《滇夷图说》《滇省夷人图说》及道光《云南通志稿》和光绪《续云南通志稿》的图像中，均有傈僳男子持弩习射的场面。由于此场面特征突出，可以看出上述图说与志书图像为同源图像。它们的核心是天启《滇志》中最早提及的一句话：“善用弩，发无虚矢。每令其妇负小木盾径三四寸者前行，自后发矢中其盾，而妇人无伤。”《滇夷图说》左侧绘山石松柏，一妇人怀抱婴儿，背负木盾，盾上射中一箭。右侧绘两男子，一人左手持弩，右手从弦上松开，与妇人背上之盾中箭相呼应。另一人左手持长矛，右手持牛角号，作吹号状。《滇省夷人图说》画面主体仍然是持弩习射，只不过人物的位置进行了调换，怀抱婴儿、负盾前行的妇人在右侧，持弩、吹号的两个男子在左侧。另外，增加两个女子由山间小道结伴下山而来。与《滇夷图说》相比，《滇省夷人图说》的画面有一些明显错误，持弩男子所持之弩没有弓弦，其右手发射的姿势也不符合实际，妇人所负之盾也没有所中之箭，二人之间的距离太近。由山间而来的两个女子与图说的说文毫无对应关系，有画蛇添足之嫌。道光《云南通志稿》的图像绘有持弩、吹号的两个男子和怀抱婴儿、负盾前行的女子，持弩发射与盾上中箭两个细节相呼应，尽管没有山石树木为背景，人物图像的准确性较高。光绪《续云南通志稿》的图像左侧绘一妇人，回身扭头去看自己背上木盾所中之箭，右侧的两个男子面目狰狞，前面一人张弩搭箭，指向左侧妇人，后面一人

---

① 转引自尤中：《尤中文集》（第3卷），云南大学出版社，2009年，第251页。

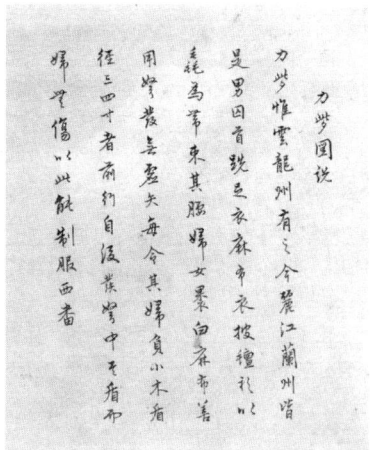

图3-51　《滇夷图说·力些图说》

图3-52　《滇省夷人图说·栗粟》

图3-53　道光《云南通志稿·力些》

图3-54　光绪《续云南通志稿·傈僳》

图3-55　《皇清职贡图·姚安等府傈僳蛮》

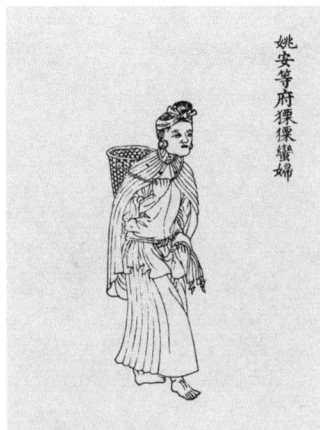

图3-56《皇清职贡图·姚安等府傈僳蛮妇》

图3-57　《滇省迤西迤南夷人图说·傈僳》

负长矛随其后。整个画面较为紧张，给人的感觉并非练习射箭，而是真正的战斗，妇人左手握刀柄，愈发加重了这种感觉。可以看出，光绪《续云南通志稿》的图绘者没有理解志书所述的内容。《皇清职贡图》的图像是对其说文"男子裹头，衣麻布，披毡衫，佩短刀，善用弩，发无虚矢。妇女短衣长裙，跣足，负竹筐出入"的忠实描绘，只不过对"善用弩，发无虚矢"无法用"负盾习射"的戏剧性场面加以诠释。实际上，因其过于夸张，《皇清职贡图》的说文将天启《滇志》中"善用弩，发无虚矢。每令其妇负小木盾径三四寸者前行，自后发矢中其盾，而妇人无伤"的后半段略去，只留下"善用弩，发无虚矢"。

　　《滇省迤西迤南夷人图说》的画面与前述几种图说、志书图像迥异，绘有四男一女，右侧两个男子赤裸上身，肌肉遒劲，一人负弩，持刀作砍杀状，另一人席地而坐，右手持刀，左手举酒杯。左侧3人，两男一女，男子着白色短装，女子白色短裙，红围腰，背背篓，3人的表情较右侧的两男子温和。靠近右侧的男子席地而坐，右手持刀，左手举杯，酒酣耳热，面带笑容，与赤裸上身的男子对饮。他的身后，一男子持弩，指向松树，树间可见栖居的飞鸟。对照说文"岩居穴处，囚首跣足，高鼻深眼，身着白麻布，披毡衫，猎取禽兽以食，居无定处，食尽则迁"，图像增加了傈僳饮酒场面，这并非空穴来风，前引乾隆《丽江府志略》及《维西见闻记》均强调傈僳嗜酒如命的习性。图中所绘松树也并非画师忽发奇想的点缀，而是依据迤西南的植物生态。由此可见，尽管在说文之外，图像内容有所增益，《滇省迤西迤南夷人图说》的画师在对图说对象的理解方面远远高于光绪《续云南通志稿》的画师。另外，通观上述图说与志书的图像，"囚首跣足"4字是最不被忽略的，也就是说当时的画师对于何谓"囚首跣足"有基本一致的理解。

与僳僳"负盾习射"同样具有戏剧性的是干罗罗的"插箸报本"。此一场面最早出现在天启《滇志》：

> 干罗罗，婚嫁尚侈，诸种人所不及。丧，以牛皮裹尸，束锦而衣之以薪。每食，插箸饭中，仰天而祝，以为报本。好勇喜斗，杀人偿之以财。有仇怨，虽父子兄弟，推刃不顾。多不通华言，官府文书，必书爨字于后，乃知遵信。其种类，在曲靖、寻甸二郡。凡哨隘设兵，多以其种。岁终，遍索乡民鸡豚酒米，谓之"年例"，饱其欲则一村无虞，不尔，辄勾东川夷劫掠。近岁武、寻大扰，为乡导者，皆此曹也。食货贵盐蒜，得少许，以为上味。居深山者，或没齿不知作咸焉。①

康熙《云南通志》沿用《滇志》前半段，而将其后半段关于分布地域、劫掠勒索等描述略去（仅留下"食货贵盐蒜"一句）：

> 干罗罗，婚嫁尚侈，诸种人所不及。丧以牛皮裹尸，束锦而衣之以薪。每食，插箸饭中，仰天而祝，以为报本。好勇喜斗，杀人偿之以财。有仇怨，虽父子兄弟，推刃不顾。多不通华言，官府文书，必书爨字于后，乃知遵信。食货贵盐蒜。②

---

① （明）刘文征：《滇志》卷三十《羁縻志·种人》，古永继校点，云南教育出版社，1991年，第996页。
② （清）范承勋、王继文修，吴自肃、丁伟纂：康熙《云南通志》卷二十七《土司·种人贡道附》，清康熙三十年（1691）刻本，第36页。

乾隆《云南通志》沿用康熙《云南通志》。

《皇清职贡图》：

干罗罗，唐时隶东爨部落，今与黑、白二种散处云南、曲靖、东川三郡，无专设土司，居尚楼屋，食贵盐蒜，人貌皆黑，男子束发缠头，耳缀圈环，衣花布短衣，披羊皮，用麻布裹胫，着草履，妇女以白麻分辫束发顶，缀海巴，其婚嫁以奢侈相夸，每食插箸饭中，擎拳默祝以为报本，性勇好斗，不通华言，颇勤耕织樵采，岁输赋税。①

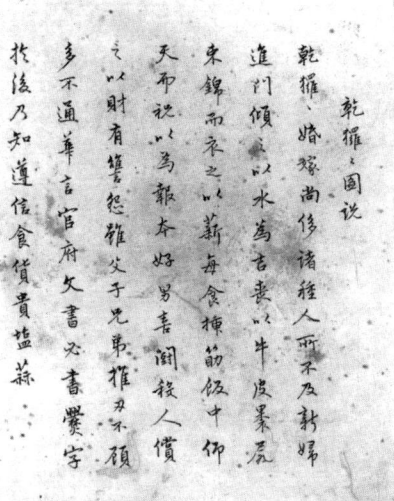

《滇夷图说·干罗罗》：

干罗罗，婚嫁尚侈，诸种人所不及。新妇进门，倾之以水为吉。丧以牛皮裹尸，束锦而衣之以薪。每食，插箸饭中，仰天而祝，以为报本。好勇喜斗，

图3-58　《滇夷图说·干罗罗图说》

---

① （清）傅恒等编著：《皇清职贡图》，辽沈书社，1991年，第785页。

图3-59 《滇省夷人图说·干㑩罗》

杀人偿之以财。有仇怨,虽父子兄弟,推刃不顾。多不通华言,官府文书,必书爨字于后,乃知遵信。食货贵盐蒜。[1]

其说文来自康熙《云南通志》,但增加了"新妇进门,倾之以水为吉"。观其图像,有与之对应的描绘。

《滇省夷人图说》:

干㑩罗,服食与黑白二种略同,俗尚华靡,食必立箸于饭,戴首,以示报本之意。曲靖府属宣威有之。[2]

从图像看,《滇夷图说》的信息最为丰富,《滇省夷人图说》截取其中的"插箸报本"这一主题加以表现,从人物形象和构图形式看,后二者为同源图像。结合说文,对这些图像进行对比,可以发现一些有意义的现象。

《滇夷图说》的图像表现两个主题:其一为"新妇进门,倾之以水为吉";其二为"每食,插箸饭中,仰天而祝,以为报本"。

---

① (清)高其倬编:《滇夷图说》,刘铮云主编:《"中央研究院"历史语言研究所傅斯年图书馆藏未刊稿抄本(史部)》第二十一册,台湾"中央研究院"历史语言研究所,2015年,第31页。

② 说文图片见揣振宇主编:《滇省夷人图说·滇省舆地图说》,中国社会科学出版社,2009年,第12页。

与说文对应，画面从左至右，以大部分篇幅表现第一个主题，人物多达6个。新妇盛装乘马，有男子背着嫁妆，童子牵着山羊，后面还有新妇的父母骑马随行，转过山脚，来到新郎家。一年轻男子正在门前，持碗洒水。画面的右上角，一对夫妇在山坡上席地而坐，中间放置炊具，左边的男子双手将碗举过头顶，碗中有饭，饭中插着筷子（不确定是一支还是一双），右边女子所做动作与之类似，只不过双手所举之碗在面前。两人举碗的动作恰好说明"插箸饭中，仰天而祝"是动态的，口中的祝词伴随着手臂的起伏，而非将手中之碗静置于头顶。《滇省夷人图说》的说文为"食必立箸于饭，戴首，以示报本之意"，其图像为3人在山坡席地而坐，中间放置4个盘子，另有盛物的提篮在人物右侧。一个男子将碗置于头顶，一双筷子插于碗中，男子的双手似乎要从碗边离开，这应该就是"戴首"之意。男子处于画面中心，其左右各有一女子相视而笑，正在夹菜、吃饭。

"插箸报本"显然是贯穿干罗罗日常生活中的简单仪式，每餐饭前均要进行，说文所谓"报本"的含义应该是回馈上天或祖先赐予食物之恩，敬献上天或祖先之后方可用餐。就此而言，《滇夷图说》的图像是合乎文意的，《滇省夷人图说》的说文将"仰天而祝"改为"戴首"，在图像细节上做了相应的改变。虽然不能确定此种改变是否有现实依据，但将碗顶于头上敬献祖先神灵的方式似乎不太合情理。将男子顶碗敬神与女子用餐放在一起呈现，不如《滇夷图说》将两个人敬神的动作分开呈现那样合理。对于"戴首"或顶碗，有一种可能性，就是《滇夷图说》之后的绘写者在借用其图像的时候将"插箸饭中，仰天而祝"的图像错看为顶碗敬神，从而在说文中增加与之对应的"戴首"这一

图3-60　道光《云南通志稿·干㑽罗》　　图3-61　光绪《续云南通志稿·干㑽罗》

描述以替换"仰天而祝"①。至于《皇清职贡图》的描述"擎拳默祝以为报本",既非"仰天而祝",亦非"戴首",其图像也没有对此加以表现,不知"擎拳默祝"具体从何而来,可能是《皇清职贡图》绘写者站在正统的立场上将其视为荒诞不经而加以典雅化的改写。

　　道光《云南通志稿》图像与《滇省夷人图说》相似,区别在于人物为白描,没有山水背景。在文字上,道光《云南通志稿》先录《皇清职贡图》,再节录乾隆《云南通志》,之后引述《沾益州志》《宣威州志》《东川府志》。值得注意的是,在道光《云南通志稿》节录的乾隆《云南通志》中"插箸报本"一节被略去,可能

①《滇省夷人图说》在省略《滇夷图说》婚嫁图像的同时,将之前文献中的"婚嫁尚侈"改为"俗尚华靡",前后意义所指范围差距之大不言而喻。

修志者考虑其与《皇清职贡图》的描述重复，且后者的描述更为合理。与此同时，在图像上恰恰表现了"插箸报本"的主题。对于此种现象，可以认为其文字描述与图像构成一种相互补充，不过，更恰当的理解是二者的错位揭示出图像与文字各有各的渊源。光绪《续云南通志稿》的文字基本沿用道光《云南通志稿》，其图像则全然离开"插箸报本"的主题，再次证明其图绘者对于文献未加理解，对于前人图说的所知极为有限甚或茫然无知。

四、消失的边缘夷人

在《滇志》中，最后7种夷人仅记分布区域，没有说文。喇记为"其类在教化三部"，孔答、喇吾、北苴、果葱、喇鲁"俱在新化州"，阿成"在王弄山"。康熙《云南通志》几乎照搬《滇志》，7种夷人没有说文，喇记由"在教化三部"改为"在开化府"。乾隆《云南通志》增加喇鲁的说文，孔答、喇吾、北苴、果葱等4种夷人由"在新化州"改为"在新平县"，喇吾写作"喇五"，文末注明"以上六种系照旧志载入，其风俗种类俱无考"。

从图说这条线索看，《滇夷图说》绘写了喇记等7种夷人。《滇省夷人图说》只绘写了喇鲁、阿成两种夷人，受其影响，道光《云南通志稿》也以引述的方式记录了这两种夷人。《滇省夷人图说》绘写的白喇鸡应该就是《滇志》《滇夷图说》的喇记，因为康熙《云南通志》载康熙六年（1667）"以教化、王弄、安南三长官司地设开化府"，所以生活在开化府的白喇鸡应该就是明代活动在教化三部的喇记。《滇省夷人图说》注明喇鲁"亦曰喇乌"，此说不知从何而来。在乾隆《云南通志》中，喇鲁、喇乌为两种夷人，前者没有说明居住地区，后者"临安、景东有之"，二者生活习性不同。在《滇夷图说》中喇鲁、喇吾为两种夷人，前者"居新化州",后者一部分"居哀牢、王弄之间",一部分"在新化州",二者的习性不同。康熙《云南通志》载康熙五年（1666）"裁新化州归新平县",道光《云南通志稿》的喇乌条目引《新平县志》,似乎说明新平县的喇乌可能即是新化州的喇吾,喇吾与喇乌可能是同一种夷人的不同写法。然而,对照乾隆《云南通志》的喇乌条目与《滇夷图说》的喇吾条目,二者的分布区域和习性并不完全相同①。所以,不能判定喇乌即喇吾。尤中先生认为乾隆《云南通志》所说"喇五"即"喇鲁",亦作"喇乌",分布在东起临安府新平县,中经景东府,西达永昌府腾越州的区域②。此说尚待进一步考证,就乾隆《云南通志》和《滇夷图说》的分类及描述而言,喇鲁、喇乌与喇吾可能是3种关系较为接近的夷人。孔答、喇吾、北苴、果葱在乾隆《云南通志》后的云南通志中未再记述,在《滇夷图说》之后的云南夷人图说中也未再绘写。

　　喇记等7种夷人处在明末中央王朝治理的边缘,亦处在《滇志》种人序列的边缘,中央王朝与地方文人对于此类边缘夷人的认识极为模糊。至清初,康熙、乾隆《云南通志》因袭《滇志》,将此类边缘夷人保留在夷人类目中,乃是无奈之举。雍正初期云贵总督高其倬主持编绘的《滇夷图说》不仅保留喇记等7种夷人的类目,而且对其有较为详实的绘写。乾隆《云南通志》没有与《滇夷图说》互通有无,仅记述喇鲁的生活习性。比起刘文征和乾隆《云南通志》的修纂者,《滇夷图说》的绘写者收集并记录了更多信息。嘉庆时期的《伯麟图说》似乎没有受到《滇夷图说》的影

---

① 乾隆《云南通志·土司·种人附》:"喇乌,临安景东有之。男如罗夷,衣用棉布。女装如窝泥,衣筒裙。山居,亦务种植。男善伏水取鱼。"《滇夷图说·喇吾》说文见后文。

② 尤中:《尤中文集》（第3卷）,云南大学出版社,2009年,第232页。

响，而是另起炉灶地绘写了喇鲁、阿成和白喇鸡。正如我们在其他地方提及的，这两种图说中有部分是相似或同源的，但也有一部分显然来源不同。我们需要回到《滇夷图说》，了解图说绘写者对上述7种夷人的认识和评价。

《滇夷图说·喇记图说》：

> 其类在开化府。性狡好杀，叛服不常。男子头插鸡翎，衣花布短衫。妇冠布帽，衣无带钮，以花布束之，下穿桶裙。随山耕种荞麦，居无定止。[1]

《滇夷图说·孔答图说》：

> 在新化州。服氆麻布短衫，加羊皮于上，其裤长不过膝，佩短刀，好斗，耕种必持标子自卫。性狡悍难制。[2]

《滇夷图说·喇吾图说》：

> 服食与罗罗同。性狡好斗，行住标弩自随，稍不如意，身命罔惜。居哀牢、王弄之间，刀耕火种，随水草迁移。无部长，好巫

---

[1]（清）高其倬编：《滇夷图说》，刘铮云主编：《"中央研究院"历史语言研究所傅斯年图书馆藏未刊稿抄本（史部）》第二十一册，台湾"中央研究院"历史语言研究所，2015年，第65页。

[2]（清）高其倬编：《滇夷图说》，刘铮云主编：《"中央研究院"历史语言研究所傅斯年图书馆藏未刊稿抄本（史部）》第二十一册，台湾"中央研究院"历史语言研究所，2015年，第109页。

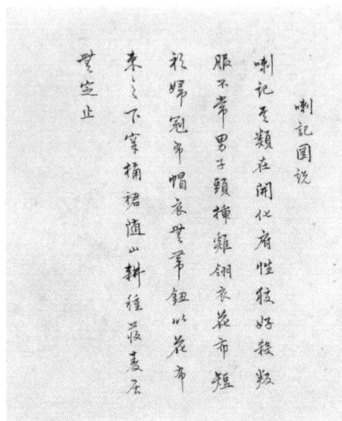

图3-62　《滇夷图说·喇记图说》

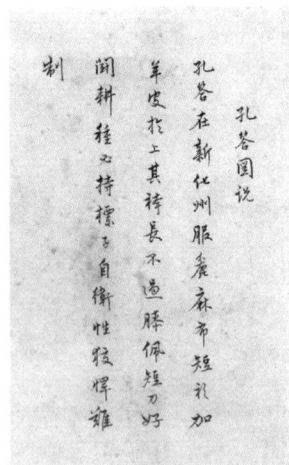

喇记图说

喇记之类在开化府性狠好杀掠
服不常男子颈挿雉翎衣长布短
衩露冠年帽衣罩单钮以花布
来之不窜桶裙適以耕種菝蔓不
驚空止

图3-63　《滇夷图说·孔答图说》

孔答图说

孔答在新化州服震麻布短衫加
羊皮扵上其裙長不遇膝佩短刀好
闹耕稼必持標子自衛性狠悍雄
制

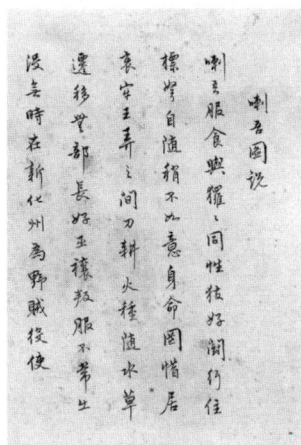

图3-64　《滇夷图说·喇吾图说》

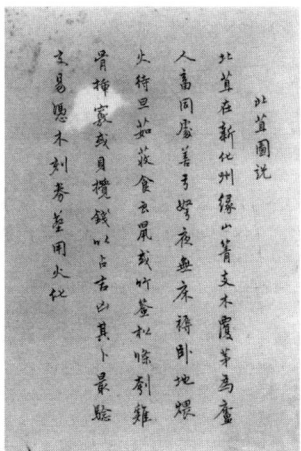

喇吾图说

喇吾服食与玀玀同性狡好鬭行住
標槍自隨稍不如意身命罔惜居
衰牢主弄之間刀耕火種隨水草
遷移彝部長好主襄叛服不常生
没吾時在新化州為野賊役使

图3-65　《滇夷图说·北苴图说》

北苴图说

北苴在新化州緣山菁文木蔽芐為盧
人高同審善弓弩夜無床待卧地墐
火待旦若菽食衣鼠或竹鎈剃雞
骨揮寰或貝攬錢以卜吉凶其卜景驗
主易遇木刻券坒用火化

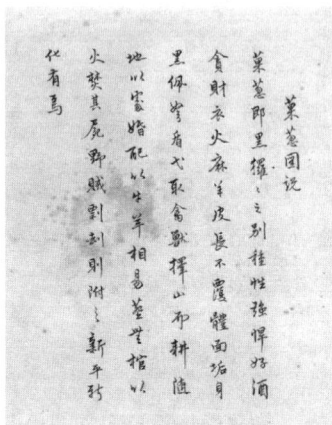

图3-66　《滇夷图说·菓葱图说》

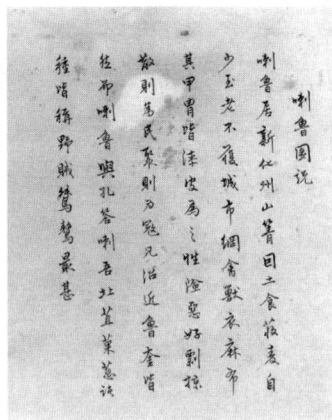

图3-67　《滇夷图说·喇鲁图说》

图3-68　《滇夷图说·阿成图说》

襄。叛服不常，出没无时。在新化州，为野贼役使。[1]

《滇夷图说·北苴图说》：

在新化州。缘山箐，支木覆茅为庐，人畜同处。善弓弩，夜无床褥，卧地煨火待旦。茹荞，食虫鼠。或竹签、松条刳鸡骨插窍，或贝搅钱，以占吉凶，其卜最验。交易凭木刻券。葬用火化。[2]

《滇夷图说·菓葱图说》：

① （清）高其倬编：《滇夷图说》，刘铮云主编：《"中央研究院"历史语言研究所傅斯年图书馆藏未刊稿抄本（史部）》第二十一册，台湾"中央研究院"历史语言研究所，2015年，第111页。

② （清）高其倬编：《滇夷图说》，刘铮云主编：《"中央研究院"历史语言研究所傅斯年图书馆藏未刊稿抄本（史部）》第二十一册，台湾"中央研究院"历史语言研究所，2015年，第113页。

即黑罗罗之别种，性强悍，好酒贪财，衣火麻、羊皮，长不覆体。面垢身黑，佩弩盾，弋取禽兽。择山而耕，随地以处。婚配以牛羊相易。葬无棺，以火焚其尸。野贼剽劫，则附之。新平、新化有焉。①

《滇夷图说·喇鲁图说》：

居新化州山箐。因土，食荞麦，自少至老，不履城市。网禽兽，衣麻布。其甲胄皆漆皮为之。性险恶，好剽掠，散则为民，聚则为寇，凡治近鲁奎皆然。而喇鲁与孔答、喇吾、北苴、菓葱诸种皆称野贼，桀骜最甚。②

《滇夷图说·阿成图说》：

在王弄山，凶悍好斗。标子、枪刀随身不释。觅禽鸟虫鼠，生啖之。出没无常，亦鲁奎野贼之属类。③

从细节的描述看，绘写者对这7种夷人具有相当深入的认

---

① （清）高其倬编：《滇夷图说》，刘铮云主编：《"中央研究院"历史语言研究所傅斯年图书馆藏未刊稿抄本（史部）》第二十一册，台湾"中央研究院"历史语言研究所，2015年，第115页。

② （清）高其倬编：《滇夷图说》，刘铮云主编：《"中央研究院"历史语言研究所傅斯年图书馆藏未刊稿抄本（史部）》第二十一册，台湾"中央研究院"历史语言研究所，2015年，第117页。

③ （清）高其倬编：《滇夷图说》，刘铮云主编：《"中央研究院"历史语言研究所傅斯年图书馆藏未刊稿抄本（史部）》第二十一册，台湾"中央研究院"历史语言研究所，2015年，第119页。

识。这种认识即便不是来自亲身经历，也来自亲身经历者的讲述。只不过，其讲述或认识带着明显的倾向性。在绘写者眼中，这些夷人性情上"性狡好杀，叛服不常""好斗""性狡好斗""叛服不常，出没无时""性强悍""性险恶""凶悍好斗"；行为上，则"佩短刀""善弓弩""标子、枪刀随身不释"；居住习惯方面，"居无定止""缘山箐，支木覆茅为庐""居新化州山箐""不履城市""出没无常"。他们或者是强盗的帮凶，"为野贼役使""野贼剽劫，则附之"；甚或自己就是强盗，"好剽掠"，"喇鲁与孔答、喇吾、北苴、菓葱诸种皆称野贼，桀骜最甚""鲁奎野贼之属类"。鲁奎山在今天云南玉溪市新平县杨武镇，方圆五十余平方公里，山顶海拔2389米，森林茂密。可以想见，明末清初的鲁奎山何以成为强盗聚集之地。

图3-69　《滇省夷人图说·白喇鸡》

图3-70　《滇省夷人图说·喇鲁》

图3-71　《滇省夷人图说·阿成》

　　再来看保留下来的喇记、喇鲁、阿成的变化。喇记在后来被称为白喇鸡或白腊鸡。《滇省夷人图说·白喇鸡》：

　　　　性鲁，貌黑，服绛绿衣，男女勤耕牧。山虫水蛇皆能食也。开化府边界有之。[1]

　　道光《云南通志稿》完整引述，称为"白腊鸡"，其图像与《滇省夷人图说》相似，男子荷锄，女子耕种，二人中间一男子席地作食蛇状。喇记（白喇鸡）从《滇夷图说》的"性狡好杀，叛服不常"改变为"性鲁"，增加了原先没有的饮食细节"山虫水蛇皆能食"，

────────

[1] 说文图片见揣振宇主编：《滇省夷人图说·滇省舆地图说》，中国社会科学出版社，2009年，第31页。

这一细节足以说明喇记仍有野性残留。其活动区域则由开化府移至"开化府边界"。

乾隆《云南通志·土司·种人附》：

> 喇鲁，性悍，居崖穴，衣麻布，捕山禽野兽为食。赋役俱无。[1]

《滇省夷人图说·喇鲁》：

> 亦曰喇乌，楼居近水，牛羊豢其下。勤本业，遇人退让。其散处荒僻者，食蜂蛇。永昌府及临安有之。[2]

道光《云南通志稿》引述，末尾是"永昌府属有之"，少了"临安"二字。其图像画一男子负锄，一女子牵牛，男子负锄的形象与《滇省夷人图说》有某种相似性。《滇夷图说》中的喇鲁"网禽兽，衣麻布"，居住在"山箐""不履城市"，与乾隆《云南通志》的描述基本相符。但是，在道德心性和社会观念方面却有不同。从"性险恶，好剽掠""聚则为寇"到"性悍""赋役俱无"，再到"勤本业，遇人退让"，喇鲁的改变是明显的。如同喇记，部分喇鲁在饮食上仍有野性的印记，"散处荒僻者，食蜂蛇"。

《滇省夷人图说·阿成》：

> 勤俭畏法。婚必以羊、酒。娶时，挹瓢水，倾女足前，谓之

---

[1]（清）鄂尔泰等修，靖道谟纂：乾隆《云南通志》卷二十四《土司·种人附》，清乾隆元年（1736）刻本，第48页。

[2] 说文图片见揣振宇主编：《滇省夷人图说·滇省舆地图说》，中国社会科学出版社，2009年，第68页。

压性。开化府属有之。①

道光《云南通志稿》引述"开化府属有之"前的文字，同时引述《开化府志》：

> 阿成，性怯懦，畏汉人，质朴行俭，暇则网鱼弋鸟。每就食田间，必负薪以归。妇人不事银饰，婚嫁以牛成礼。丧尚简略。麻衣草履。盖夷类之最可悯者。②

乾隆《云南通志》未加记载的阿成，从"凶悍好斗。标子、枪刀随身不释""觅禽鸟虫鼠，生噉之"到"勤俭畏法""性怯懦，畏汉人"，从"鲁奎野贼之属类"到"夷类之最可悯者"，其变化尤为剧烈。阿成之所以"质朴行俭"，想来亦是出于生活实际所迫。对比图像，《滇夷图说》绘两个赤足男子持双矛、提双刀，怒目相向，而其他两种图说画的则是迎娶新娘的喜庆场面，毫无相似性。

天启《滇志》所处的明末国力衰微，无暇顾及西南一隅土司、"野贼"的收服与教化。清初经略西南，自信胜过前朝。康熙《云南通志·土司·种人贡道附》："前明三百余年，号称全盛，而土酋日寻干戈，竟与明运终始。纵豹虎于郊垌，欲不噬人不可得也。"③对前朝治边的成绩不以为然，认为失之于软弱。乾隆

---

① 说文图片见揣振宇主编：《滇省夷人图说·滇省舆地图说》，中国社会科学出版社，2009年，第30页。

② （清）阮元、伊里布等修，王崧、李诚等纂：道光《云南通志稿》卷一百八十二《南蛮志·种人四》，清道光十五年刻本，第30页。

③ （清）范承勋、王继文修，吴自肃、丁炜纂：康熙《云南通志》卷二十七《土司·种人贡道附》，清康熙三十年刻本，第1页。

《云南通志·土司·种人附》的评价则较为中肯："明初土司犹三百二十余人，末年存者不及其半。盖皆凭恃险阻，豕突狼奔，覆族殒命。"①对于那些敢于凭借地方险峻对抗中央的土司所持强硬态度不亚于康熙王朝。与之对比的是，对清朝治边的自我肯定，康熙《云南通志·土司·种人贡道附》："国朝数十年间，螳怒者刘芟略尽，而革面者仍予以宽大之典，授彼故秩，既得世长其民而无患，苟非守法奉公，何以仰答。"②乾隆《云南通志·土司·种人附》："我国家底定西南，奉命者世袭，有罪者革除，靡不服教畏神，洗心涤虑，而雕题凿齿、卉服穴处之民亦知袭衣冠、习文字。"③两种方志的意思大致相似，显示出刚柔并济的剿抚态度及其实际治理效果。尽管强度稍减，道光《云南通志稿》的态度仍然鲜明："纳赆献琛者罔不毕载。滇虽隶腹地，而各种夷蛮亦登诸简册。"④至于记述种人的意义，乾隆《云南通志》称"以备象胥之纪，亦征王会之盛"⑤，道光《云南通志稿》亦称"此王会之图"，"今谨遵成例，每种绘为图而考其颠末于后，俾礼俗教治具见于斯"⑥。可见，在官方修志者看来，是否归

---

① （清）鄂尔泰等修，靖道谟纂：乾隆《云南通志》卷二十四《土司·种人附》，清乾隆元年刻本，第1页。
② （清）范承勋、王继文修，吴自肃、丁炜纂：康熙《云南通志》卷二十七《土司·种人贡道附》，清康熙三十年刻本，第1页。
③ （清）鄂尔泰等修，靖道谟纂：乾隆《云南通志》卷二十四《土司·种人附》，清乾隆元年刻本，第1页。
④ （清）阮元、伊里布等修，王崧、李诚等纂：道光《云南通志稿》卷一百八十二《南蛮志·种人一》，清道光十五年刻本，第1页。
⑤ （清）鄂尔泰等修，靖道谟纂：乾隆《云南通志》卷二十四《土司·种人附》，清乾隆元年刻本，第1页。
⑥ （清）阮元、伊里布等修，王崧、李诚等纂：道光《云南通志稿》卷一百八十二《南蛮志·种人一》，清道光十五年刻本，第1页。

附向化是绘写夷人的标准，也是选择何种夷人进入官修志书的标准。

据此标准，那些桀骜不驯的夷人是否有资格进入志书、进入志书之后如何绘写就成为一个问题。显然，喇记、喇鲁、阿成3种夷人的变化是符合上述正统修志标准，且能够作为王道教化的明证。反过来说，即便《滇夷图说》确为云贵总督高其倬所主持编绘，也应该带有私人性质，相对自由，可以如实刻画偏离王道教化的“野贼”。《滇夷图说》与官修志书及伯麟为上呈中央而专门主持编绘的图说分属两个系统，由此可以解释为什么与它差不多同期的乾隆《云南通志》没有共享信息。

第四章　夷人图说的互文表述
——"野人"图说的例子

方志、夷图自来是道统与王权合力的重要领域，所以无论官修、私修，总有制作这些文本的热情。这或许是这些文本能够在王朝的各个时期被反复生产的根本动力。夷人图说发展到清代更是蔚为壮观，所指涉的清代云南少数族群已逾百种，被绘写的群体或多或少都是统治集团眼中的"他者"。那么，这些"他者"形象又是如何被构建出来的呢？是基于实际观察还是来自想象？抑或还有其他可能？本章拟以"野人"的他者形象为例，分析上述问题。

第一节　"陈牍"与"见闻"：图说中的"野人"

阅读诸种夷人图说文本的序跋，我们发现制作者通常都会宣称其所制"夷人"形象源于实际经验。而观看图像，不同时期图像间的照搬、改绘、临摹、调配等现象却又广泛存在。再者，不仅诸多族群数百年无变化，而且离帝国越远的人群，越易被套绘成近于野兽的形象。故亲见之说值得怀疑。之所以多有"亲历亲见"的声明，可能与清代崇尚"闻见"的学风有关，毕竟制图者多为士族，作此标榜，也属情理中事。相比而言，云贵总督伯麟在进呈嘉庆帝的奏章中所述的"夷图"绘制情形较为可信。伯麟在奏章中提及"检齐陈牍，益以近日见闻"①。伯麟与李诂团队如何"检齐陈牍"，如何"益以近日见闻"？细检图说，将之与不同时期的"夷图"文本相比照，可以发现组织信息和构建形象的思维。

以下我们主要以《伯麟图说》的摹本《滇省夷人图说》中的"野人"为例，来管窥清代"夷人"形象的构建方式。重点考察伯麟制图团队是如何获取与"野人"有关的信息，又是如何对相关信息进行筛选和组织，最终绘制成"野人"形象的。对此，我们得先看看清廷官方和他们蔑称的"野人"是否有过直接的接触。

根据尤中先生的研究，所谓"野人"是景颇族中相对落后的一个支系。在元代李京的《云南志略》中被称为"野蛮"，明、清的志书中则直呼其为"野人"。这种蔑称，是其他民族对这一群体的他称。他们则自称为"景颇"和"喇期"②。其活动的区域大抵在今腾冲、龙陵以西的中缅边境一带。早在东汉时期，王朝的势力已经抵达这一区域③。之后，随着中、缅力量之消长变化，此地境或属中，或属缅，往复更迭，有时也出现"非中非缅"的状态。

---

① 见苍铭、熊燕：《〈开化府图说〉及所绘中越边界夷人》，《广西民族研究》2018 年第6期。

② 尤中：《尤中文集》（第3卷），云南大学出版社，2009年，第294页。

③ 公元69年，东汉王朝新设哀牢、博南两县，与西汉时隶属益州郡的6县合并，设置了永昌郡。哀牢人分布区域靠内，边境则为景颇族先民、傣族先民等民族杂居的区域。见尤中：《尤中文集》（第4卷），云南大学出版社，2009年，第13页。

到了清代，清王朝在永昌府设置了龙陵厅、腾越厅①，进一步加强了对中缅边境的控制。特别是在乾隆朝，清廷数度出兵征缅，从乾隆三十一年（1766）起，4年间先后入缅之兵达三万余人，消耗军费1300万两②。其中傅恒率兵征缅之役，师出万仞关取戛鸠，收复了孟拱、孟养土司地，王朝势力一度延伸至老官屯（今实阶区东部之杰沙）③。也就是说，当时"野人"生活的区域已经在清朝的控制之下，有关"野人"的详细信息完全可以来自是时人的"亲历亲见"。比如傅恒就在给乾隆的奏章中记录过与"野人"相遇的情形：

> 臣于七月二十九日至南底坝河，水势渐深，难以搭桥，有贺丙预备渡船运送……查盏达以外均系野人地界，官兵经过，伊等初怀疑惧躲避，臣令通识言语之人晓谕，互相笑语，环集聚观，每人于竹木丛密处砍伐枝株以见其心。臣赏给银牌鼓励，伊等不复心向缅人，俱各安处。④

---

① 光绪《续云南通志稿》卷十《地理志》说："龙陵厅，国朝乾隆三十五年，以保山之猛弄地设龙陵厅，移永昌府通知分驻，分府属之潞江、芒市、遮放三土司隶焉。""腾越厅……明嘉靖元年置腾越州，隶永昌府。国朝因之。康熙二十六年，裁腾冲卫。乾隆三十五年，设户撒、腊撒二长官司。三十九年，置腾越州，改腾越协为镇，设总兵、游击、都司、守备、千总各额。嘉庆二十五年，改为直隶厅。"见尤中：《尤中文集》（第4卷），云南大学出版社，2009年，第217—218页。

② 方国瑜：《云南史料目录概说》，中华书局，1984年，第532页。

③ 尤中：《尤中文集》（第4卷），云南大学出版社，2009年，第235页。

④ 据《东华录》乾隆三十年八月庚午所载，转引自尤中：《尤中文集》（第4卷），云南大学出版社，2009年，第235页。

图4-1　《滇省夷人图说·野人》

嘉庆年间，伯麟上呈《滇省夷人图说》和《滇省舆地图说》时，又就"图册"难以言表之事，专撰跋文并随图上报。他在文中也特别提到了"野夷"，并细述其来源、现状、动向，以及对待策略[①]。

可见，乾嘉时期的清廷确实直接接触过被其称为"野人"或"野夷"的这一族群。但上引文献并未从正面描述"野人"，难以将其和"图说"绘写的"野人"形象对应起来。在此，我们有必要探讨一下，一位普通的观者面对一幅如图4-1这样的图像时，会有什么样的反应。当然，准确描述这类具象的图画并非难事。人们能看到画面上绘有两个人物，左侧一人背负猎物，右侧一人肩扛长矛。两者都赤裸上身，赤脚行于山野陡路。由此似乎可以判断这是一幅以"狩猎"为主题的绘画。但是人们却很难将它和画史上那些以笔法传世的"狩猎图"联系起来。对于后者，人们首先是被它们的艺术气息所感染，稍具绘画知识的观者很快就会去关注这些作品的用笔、设色、线条、构图、气韵、意境、作者等审美范畴内的问题。至于所绘人物之身份问题，倒显得无关宏旨。而这里的图像对观者的影响却正好与此相反，审美

① 祁庆富、揣振宇：《关于〈滇省夷人图说滇省舆地图说〉之考证》，载揣振宇主编：《滇省夷人图说·滇省舆地图说》，中国社会科学出版社，2009年，第7页。

的意愿反不如探究人物身份的意愿强烈。"画的究竟是什么人"这一问题，始终萦绕着观者。看似同样主题的图像为何会使观者产生如此不同的观看体验？概括地说，那是因为这样的图像并非为审美的愉悦而制作，制图者的目的恰恰在于定位图中人物的身份。这一点正可从以下实现此目的的手段中查知。

其一，画者采用传统的写实风格，用粗细均匀的线条勾勒形象轮廓，人物比例协调，平涂设色再辅以凹凸法表现肌肉的立体效果。图画背景为青绿山水风格，突兀的高山怪石占据画幅一半有余，绘者勾皴结合，着意刻画了险峻的自然环境，整体上营造出了一个发生事件的现实空间。这种风格有利于显示制图者是在客观地、说明性地描述某种人。其二，画者往往会着力去渲染所绘人物在行为、服饰、形貌、神态等方面的奇异性。这种"凝视"似乎是人类普遍采用的关注他者身份的固定视角①。在图4-2中，

图4-2　《滇省夷人图说·野人》局部　　　　图4-3　《滇省夷人图说·子间》

① （英）彼得·伯克：《图像证史（第二版）》，杨豫译，北京大学出版社，2018年，第187页。

我们可以看到所绘之人红发大眼，汗毛浓密，衣不蔽体，头插鸡翎，神态乖戾，甚至脚趾也如鸟足般长着带钩状的指甲。尽管大多数的“夷图”会凸显它的异质性，但也有少部分如《滇省夷人图说·子间》这样的图像，人物各方面看上去并不奇异。但“夷图”不是某幅单独的作品，它是一个文类，任何“夷人”形象无论它出现在什么形制的媒材上，都不是为了单独被观看而制作。即使像《滇省夷人图说》这样制作成册页的“夷图”，每一页单独绘写一种少数民族，每一种形象都只是整个文本的一部分，而整套文本的每一幅图也都是以同样的形式和目的制作出来的，它的意义要在整体中才能被读解。把这些看上去与统治集团相异和相似的图像按一定次序排列起来，本身就是一种基于身份认同的政治实践。这就是制图者追求身份定位的第三种手段。其四，每一幅图像并没有对应的单独的作品名，但每一幅图却都有一段与之对应的说文。说文的叙述结构都是“种人名+习性+属地”。至于图文结合的方式，可以“左图右说”，或者“右图左说”，也可以像《滇省夷人图说》这样，“说”题于“图”上。但无论如何，“画的是什么人”的疑问几乎都可以快速在对应的说文中找到答案。恰恰是答案的迅速呈现，直接刺激了观者去产生疑问，引导他首先将注意力集中到人物的身份上。以上四个方面的制作特色，使得这类图像无论其主题为狩猎、耕织、读书、游戏还是某种特定的宗教仪式，其目的都指向“他们是些什么人”。

　　在这四个手段中，发挥核心作用的无疑是后两者。它们表明“夷图”无法被单独观看，它的意义建立在文本与文本的关系之中。如果我们从这个角度去观看“夷图”，可以发现一番丰富的文本互涉的景象，其间包括图像与文字、图像与图像、文字与文字之间各种复杂的互动关系。这些互动既存在于某一文本的内部，也存在于文本的外部；其范围涉及同一时期的文本，也涉及前、后不同时期的文本。

在同一文本之内，如上所述，如果没有文字，观者不可能知晓图中所绘人物的身份，甚至也不一定会关心所绘人物的身份，但正是图文互涉的效用将观者的注意力引向了人物身份。以《滇省夷人图说·野人》为例，其说文总共27个字：

> 野人，赤发黄目，夜宿树巅，取动物以食，涉险如夷。永昌府属腾越有之。①

此说文虽然简略，但将说文对应到图像，人们就能确认这幅图画的是什么人，长什么样，住在什么地方，吃什么东西。巡览整册《滇省夷人图说》，说文都极其精短。对于"图说"这种文类而言，说文的长短往往取决于图文结合的方式。《滇省夷人图说》采用"说题于图上"的形式，说文往往题写在画面的留白处，文字自然要尽量精简，否则就会影响画面的整体布局。虽然目前没有发现记载图说制作具体流程的文献，但《滇省夷人图说》的每一幅图像都为说文留有适当的空白②，使得文字和图像在构图上平衡和谐，显然是出于事先预设好的整体布局。而像《滇夷图说》这种采用图文分页、"右图左说"的形式来结构图文的"夷图"，说文则较长，记载内容更多，细节也更丰富。但无论长短，叙述

---

① 说文图片见揣振宇主编：《滇省夷人图说·滇省舆地图说》，中国社会科学出版社，2009年，第67页。

② 整册图说只有"苦葱"一种图说存在明显将图绘内容抹去一部分，然后补写说文的情况。图见揣振宇主编：《滇省夷人图说·滇省舆地图说》，中国社会科学出版社，2009年，第83页。

者都是按"种人名＋习性＋属地"的格套来叙述各类"种人"。这种极具"描述性"风格的文字既是客观的，同时也是规范的。其中，"种人名"是官方对该类人群的命名，来源既有"他称"，也有"自称"，前者往往带有污名化的成分。而"习性"，无疑具有核心意义。习性是社会区分的主要形式，是相关权力关系下的产物[①]。所谓"夷人习性"，指的是由官方生产并传播的有关"夷人"的生活样态的知识，不能完全等同于这些人群的真实生活习性。这种对习性的认知主要涉及被描述人群的典型样貌、衣食住行、生计方式、生活风俗等要素。如上对"野人"的叙述，叙述者就选择了样貌、生业、习性、居住环境四个方面的要素来结构此类人群。面对不同的人群则会有不同的选择。要素内容的不同以及要素组合方式的不同都会导致种类的不同。但是要素的相互联结，总会形成一个逻辑自洽的独特的样态，这一过程会把信息转化为知识，接下来就是通过各种途径把知识权威化。权威化的知识会遮蔽习性要素的多样性，它们往往决定着种类的命名和定义。而受众，也正是从要素结构而成的某种固定的角度出发，来区分不同种类的人群。图像与文字的"互相指涉"正是一种使知识权威化的方式。《滇省夷人图说·野人》中，与描述性文字相匹配的是一种彼得·伯克所说的"目击风格"的图像[②]，其图绘的内容与文字的内容相当匹配。文字所述"野人"的特征，除了"夜宿树巅"以外，其余的文字信息都可在图绘中找到对应的具象表

───────────

① 王明珂借用布迪厄的习行理论对习性、习行与社会本相之间关系的讨论值得参考，见王明珂：《反思史学与史学反思：文本与表征分析》，上海人民出版社，2016年，第80—88页。

② （英）彼得·伯克：《图像证史（第二版）》，杨豫译，北京大学出版社，2018年，第196—197页。

达。图像把要素结构强化成了一个指涉现实的自足的情境表象："某种人"幻化成了有样貌、有神情、有行为、有动作,处于日常生活瞬间的具体的形象,一种被目击的形象。这种形象化掩盖了制作者对要素的选择和控制,带给受众一种现实感,让人相信此类人在现实中就是这个样子。

然而,《滇省夷人图说》这一文本构建出来的这个处于具体时空中的"野人"形象,并非依据当时"见闻"写成,而是另有来源。因为无论从图像的方面还是文字的方面,都可以看出它和它"之前的文本"之间存在着紧密的相关性。换句话说,《滇省夷人图说》是一个嵌入了其他文本的文本。在《滇省夷人图说》之前,绘写"野人"形象的文本,目前所见有《滇夷图说》《滇苗图说》《云南永顺镇营制总册》几种。其中《滇夷图说·野人图说》的说文三百余字,和说文相配的图像则绘有两人,红发大眼,赤膊跣足,左前一人背负猎物,右后一人手执长矛,整幅图像以山石作为背景①。将其和《滇省夷人图说》所绘"野人"图像相比,可以发现两者主题和细节都有不同,但这些不同仅是为了匹配各自的说文。比如,前者人物头插鸡翎,戴骨圈,身披树叶,后者则无。主题上前者为争抢猎物,后者则为狩猎而归,因为后者的说文简省了"性至凶悍,逢人即杀"的描述。

《滇苗图说》的制作水平不高,但它多少还是反映了清代早期夷人图说的特点,可以借其一窥原本风貌。此套图册存在图文错配的情况,实际涉及39种人。其中《滇苗图说·野人图说》的"说文"与《滇夷图说·野人图说》的"说文"几乎完全相同,只

---

① (清)高其倬编:《滇夷图说》,刘铮云主编:《"中央研究院"历史语言研究所傅斯年图书馆藏未刊稿抄本(史部)》第二十一册,台湾"中央研究院"历史语言研究所,2015年,第105页。

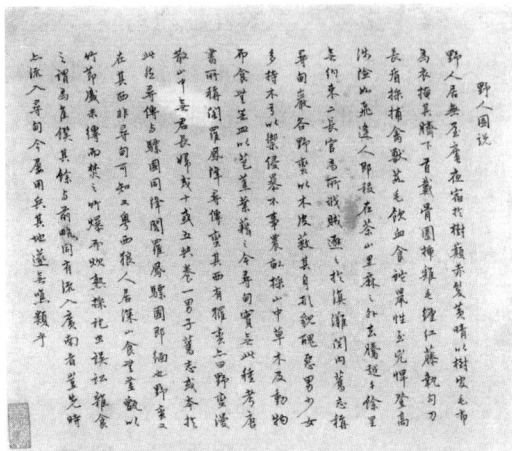

图4-4　《滇夷图说·野人图说》

在文末多出"并记之"3字。其图与文相匹配，绘有两人，红发大眼，赤膊裸足，左前一人背负猎物，右后一人手执长矛，和《滇夷图说·野人图说》所绘人物造型构图相近，细节上能较为清楚地看到缠红藤，但整幅图无背景。

《云南永顺镇营制总册》现藏中国国家图书馆，全两册，图绘16种人，图文分页，右图左文，墨书彩绘，作于乾隆中期。从国家图书馆披露的黑白影印版看，此册存在大量图文错配的情况，其中"赤发野人"就与"波竜子"发生了图文错配①。将此册关于"野人"的描述与《滇夷图说》和《滇省夷人图说》关

① 石光明主编，国家图书馆分馆编：《清代边疆史料抄稿本汇编》第36册，线装书局，2003年，第348、355页。

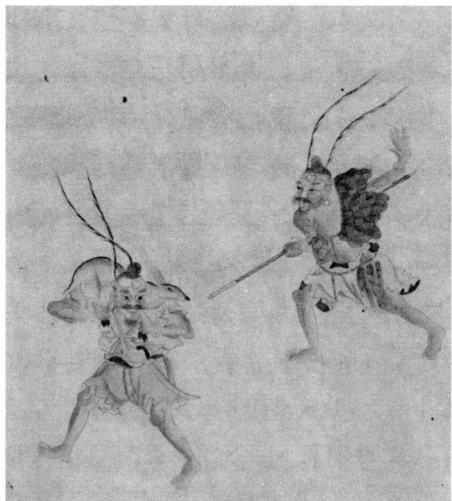

图4-5　《滇苗图说·野人》

图4-6　《云南永顺镇营制总册·赤发野人》

于"野人"的描述相比,可见其文字少于前者,而多于后者,部分用词也与两者不同,但涉及"习性"的描述则基本相同。营制总册是记载清代绿营军政事务的重要档案资料,其中的"夷图"往往由各营请画师就地绘制,存档上报,具有较强的时效性和纪实性。就其图绘风格而言,与《滇夷图说》《滇苗图说》《滇省夷人图说》都大不相同。其图设色浓烈却不重晕染,人物造型完全依靠线条勾勒完成,整体绘制得粗放简略。图中绘有两人,左前一人挥舞长矛,右后一人肩挎弓弩、背负猎物。两者都红发大眼,赤膊裸足,头插鸡翎,戴骨圈,身披树叶,明显可见其手足缠藤。

虽然没有文献记载《滇省夷人图说》制作时,制作者参考了以上这些"图说",但它们都是具有官修或准官修性质的文本,可以设想伯麟制图团队在制图时汇集了前人这些有关"夷人"的权威描述,所谓"检齐陈牍",以资参考,再依当时的情况和制作目的进行调整和创作。我们可以根据文本的性质以及文本与文本的相似、引用、改写等关系来估计这些资料的大概范围。从以上比较可以看出，《滇省夷人图说·野人》中的说文明显是精简了它之前的几幅图说的说文，内容上其实并无增改，只是选取了样貌、饮食、居住方式和行动方式，舍弃了衣饰、夸张以及考证旧说的内容。从图像上看，虽然各图在细节、主题、风格等方面都有所不同，但人物特征、服饰、环境、物件等基本要素及其组合结构几乎没有改变。甚至如《营制总册》这种在理论上更具有一手资料价值的文本都不例外。总体观之，在不同时期的夷人图说中，名目相同的图像大多存在类似情形。甚至在种类剧增的《滇省夷人图说》中，还可以见到一些因袭前人已有的"图式"而新创的夷人形象。

第二节　"之前的文本"：方志中的"野人"

所谓"之前的文本"，除了上述"图说"这一文类之外，另一类就是云南地方志。方志中的诸夷志本就是一种描述他者的格套，"夷图"与方志的互参互证在中国有着悠久的历史。一方面，夷人图说的"说文"大多取自地方志的诸夷志、种人志；另一方面，由于夷人图说的形制要求，方志文字在转变为图说文字的过程中常有精简、改写，甚至错写等损益现象，所以常常出现方志中记载的信息不见于图说文字反而反映在图像之中的情形。这说明图像与方志也存在互相指涉的情况。比如《滇省夷人图说》中的缅人、戈罗、僳僳、干倮罗、峨昌等图说，不借助方志就很难理解图像的意义。

就"野人"而言，《滇苗图说》和《滇夷图说》所记"野人"的

"说文"就完全取自康熙《云南通志》或天启《滇志》。古代志书其实早有关于"野人"的明确记载。明万历以前通常称之为"野蛮"。唐代樊绰《云南志》就记有：

> 裸形蛮，在寻传蛮西三百里为巢穴，谓之为野蛮。阁罗凤既定寻传，而令野蛮散居山谷。其蛮不战自调伏，集战即召之。其男女遍满山野，亦无君长。作攙栏舍屋。多女少男，无农田，无衣服，惟取木皮以蔽形。或十妻、五妻共养一丈夫，尽日持弓，不下攙栏。有外来侵暴者，则射之。其妻入山林，采拾虫、鱼、菜、螺蚬等归，啖食之。去咸通三年十二月二十一日，亦为群队，当阵面上。如有不前冲者，监阵正蛮旋刃其后。[1]

元代李京在《云南志略》中也记有：

> 野蛮，在寻传以西，散居岩谷。无衣服，以木皮蔽体，形貌丑恶。男少女多，一夫有十数妻。持木弓以御侵暴。不事农亩，入山林采草木及动物而食。无器皿，以芭蕉叶藉之。[2]

明正德《云南志·外夷志》"南诏"条中记：

> 寻传蛮者……其西有裸蛮，亦曰野蛮，漫散山中，无君长，作槛舍以居。男少女多，无田农，以木皮蔽形，妇或十或五共养

---

① （唐）樊绰：《云南志校释》，赵吕甫校释，中国社会科学出版社，1985年，第161—162页。

② （元）李京：《云南志略》，载王叔武：《大理行记校注 云南志略辑校》，云南民族出版社，1986年，第95页。

一男子。①

万历《云南通志》则把"野蛮"归为"爨蛮"之一种：

> 其在寻甸岩谷散居者名野蛮，无衣服，以木皮蔽体，形貌
> 丑恶。男少女多，一夫有十数妻者。持木弓以御侵暴，不事农亩，
> 入山林采草木及动物而食。无器皿，以芭蕉叶藉之。②

既居于寻甸，就不可能在"寻传之西"。但从《万历志》所记此种
人的生活情状乃至其所用语词，都与李京《云南志略》相同。两志
所描述的应为同一种人。"寻甸"可能是"寻传"之误记。

同样是在万历年间，一些滇行纪闻，开始把"野蛮"称为"野
人"，并且出现了"赤发"的描述。如《西南夷风土记》记载：

> 赤发野人，无部曲，不识不知，熙熙皞皞，巢居野处，迁徙
> 不常，状类山魈，上下以布围之，猿猴、麋、鹿皆与之游，盖与禽
> 兽几希也。③

在明天启初年成书的《滇略》中，"野人"被描述为：

---

① （明）周季凤纂修：正德《云南志》，方国瑜主编，徐文德等纂录校订：
《云南史料丛刊》（第六卷），云南大学出版社，2000年，第447页。
② （明）邹应龙修，李元阳纂：万历《云南通志》卷十六《羁縻志》，方国瑜
主编，徐文德等纂录校订：《云南史料丛刊》（第六卷），云南大学出版
社，2000年，第647页。
③ （明）朱孟震：《西南夷风土记》，方国瑜主编，徐文德等纂录校订：《云
南史料丛刊》（第五卷），云南大学出版社，1998年，第490页。

赤发黄晴，以树皮为衣，首戴骨圈，插雉尾，缠红藤，丑恶凶悍，登高涉险如飞。男女渔猎为生，茹毛饮血，夜宿树上，逢人即杀。无酋长约束，二长官司为所戕破，至避之滇滩关内。[①]

这一描述与明代最后纂修的云南省志——天启《滇志》所记，几乎相同：

居无屋庐，夜宿于树巅。赤发黄晴，以树皮为衣，毛布掩其脐下。首戴骨圈，插鸡尾，缠红藤。执钩刀大刃，采捕禽兽，茹毛饮血，食蛇鼠。性至凶悍，登高涉险如飞，逢人即杀。在茶山、里麻之外，去腾越千余里。无酋长约束，二长官为所戕贼，避之滇滩关内。[②]

从以上明代志书关于"野人"的记录，可以看出一些细节上的变化。例如：从"野蛮"到"野人"的称呼；天启年间"赤发黄晴"的出现；从"槛舍以居"到"夜宿树巅"；从"熙熙皞皞"到"逢人即杀"。也可以获得诸如："野人"先居于茶山、里麻之外，但在万历至天启年间已经有一部分流入腾越，和境内的其他民族共同杂居等时讯。但方志文类的书写，常有因袭旧志，增补损益的传统。特别是到了明清，地方志已经有了较为稳定而成熟的文

① 《滇略》另记有一种"野蛮"，所述与万历《云南通志》完全一样。见（明）谢肇淛：《滇略》卷九《夷略》，方国瑜主编，徐文德等纂录校订：《云南史料丛刊》（第六卷），云南大学出版社，2000年，第779页。
② （明）刘文征：《滇志》卷三十《羁縻志·种人》，古永继校点，云南教育出版社，1991年，第1002页。

类结构①。对"野人"的叙述总是在一个稳定的范式内进行的。上列各志所记,说明到了明代,朝廷对此边境族群已经形成了一种相对固定的认知模式,即"无屋、无衣、无治、形异、食生、性凶"。

清代官修云南省志始于康熙朝,其间曾两度纂修《云南通志》,其文多录自天启《滇志》《滇志补遗》②。在康熙《云南通志·土司·种人附》中记有"野人",所述文字完全同于《滇志》,也同于《滇苗图说》和《滇夷图说》所记"野人"的说文。乾隆《云南通志·土司·种人附》也记有"野人",所述取自康熙《云南通志》,但作了部分精简。之后道光《云南通志稿·南蛮志·种人》称"野人"为"野蛮",增补部分事件,并对之前各种文献记录加以罗列,此时"性凶"仍在其中,至光绪《续云南通志稿》又重复道光《云南通志稿》之前的记述。可见,清代云南省志所记"野人"情况,并未超出明代志书所记范围,仍然承袭了前朝"无屋、无衣、无治、形异、食生、性凶"的认知模式。必须指出,此模式的原型由来已久,往上可追溯至经学系统建构起来的华夷秩序,《礼记·王制》就记有:

　　中国戎夷,五方之民,皆有性也,不可推移。东方曰夷,被发文身,有不火食者矣。南方曰蛮,雕题交趾,有不火食者矣。西方曰戎,被发衣皮,有不火食者矣。北方曰狄,衣羽毛穴居,有不粒食者矣。中国、夷、蛮、戎、狄……五方之民,言语不通,嗜

---

① 王明珂:《反思史学与史学反思:文本与表征分析》,上海人民出版社,2016年,第113页。
② 方国瑜:《云南史料目录概说》,中华书局,1984年,第683页。

欲不同。①

　　这种叙写边远的模式，深刻地影响着后代对"夷人"的叙述。在伯麟的时代，无论其所见"野人"的具体情况如何，绘写者都是基于固定的认知模式去认识当下的"野人"，再依当时情势做细微的调整。"当下"是结构控制下的当下，"细节"是模式选择出来的细节。把它们抽离之后，就可以发现那个被命名为"野人"的绘写框架。也就是说，叙述者刻画出来的其实是一个关于某类人的模板。一代一代的文本把这个模板当作一种权威模式承袭下来，只在细节上进行调整，即便调整也仍然要保持结构上的不偏不离。可见，这种构建"夷人"形象的思路并不看重当时当下的所见所闻，而是要努力寻求过去经典的确证，依凭正统知识来获取"形象"的权威性。

　　这样一种重视历史叙述甚于"历史之物"，注重文本之间前后相随之关系的思维方式，用现在的概念，可以称之为"互文"思维。古代中国人何以会有此思维方式，说到底还是与中国人传统的宇宙观相关。按张东荪的总结，从中西比较的角度看，中国人的宇宙观可以称为"唯象论"的宇宙观，即看重"象"甚于其背后的"物"，所谓"象生而后有物"，注重的是"象"与"象"之间的相互关系。而西方人则始终注重于本体，总是直问一物的背后②。这种差异体现在逻辑上就是宰治西方的形式逻辑以同一律为根本，而中国人的思维则不依靠同一律，只取"对待"的关系为出发

---

① 转引自胡鸿：《能夏则大与渐慕华风：政治体视角下的华夏与华夏化》，北京师范大学出版社，2017年，第120页。
② 张东荪：《知识与文化》，岳麓书社，2011年，第215页。

点,注重于那些有无相生,高下相形,前后相随的方面。他把这种思维方式称为"两元相关律名学"①。

张东荪有关中国哲学和中国人思维方式的论述在20世纪60年代引起了法国后结构主义者的重视。其开拓者之一的克里斯蒂娃说,张东荪用中国的例子指出了亚里士多德式的逻辑在应用于语言时的缺陷,这和她藉由巴赫金思想发展而来的"互文性"理论有某种暗合②。克里斯蒂娃是首先使用"互文性"一词的学者,她用它来概括巴赫金有关文本的"对话性"和书写的"双值性"的观点。巴赫金认为书写既有主体性又有交际性,写作是对先前文本集合的阅读,而文本是对另一文本的吸收与回应③。克里斯蒂娃将其发挥为两个著名的论断:一是每一个词语(文本)都是词语与词语(文本与文本)的交汇,在那里至少有一个他语词(他文本)在交汇处被读出;二是任何文本的建构都是引言的镶嵌组合,任何文本都是对其他文本的吸收与转化④。在西方,克里斯蒂娃的"互文性"理论不仅是一种文本分析的方法,同时也是一种具有开拓性的文本理论。它对文本"间性"的关注,说明只就某一文本本身是不可能了解言说主体的。经过一番互文的关照,人们

---

① 张东荪:《知识与文化》,岳麓书社,2011年,第212页。

② 参见(法)朱莉娅·克里斯蒂娃:《主体·互文·精神分析:克里斯蒂娃复旦大学演讲集》,祝克懿、黄培编译,生活·读书·新知三联书店,2016年,第159页。

③ (法)朱莉娅·克里斯蒂娃:《主体·互文·精神分析:克里斯蒂娃复旦大学演讲集》,祝克懿、黄培编译,生活·读书·新知三联书店,2016年,第156页。

④ (法)朱莉娅·克里斯蒂娃:《主体·互文·精神分析:克里斯蒂娃复旦大学演讲集》,祝克懿、黄培编译,生活·读书·新知三联书店,2016年,第14页。

可以发现文本自身的历史。无疑这种对文本历史性的拓展对于理解中国的历史文献来说是至关重要的，因为互文思维本就是中国人传统的一种思维方式。用张东荪的话说，这是代表中国人"心思"的一个样式。所以面对夷人图说这类文本，必须同时关注文本内部的外在性和文本外部的内在性。可以说，"互文性"既是解读夷人图说的钥匙，也是打开夷人图说制作秘密的钥匙。但是需要说明的是，克里斯蒂娃的互文性理论的意义旨在发掘文本的多元价值，而夷人图说中广泛存在的互文现象却反映出一种寻求意义的确定性和一贯性的努力，一种使知识权威化的努力。

第五章　夷人图说的生成语境——
"地羊鬼"图说的例子

在明清志书和夷人图说中，夷人的命名方式一般以"蛮""夷""人""罗罗"等为后缀，或直呼其名。被称为"鬼"者并不多，就笔者阅读所及，有地羊鬼和扑死鬼（亦称为卜思鬼、扑撕鬼、仆尸鬼等）。在行为的诡异程度上与地羊鬼、扑死鬼类似的，还有元江夷、飞头僚。

并非所有志书修纂者都认可历史传闻而将地羊鬼明确列为一种夷人，所以地羊鬼在志书中时隐时现。但直至清末，在光绪年间修纂的几部志书中，地羊鬼仍作为夷人的一个种类。地羊鬼的历史和传闻保存在文人笔记和诗作中，比如从明代杨慎的诗作《宝井篇》以及民国施蛰存的游记《路南游踪》。地羊鬼的形象出现在诸种夷人图说中，从清初的《滇夷图说》至宣统的《古滇土人图志》均有所反映。

在万仁元、方庆秋主编的《中华民国史史料长编》中，地羊鬼是"西南夷族之一，其活动范围在云南以西野人山"[1]。民国时期出版的《文化批判 中国民族史研究特辑》有"现在中国对内的

---

[1] 万仁元、方庆秋主编：《中华民国史史料长编》第65册，南京大学出版社，1993年，第305页。

民族问题"一节，将地羊鬼与僰人、遮些、峨昌等并列，称其"少为人知"①。民国学者丁文江提及云南民族种类，认为"所谓飞头僚、地羊鬼等又全是迷信，与人种无关"②。徐益棠持相同看法，认为"因擅长某种特殊巫术而名其民族，如飞头僚、地羊鬼之类。故其分类方法极不合于科学"③。台湾商务印书馆在20世纪80年代出版的《辞源》（第7版）有词条称"地羊鬼：蛮族名。在云南迤西野人山等处。（滇南杂志）地羊鬼。短发黄睛。性奸狡嗜利。出没不常。与人相仇。能行妖术。又置蛊于饮食中"④。尽管云南学者林超民认为天启《滇志》对万历《云南通志》的爨、僰二分有所改进，增加了包括地羊鬼在内的新种人⑤，宋文熙、李东平在校注檀萃《滇海虞衡志》时认为地羊鬼的族属只能"待考"⑥。目前国内学界关于地羊鬼的专门研究仅见朱和双的《从"地羊鬼"看华夏边缘的昆仑狗国神话》一文⑦，该文有见地，但有的问题尚待进一步讨论。

①文化批判社编：《文化批判 中国民族史研究特辑》，中华书局，1935年，第87页。
②丁文江：《〈爨文丛刻〉自序》，载中央民族学院彝文文献编译室编：《彝文文献研究》，中央民族学院出版社，1993年，第14页。
③徐益棠：《非常时期之云南边疆》，中华书局，1937年，第7页。
④台湾商务印书馆：《辞源》（第7版），台湾商务印书馆股份有限公司，1984年，第469页。
⑤林超民：《林超民文集》（第1卷），云南人民出版社，2008年，第237页。
⑥（清）檀萃辑：《滇海虞衡志校注》，宋文熙、李东平校注，云南人民出版社，1990年，第344页。
⑦朱和双：《从"地羊鬼"看华夏边缘的昆仑狗国神话》，载《中华俗文化研究》第八辑，巴蜀书社，2013年，第156—177页。

第一节　文献：方志与传闻

"地羊鬼"之名从何而来难以考证。"地羊"一词是汉族对犬的别称。《君子堂日询手镜》下卷曰："吴浙人爱食犬，呼为地羊。"[①]《本草纲目·兽一·狗》曰："犬，齐人名地羊。"[②]明代嘉靖年间田汝成所撰的《行边纪闻》中谓"罗俗尚鬼，故又曰罗鬼"[③]，以罗罗的宗教习俗来解释"鬼"之由来，"罗鬼"即意为崇尚"鬼"之"罗罗"。在方志文献中，地羊鬼擅长的巫术活动又被称为"鬼术""妖术""邪术""幻术"，地羊鬼之"鬼"可能与此有关。

就笔者掌握的文献而言，"地羊鬼"最早出现在明人郎瑛的笔记《七修类稿》中，该书于嘉靖四十五年（1566）写成，其中"奇谑类"记述"孟密鬼术"：

> 云南孟密安抚司，即汉孟获之地，朝廷每岁取办宝石于此。其地夷俗鬼术甚骇，有名地羊鬼者，擅能以土木易人肢脏。当其易时，中术者不知也。凭其术数，几时而发，发则腹中痛矣，痛至死而五脏尽乃土木。或恶人不深，但易其一手一足，其人遂为残疾。又有名扑死鬼者，惟欲食人尸骸，人死，亲朋锣鼓防之，少或不严，则鬼变为禽兽飞虫，突入而食之矣。皆不可以理喻者。尝读《演义三国》诸葛七擒孟获，蛮夷多有怪术，于今验之果

---

① 江畲经编：《历代笔记小说选（明）》，商务印书馆，1935年，第428页。
② （明）李时珍：《本草纲目》，商务印书馆，1930年，第287页。
③ （明）田汝成：《行边纪闻》，方国瑜主编，徐文德等纂录校订：《云南史料丛刊》（第四卷），云南大学出版社，1998年，第608页。

然。今孟获子孙尚繁。①

在此处，与地羊鬼同时出现的是扑死鬼。

万历十六年（1588）朱孟震的《游宦余谈》收录佚名的《西南夷风土记》，其所记夷人种类中并无"地羊鬼"：

> 种类：曰阿昌、曰百夷、曰老缅、曰蒲人、曰棘人、曰剽人、曰杜怒、曰哈喇、曰得棱子、曰遮些子、曰安都鲁、曰牛哒喇、曰孟艮子、曰赤发野人。②

"地羊鬼"不是夷人种类，但出现在关于"邪术"的记述中：

> 三宣有曰"卜思鬼"，妇人习之。夜化为猫犬，窃人家，遇有病者，或舐其手足，或嗅其口鼻，则摄其肉，唾于水中，化为水虾，取而货之。蛮莫之外有曰"地羊鬼"。髡头黄眼，面黑而貌陋恶者是也。能以泥土、沙、石换人及牛、马五脏，忤之必被其

① （明）郎瑛：《七修类稿》（下），广益书局，1936年，第203页。

② （明）朱孟震：《西南夷风土记》，方国瑜主编，徐文德等纂录校订：《云南史料丛刊》（第五卷），云南大学出版社，1998年，第490页。据方国瑜先生考证，《明史·刘綎传》曰："分兵趋沙木笼山，往攻蛮莫，蛮莫平，遂招抚孟养，命綎以副总兵署临元参将，移镇蛮莫。"今蛮莫出土石碑，大书"威远营"3字，旁有"大明征西将军刘筑坛誓众于此，万历十二年二月十一日立"，乃刘綎所作。綎之《平䝄川露布》所云"甲申年二月十一日，纠合诸夷，歃血威远营"，即言此事。是书"邪术"条曰"军蛮莫，威远营有火药匠，与夷人斗"云云，知作者即从刘綎，曾居威远营也（同书，第486页）。明代文人游朴《诸夷考》有关"地羊鬼"的描述与朱孟震在《游宦余谈》所录《西南夷风土记》相同，见（明）游朴：《游朴诗文集》，魏高鹏、魏定椰、游再生点校，福建人民出版社，2015年，第564页。

害。初闻以为怪诞，后军蛮莫威远营，有火药匠与夷人哄，已
而病没。其兄焚之，满腹皆泥沙。军回，过张摆箐，见道傍二
尸如蜕蝉。询之乃思鬼所摄者。始知二说皆不谬也。卜思鬼惟
狗可以碎之；地羊鬼贴身服青衣，自不能相害。凡入夷者，不
可不知也。①

此处，地羊鬼仍然与扑死鬼同时出现，只是扑死鬼在前，且名称
写为"卜思鬼"。

在《七修类稿》中，地羊鬼的故事发生地是"云南孟密"②，
在《西南夷风土记》中故事发生的地点在"蛮莫"。蛮莫是内地通
向孟密的要津，《西南夷风土记》称"形胜"：

惟蛮莫独擅，后拥蛮哈，前阻金沙，上通迤西里麻、茶山，
中通干崖、南甸、陇川、木邦、芒市，下通孟密、缅甸、八百、车
里、摆古，诚为水陆交会要区，诸夷襟喉重地。③

成书于万历二十五年（1597）的王士性《广志绎》卷五《西南
诸省》有扑死鬼与地羊鬼的描述：

---

① （明）朱孟震：《西南夷风土记》，方国瑜主编，徐文德等纂录校订：《云
南史料丛刊》（第五卷），云南大学出版社，1998年，第492—493页。原文
有舛误，依文意改。
② 在不同文献中，"孟密"或写作"猛密"。除引文外，本文采用"孟密"的
写法。
③ （明）朱孟震：《西南夷风土记》，方国瑜主编，徐文德等纂录校订：《云
南史料丛刊》（第五卷），云南大学出版社，1998年，第493页。

南甸宣抚司有妇人能化为异物，富室妇人则化牛马，贫者则化猫狗。至夜，伺夫熟睡，则以一短木置夫怀中，夫即觉仍与同寝，不觉，则妇随化去，摄人魂魄至死，食其尸肉。人死则群聚守之，至葬乃已，不尔，则为所食。邻郡民有经商或公事过其境者，晚不敢睡，群相警戒，或觉物至则群逐之，若得之，其夫家急以金往赎，若登时杀死，则不能化其本形。孟密所属有地羊，当官道往来之地，其人黄睛，黧面，状类鬼，剪旧铜器联络之，自膝缠至足面以为饰。有妖术，能易人心肝肾肠及手足而人不知，于牛马亦然，过者曲意接之，赏以针线果食之类，不则，离寨而死，剖腹皆木石。车里、老挝风俗大抵相同。①

将地羊鬼明确归为夷人之一种，始于天启初年谢肇淛撰写的《滇略》：

短发黄睛，性奸狡嗜利，出没不常。或与人相仇，能用器物行妖术，易其肝胆、心肾，使为木石，不救以死，或行蛊饮食中；妇有所私者他适，辄药之，及期归，解以他药，过期不归则死。②

在天启五年（1625）刘文征撰写的《滇志》中，地羊鬼也是独立的种人，其描述与《滇略》基本相同：

短发黄睛。性奸狡嗜利。出没不常。与人相仇，能用器物行

①（明）王士性：《广志绎》，吕景琳点校，中华书局，1981年，第131页。作者自序于万历二十五年（1597）。
②（明）谢肇淛：《滇略》卷九《夷略》，方国瑜主编，徐文德等纂录校订：《云南史料丛刊》（第六卷），云南大学出版社，2000年，第779页。

妖术，易其肝胆心肾为木石，不救以死。又行蛊饮食中，如元江所为。①

所谓"元江所为"，对照《滇志》对"僰夷"的描述可知：

> 在元江者，能为鬼魅，以一帛系衣后，即变形为象、马、猪、羊、猫、犬，立通衢，或直冲行人，稍畏避之，即为所魅，入腹中，食五脏，易之以土。……食中多置毒药，中之必不治。估客娶夷女者，欲望出必问还期，或一二年，或三四年，女即以毒饵之，如期至，更以药解救，亦无他，若不尔。必毒发而死。其所许还期，即死日也。与外人交易，偿约失信及私窥妻女者，必毒之；信实朴厚者，累出入亦无伤。②

描述与《滇略》相似，但地点明确，有更多细节。元江夷与地羊鬼相同之处在于能将人的五脏变为木石或土，至于在饮食中行蛊下毒，此前文献中的地羊鬼并无此种行为，乃是《滇略》《滇志》新增内容。

清初学者顾炎武所编《天下郡国利病书》中的"地羊鬼"与天启《滇志》相同：

> 短发黄睛。性奸狡嗜利。出没不常。与人相仇，能用器物行妖术，易其肝胆心肾为木石，不救以死。又行蛊饮食中，如元江

---

① （明）刘文征：《滇志》卷三十《羁縻志·种人》，古永继校点，云南教育出版社，1991年，第1002页。
② （明）刘文征：《滇志》卷三十《羁縻志·种人》，古永继校点，云南教育出版社，1991年，第998页。

所为。①

在顾炎武所编《肇域志》“云南”部分，有扑死鬼、地羊鬼的描述：

> 南甸宣抚司有妇人能化为异物，富室妇人则化为牛马，贫者则化为猫狗。至夜，伺夫熟睡，则以一短木置夫怀中。夫即觉，仍以同寝。不觉，则妇随化去，摄人魂魄，至死，食其尸肉。人死则群聚守之，至葬乃已，不尔，则为所食。邻郡民有经商或公事过其境者，晚不敢睡，群相警戒。或觉物至，则群逐之。若得之，其夫家亟以金往赎。若登时杀死，则不能化其本形。孟密所据有地羊寨，当官道往来之地。其人黄睛黧面，状类鬼，剪旧铜器联络之，缠至足面为饰。有妖术，能易人心肝肾肠及手足而人不知，于牛马亦然。过者曲意接之，赏以针线果食之类，不则离寨而死，剖腹皆木石。车里、老挝，风俗大抵相同。②

此段文字与王士性《广志绎》所述基本相同，当出自同一来源。黄宜凤在《明代笔记小说俗语词研究》中引《广志绎》“孟密所属有地羊”一段时认为“地羊鬼”“亦省称‘地羊’”③，实误。两相对照，二者不同处在“孟密所据有地羊寨，当官道往来之地。其人黄睛黧面，状类鬼，剪旧铜器联络之，缠至足面为饰”一句，《广志

---

① （清）顾炎武：《天下郡国利病书》，《续修四库全书》第597册，上海古籍出版社，2002年，第507页。
② （清）顾炎武：《肇域志》第4册，上海古籍出版社，2004年，第2427—2428页。
③ 黄宜凤：《明代笔记小说俗语词研究》，巴蜀书社，2013年，第214页。

绎》脱落"地羊寨"之"寨"字。

康熙《云南通志》的"地羊鬼"是一种夷人，其描述与《天下郡国利病书》基本相同"短发黄睛。性奸狡嗜利。出没不常。与人相仇，能用器物行妖术，易其肝胆心肾为木石，遂不救。又置蛊饮食中，如元江所为"，差别仅在于《天下郡国利病书》中的"不救以死"在康熙《云南通志》是"遂不救"，"又行蛊饮食中"则是"又置蛊饮食中"。乾隆《云南通志》与康熙《云南通志》的地羊鬼文字相同。

雍正年间成书的倪蜕《滇小记》：

> 地羊鬼。短发黄睛，性奸狡嗜利。出没不常，与人相仇，能行妖术，咒禁钜木、大石及各器物如芥，着饮食中，遂易人之肝胆心肾为木石，久或器物还原，令人撑肠挂腹，透露胸肋而死。又有焦木易人之足而人不知，稍远其处，焦木坠而人失其足矣。其用蛊害人与元江同。[1]

比之前引诸文献，此处所述增加了地羊鬼妖术的一些细节，这些细节使妖术更加生动、合理，但未必是亲眼所见，更像是添油加醋的想象。

乾隆二十六年谢圣纶辑《滇黔志略》提及"地羊鬼"，但没有相关描述：

> 滇黔有民社之责者，良当三复所云"厥种六十八，昔曾刊诸

---

[1] 何琳：《〈滇小记〉校笺》，云南民族大学硕士学位论文，2016年，第65页。据考证，倪蜕撰写《滇小记》的时间在雍正八年后不久。

碑"者。盖前录种人之外，又有……地羊鬼……计三十二种，并前共七十七种，洵所谓"一蛮分数族，百种还有奇"也。①

乾隆四十年胡蔚订正的《南诏野史》刻本：

> 地羊鬼，亦㑩人类也。短发黄睛，奸狡嗜利。与人相仇，能行妖术，以木石易人心肾，或以一帛系衣后，变形为象、马、猪、羊、猫、犬等物。稍畏惧之，即为所魅，入人腹中，食五脏，或潜至人家，偷窃财物，食婴儿。知者一手捉之，一手痛毁，必复为人，夺其帛縻之，彼必以家赀之半亡脱。或有娶其女者，夫每出，必问归期，即饵以毒，如期而归，更以药解，否则毒发而死。交易失信，及私窥其要女者，必毒之。此种元江州为甚。②

此处延续天启《滇志》，进一步将地羊鬼与元江夷混合，添加更多细节。

成书于嘉庆四年（1799）的檀萃《滇海虞衡志》载：

> 地羊鬼，短发黄睛，性奸狡，嗜利，出没不常。与人仇，能以木石易其脏腑，遂不救。又置蛊毒人。③

---

① （清）谢圣纶：《滇黔志略》卷十五《种人》，古永继点校，贵州人民出版社，2008年，第185页。

② （明）杨慎辑，（清）胡蔚订正：《南诏野史》（下卷），大理州文化局编：《南诏大理历史文化丛书》（第一辑），巴蜀书社，1998年，第205页。

③ （清）檀萃辑：《滇海虞衡志校注》，宋文熙、李东平校注，云南人民出版社，1990年，第344页。

成书于嘉庆十三年（1808）的师范《滇系》载：

> 地羊鬼，短发黄睛，性奸狡嗜利，出没不常。与人相仇，能用器物行妖术，易其肝胆心肾为木石，不救以死，又行蛊饮食中，如元江所为。[①]

道光《云南通志稿》载：

> 旧《云南通志》：地羊鬼，短发黄睛，性奸狡，嗜利，出没不常，与人相仇。能行妖术，用器物易其肝、胆、心、肾为木石，遂不救。又置蛊饮食中，如元江所为。[②]

其中引用的旧《云南通志》，即乾隆《云南通志》。

同治十一年王芝撰《海客日谈》卷一《缅甸语略·与缅酋闲话》：

> 干崖宣抚土司地在大盈江之西……所司夷类最繁，所常识者如僰夷、爨蛮……地鬼羊（应为"地羊鬼"）、卜师鬼之类皆属之，诸夷自愧弗如也，诸土司亦自愧弗如也。……爨蛮……妇女能以口功禁魔人，僰夷妇女亦多能之。……地鬼羊（应为"地羊鬼"）喜邪术，类湖南北祝由科，能以木石移人脏腑，诸夷胥畏之。卜师鬼喜邪术，类地羊鬼，尤能数变形为鸟兽，所不快者

[①]（清）师范纂修：《滇系》，台北成文出版社，1968年，第1439页。

[②]（清）阮元、伊里布等修，王崧、李诚等纂：道光《云南通志稿》卷一百八十二《南蛮志·种人六》，清道光十五年刻本，第4页。

辄入其家祟之。然非其种类，虽不快，不祟也。其术也，其种类皆能之，先发者制胜耳。[①]

地羊鬼被误写为"地鬼羊"，强调地羊鬼以木石易脏腑的邪术，有两个细节值得注意，一是将地羊鬼邪术类比"湖南北祝由科"，二是认为此邪术"诸夷胥畏之"。此外，从《七修类稿》开始的地羊鬼与扑死鬼相伴的模式又再次出现。

光绪《普洱府志》载：

> 旧《云南通志》：地羊鬼，短发黄晴，性奸狡，嗜利，出没不常，与人相仇，能行妖术，用器物易其肝胆心肾手足为木石或芭蕉，遂不救。又置蛊饮食中如元江夷所为。[②]

此处文字对道光《云南通志稿》有所修改，将"用器物易其肝、胆、心、肾为木石"改为"用器物易其肝胆心肾手足为木石或芭蕉"，"元江"改为"元江夷"。

光绪《普洱府志》接着引《宁洱县采访》：

> 威远、思茅沿边及越南十州、三猛有之。与人微嫌辄行其术，多不能救。昔有人从军越南时，曾亲见一兵夜卧呼痛，队长以火烛之，失去一足，系以芭蕉二尺余易之，次日即死，诚罕见事也。行夷地者其慎之。[③]

---

① （清）王芝：《海客日谈》，台北文海出版社，1968年，第48—50页。
② 邓启华主编：《清代普洱府志选注》，云南大学出版社，2007年，第354页。
③ 邓启华主编：《清代普洱府志选注》，云南大学出版社，2007年，第354页。

在地羊鬼之后，则是转述《威远厅采访》关于"扑撕鬼"的记载：

> 扑撕鬼所居多在深箐，夜能易形，披发如猿行，甚矫捷，常窃人家鸡鸭肉食啖之，及归则复其本形，汉、夷名曰扑撕鬼。[1]

清初任云南布政使的彭而述写过《大傩歌》，其中有：

> 红藤腰围黄金齿，绣面花角来戛里。双颊象牙环，髻插白雉尾。南山遮些郎，北溪地羊鬼，相约共赴陆梁会。[2]

遮些亦夷人之一种，生活在孟养一带，与地羊鬼的地域接近，"长于弓矢"，性情好斗，故二者相约共赴充满野性的强梁之会[3]。光绪十三年（1887）《腾越厅志稿》记"地羊鬼"有诗云：

> 惯行妖术胜尸蛮，木石能移人肺肝。任尔通身浑是鬼，可能换我寸心丹。[4]

该诗出自清代王尧衢竹枝词，有意思的是，诗人延续地羊鬼与扑死鬼（即尸蛮）并举的惯例，以此强调地羊鬼妖术的恐怖，以"任

---

①邓启华主编：《清代普洱府志选注》，云南大学出版社，2007年，第355页。

②（清）彭而述：《读史亭诗文集·诗集》卷二《乐府下》，清康熙四十七年（1708）彭始搏刻本，第6页。

③"陆梁"有跳跃、嚣张之意，也可作地名理解。秦时称五岭以南为陆梁地，司马贞《史记索隐》说陆梁"谓南方之人，其性陆梁，故曰陆梁"，张守节《史记正义》则说"岭南之人多处山陆，其性强梁，故曰陆梁"。

④潘超、丘良任、孙忠铨主编：《中华竹枝词全编》（7），北京出版社，2007年，第152页。

尔通身浑是鬼"来反衬汉人坚不可摧的意志(丹心)。在引述《地羊鬼》诗句"惯行妖术胜尸蛮,木石能移人肺肝"后,有研究者评述道"传言该巫术能够用土木移人肢脏,若不及时施救则必死无疑,'地羊鬼'几乎就是死亡的代名词"①。"'地羊鬼'几乎就是死亡的代名词"对于汉人的想象是一个极佳的概括,足以解释地羊鬼被称为"鬼"的恐怖性根源。

　　历代文献中地羊鬼之特征均围绕"鬼"字而来。地羊鬼的外貌特征是髡头或短发、黄睛、面黑,这些特征被《广志绎》与《肇域志》概括为"状类鬼"。地羊鬼的行为特征是使用巫术害人,《七修类稿》称其擅于"鬼术",核心在于以木石置换人的内脏。在《滇略》《滇志》的描述中,地羊鬼还有与元江夷相同的巫术,即化身为动物、于食物中放蛊。化身为动物也是扑死鬼的特征。值得注意的是,元江夷和扑死鬼均为女性,元江夷放蛊的目的显然在于控制或报复男性。《西南夷风土记》提及西南夷"女多男少,盖西南坤极也。贫者亦数妻,富者亦数十"②,《广志绎》与《肇域志》亦有类似描述:

　　　　过景东界,度险数日皆平地,贵贱皆楼居,其下则六畜,俗多妇人,下户三四妻,不妒忌,头目而上或百十人供作,夫死则谓之鬼妻,皆弃不娶,省城有至其地经商者赘之,谓之上楼,上楼

---

① 高明扬、余碧莹:《〈历代滇游诗钞〉中"他者"视域下的云南印象》,《西南石油大学学报(社会科学版)》2017年第3期。
② (明)朱孟震:《西南夷风土记》,方国瑜主编,徐文德等纂录校订:《云南史料丛刊》(第五卷),云南大学出版社,1998年,第490页。

则蔫发不得归矣，其家亦痛哭为死别也。[①]

所谓鬼妻与被迫入赘的汉族商人，在前引天启《滇志·羁縻志·种人》"僰夷"中有类似描述。

不过，在大部分文献中，化身动物与放蛊并非地羊鬼的特征，贯穿始终的是以木石置换人的内脏，而具有此特征的地羊鬼应该男女皆有，清代毛奇龄《云南蛮司志》提及地羊寨时说："寨中男妇皆黄睛鼍面类鬼。"

从《七修类稿》"以土木易人肢脏"的叙述开始，地羊鬼巫术的核心即在于以土木或木石置换人的肢脏或内脏。此种叙述经过谢肇淛的《滇略》，基本定型为"短发黄睛，性奸狡嗜利，出没不常。或与人相仇，能用器物行妖术，易其肝胆、心肾，使为木石，不救以死，或行蛊饮食中"，至光绪《续云南通志稿》也没有太大变化，"短发黄睛，性奸狡，嗜利，出没不常。与人仇，能行妖术，用器物易其肝、胆、心、肾为木石，遂不救。又置蛊饮食中"。清末董贯之《古滇土人图志》所述地羊鬼参考的应该也是这一版本。

另外，明代王同轨《耳谈》卷四记贵州有地名"地羊驿"，其夷人巫术与地羊鬼有相似之处。清代褚人获《坚瓠广集》亦有征引，文字稍异：

> 贵州地羊驿，民夷杂处，多幻术，能以木易人之足。郡丞某过其地，记室二人皆游于淫地。一人与淫，其夫怨，易其一足；一人不与淫，妇怨，易其一足。明日彳亍庭见，丞骇问，始知其故。

[①] （明）王士性：《广志绎》，吕景琳点校，中华书局，1981年，第131页。另见（清）顾炎武：《肇域志》第4册，上海古籍出版社，2004年，第2427—2428页。

即逮二家至，曰："汝能复其旧则已，否则关白诸司，治汝以采
生赤族之罪。"二家各邀其人至，作法，足果复焉。及丞还，
复过其地，二人复至二家，其淫不与淫犹昔。然与淫者两足皆
易，久之展转死；不与淫者冥然且受妇法。忽有鬼物阴教之藉
手，即以其法制妇，妇两足自易焉。是人得归后，享高寿，子登
辛未进士。①

抗战时期在云南大学任教的施蛰存曾经游历云南路南县，于
1939年写下《路南游踪》，其中提及地羊鬼：

宜政村里的保罗人是另外一族。他们即非阿细，又非撒尼，
而名曰"阿析"。即《志书》所谓"阿者保罗"者是。王君告诉我
们，从前本村有二人每晚能变形为蝙蝠、枭鸮或虎狼，到邻村去
攫食鸡羊甚至婴孩，此二人死后常有怪异，所以村子里每年必
请巫师禳解几次。查夷人中有变形之说者，典籍中所载，惟地羊
鬼与僚二种。这阿者保罗或者与地羊鬼或僚在种族上有点关系
也未可知。②

施蛰存所说的"僚"应该是飞头僚，他未提及变形为动物的扑死
鬼，对历代志书中记载的地羊鬼了解并不充分。

---

① （清）褚人获：《坚瓠集》（第3册），浙江人民出版社，1986年，第625
页。
② 施蛰存：《路南游踪》，云南人民出版社，2008年，第72页。

第二节　图像：石头的变异

地羊鬼的事迹与形象过于诡异，致使一些夷人图说的绘写者避而不谈。《滇省迤西迤南夷人图说》《普洱府夷人图说》《云南种人图》等均未记地羊鬼，收录夷人达108种的《滇省夷人图说》中也没有地羊鬼[1]。夷人图说比一般文献多出图像，具有文字之外的信息。地羊鬼的图说文字与前述文献基本相同，但不同图说的图像却有明显差异，因而值得专门分析。

绘制于雍正初期、现藏于台湾"中央研究院"历史语言研究所傅斯年图书馆的《滇夷图说》"地羊鬼"描述：

> 短发黄睛，性奸狡嗜利，出没不常，带弓弩，与人相仇，能行妖术，咒以木石器物，易其肝胆心肾，遂不救。又置蛊饮食中，如元江㑩彝所为。[2]

"带弓弩"3字在其他文献中未出现过，对应于文字，图像中右下方有夷人手脚并用，以膝抵弩，双手拉弓。

绘制于道光、咸丰年间，现藏于哈佛燕京图书馆的《滇苗图

---

[1] 江晓林收藏手绘本的《诸夷人图（稿）》，作者是嘉庆年间参与绘制《滇省夷人图说》的画家李诂，该图稿列出云南诸夷119种，第113种为"地羊鬼"（江应樑：《滇西摆夷之现实生活》，江晓林笺注，德宏民族出版社，2003年，第35—36页）。《滇省夷人图说》的多种抄绘本，包括图说的文字版本，均只记有108种左右的夷人，并没有地羊鬼。大概正因为地羊鬼之诡异，画出图稿，终究被排除在外。

[2]（清）高其倬编：《滇夷图说》，刘铮云主编：《"中央研究院"历史语言研究所傅斯年图书馆藏未刊稿抄本（史部）》第二十一册，台湾"中央研究院"历史语言研究所，2015年，第105页。

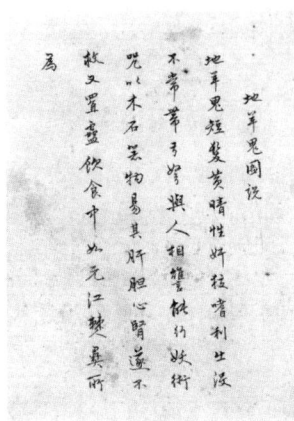

图5-1　《滇夷图说·地羊鬼图说》

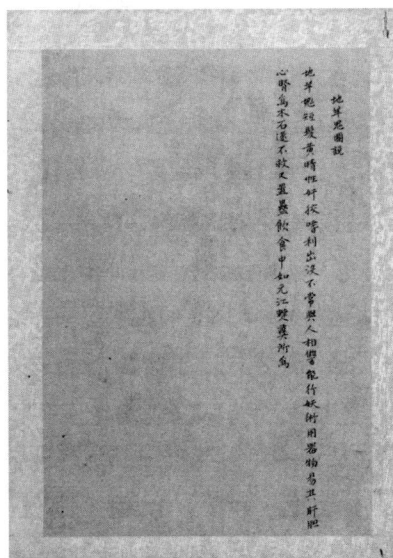

图5-2　《滇苗图说·地羊鬼图说》

说》描述为：

> 地羊鬼，短发黄晴，性奸狡嗜利，出没不常。与人相仇，能
> 行妖术，用器物易其肝胆心肾为木石，遂不救。又置蛊饮食中，
> 如元江猍彝所为。①

除却"带弓弩"3字外，文字与《滇夷图说》完全相同。然而，其图像左侧却绘有一夷人手脚并用、张弩拉弓，图像与文字不对应。《滇苗图说》应是抄绘之作，而且抄与绘者不是同一人，临摹图像的保留了弓弩，却没有注意到文字中并没有"弓弩"。与之类似，李泽奉、刘仲如编《清代民族图志》中的"地羊鬼"局部描述为：

图5-3 《滇夷图说·地羊鬼图说》局部　　图5-4 《滇苗图说·地羊鬼图说》局部　　图5-5 《清代民族图志·地羊鬼》

> 短发黄晴，性狡猾嗜利，出没不常，与人相仇，能行妖术，
> 用器物易其肝胆心肾为木石，遂不救。又置蛊饮食中，如沅江猍

---

① 哈佛燕京图书馆藏《滇苗图说》（http://hollis.Harvard.edu/?itemid=library/m/aleph/008986367）。

彝所为。①

文字中没有"弓弩",但图像中却绘有夷人奋力拉弩。

最要紧的是这3种图说图像中的另一个夷人。在《滇夷图说》中,他左手持一剖开的矿石,右手捻指作剑诀状,表情严肃,似在对石施咒。《滇苗图说》中亦有夷人左手持石,该石看起来如同雕琢过的玉如意,右手食指指天,夷人面露喜色,形容和善,须发整饬,头扎青巾,仿佛一喜迎丰收的中原农夫,完全没有《滇夷图说》中夷人的面目狰狞之态。《清代民族图志》的图像与《滇夷图说》相似,但更准确。持石夷人右手捻剑诀,表情狰狞,对石施咒。就夷人发式而言,《滇夷图说》图像最符合地羊鬼"髡头"或"短发"的文字描述,其他两种图说的图像则相去甚远,尤其是持石夷人以青巾扎头,将其两脚系结在头顶之前,呈同心结状,已然类似汉人首服的结巾。

道光《云南通志稿·南蛮志·种人》"地羊鬼"描述为:

> 旧《云南通志》:地羊鬼,短发黄睛,性奸狡,嗜利,出没不常,与人相仇。能行妖术,用器物易其肝、胆、心、肾为木石,遂不救。又置蛊饮食中,如元江所为。②

观其图像,二人披毡,一人束发、牵牛,一人披发、佩刀,应为夫妇。持石夷人的形象荡然无存,图像与文字各自为政,全然对不

---

① 李泽奉、刘仲如编:《清代民族图志》,青海人民出版社,1997年,第290页。
② (清)阮元、伊里布等修,王崧、李诚等纂:道光《云南通志稿》卷一百八十二《南蛮志·种人六》,清道光十五年刻本,第4页。

上。绘图者显然撇开图说文字，而绘画了无关主题的内容。

图5-6 道光《云南通志稿·地羊鬼》 图5-7 光绪《续云南通志稿·地羊鬼》

光绪《续云南通志稿》的"地羊鬼"描述为：

> 短发黄晴，性奸狡，嗜利，出没不常。与人仇，能行妖术，用器物易其肝、胆、心、肾为木石。又置蛊饮食中。(旧志)。①

其图像绘有3人，右侧一人右手持引魂幡，左手持水杯，似在施法，中间一人十指张开，扑向画面左侧躺倒在地的夷人，该夷人身旁是背篓和锄头。图像粗陋，绘图者用心于表现文字中的"妖

---

① (清)王文韶、魏光焘修，唐炯等纂：光绪《续云南通志稿》卷一百九十六《南蛮志》，清光绪二十七年(1901)四川岳池刻本。

术",也刻意表现地羊鬼"短发""奸狡"之态。只不过,绘图者没有把那块最关键的石头画出来,大概实在不理解为什么要画这块石头。

朱和双注意到,在王文韶等纂修的光绪《续云南通志稿》中地羊鬼"先前已定型的'宝石鉴赏者'和'猎人'的双重身份不见了踪影,'短发'的男性被想象成抢家劫舍的'绿林大盗',这同明代的传闻有较大差异,而清前期绘制的各种滇夷图像常见椎髻或束发的特征,'短发'或'髡头'的形象并没有出现。在华夏文化中,'短发'应该还是魔鬼的象征,故新绘'地羊鬼'酷似云南汉族地区用亡灵的'鬼迷'图像"①。"髡"是古代剃去男子头发的一种刑法,"髡头"指男性"光头"或"短发"。朱和双认为乾隆《云南通志》始有"地羊鬼短发"的说辞。此种认识有误,因为至少在谢肇淛《滇略》中地羊鬼的形象即为"短发黄睛"。另外,更早的《西南夷风土记》对夷人发型服饰描述为:"三宣官目,蓄发加冠;六宣土官舍把,亦惟秃头,戴六舍五彩尖头夷帽。其余部夷,男髡头,长衣长裾;女堆髻,短衣桶裙。男女无贵贱皆穿耳徒跣,以草染齿成黑色。"②李元阳万历《云南通志》亦称猛密等地的男子"髡头",女子"绾独髻于脑后,以白布裹之"。可见,髡头或短发是三宣六慰诸夷普通男子的发型,并非地羊鬼专属。

宣统二年董贯之的《古滇土人图志》是用西方绘画技法绘制的夷人图说,其中关于夷人风俗的图说,以四字命名,缀以文字说明,仿佛明代景泰《云南图经志书》"风俗"记述模式。关于地羊

---

① 朱和双:《从"地羊鬼"看华夏边缘的昆仑狗国神话》,载《中华俗文化研究》第八辑,巴蜀书社,2013年,第156—177页。
② (明)朱孟震:《西南夷风土记》,方国瑜主编,徐文德等纂录校订:《云南史料丛刊》(第五卷),云南大学出版社,1998年,第490页。

鬼的图说命名为"鬼道易腹":

> 地羊鬼,种出迤西边地。短发黄睛,性奸狡,嗜利,出没不常。与人仇,能行鬼术,用器物易其肝胆心肾为木石,立绝。又能变形为骡、为犬、为猛兽,谋财利,捉魂魄。或置毒虫恶草于饮食中,令人气胀腹痛至殒命。洵夷族中之最残者也。①

此段文字脱胎于光绪《续云南通志稿》,又明确指出地羊鬼生活区域在迤西,增加变形为动物及蛊毒发作的细节,最后有一盖棺论定,称地羊鬼为夷人中最残忍者。除地羊鬼生活区域外,其他补充及最后的论断均源于围绕既定文字的想象,而非依据现实。图像同样是光绪《续云南通志稿》的拓展变形,尽管画法较后者高明得多,仍然脱不出其叙事格局。画面主体是3个夷人,右侧夷人右手持引魂幡,左手持水杯,中间夷人作势扑向左侧倒地夷人,后者的背篓侧翻。此场景与光绪《云南通志稿》相仿。不同处在于,中间的夷人由十指张开而变为右手抓出倒地夷人的内脏,对应于此的是倒地夷人被开膛破肚。画面对应于文字,力求充分展示地羊鬼之残暴。

　　一方面,《滇夷图说》"弓弩"的乍然出现是否有所依据?另一方面,在地羊鬼的巫图中,石头是画师必须面对的焦点。用内脏取代石头,是否是一种合理的表现方式?最初记载地羊鬼的《七修类稿》有"朝廷每岁取办宝石于此"的记述,似乎在说,地羊鬼的巫术与"宝石"有关。那块画师理解不了而处理不好的石

---

①董路明编著:《古滇土人图志——董贯之清末民国初年钢笔画》,云南美术出版社,2013年,第28页。

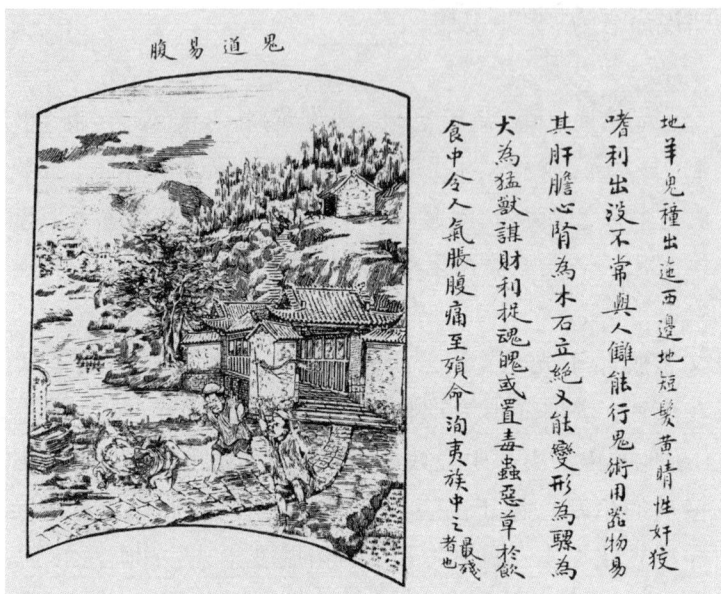

地羊鬼種出迤西邊地短髮黃睛性好狡
嗜利出沒不常與人離能行鬼術用器物易
其肝膽心腎為木石立絕又能變形為驟為
犬為猛獸誰財利提魂或置毒蠱惡草於飲
食中令人氣脹腹痛至殞命洵夷族中之最賤
者也

腹易道鬼

图5-8 《古滇土人图志·鬼道易腹》

头,是否就是朝廷采办的宝石?这些疑问要回到历史中去探询其
答案。

第三节 历史:宝井之祸

随着时间推移,修志者、图绘者离地羊鬼故事发生的时代越
来越远,那些对于故事发生之初而言具有关键意义的文字或图像
信息,在此后的叙述、图绘中逐渐淡出,乃至消失。留存下来的信
息,因为离开了当初的历史语境,对于后人而言变得难以理解,关
于地羊鬼的刻板印象成为一种污名而定格在历史中。重新理解地
羊鬼图说,有两条历史线索,一条是明朝滇缅边境频仍的战乱,

另一条则是玉石开采及其引发的贸易争端①。

朱和双认为，明代汉籍所见"地羊""地羊鬼"和"地羊寨"这3个概念同当时中缅之间的"宝石博弈"密切相关，所谓"地羊"即狗的别名，而"地羊鬼"和"地羊寨"都是狗国（或狗头国）的另一种叫法。所谓"地羊鬼"乃是缅甸孟密的"野蛮人"为了同朝廷派遣的差役争夺"宝井"（因盛产宝石而得名）控制权而建构的一系列报复性措施，抑或是汉族官吏和商贾对异邦所固有的恐惧心理的反映②。地羊寨是否即为狗国有待推敲，但宝石争端引发的巫术恐慌与地羊鬼的污名化确有关联。

中缅边境地方政权之间的冲突并没有在正统年间4次麓川征讨后完全平息，至万历年间，以汉人岳凤为首的地方势力仰仗缅甸政权在该区域引发的战乱长达10年之久。地羊鬼生活的蛮莫、孟密即处在这个战乱不断的地区。沈德符《万历野获编》有"缅甸盛衰始末"一则，记述麓川之役后中缅边境的战乱，其中多次提及蛮莫：

　　　　至嘉靖三十九年，而孟密酋思真与子思汉相继死，嫡庶争立，境内大乱。……隆庆六年，陇川宣抚司目把岳凤，杀其主多士宁投缅。至万历四年，缅遂大举入寇，攻迤西至云南。……十一年缅酋莽应里纠陇川贼岳凤寇顺宁……诏以刘綎为游击

①除本文所引文献，相关历史情况可见《明实录》"陇川以西、车里以南孟密宣抚司""陇川以西、车里以南蛮莫安抚司"的记述，参见方国瑜主编，徐文德等纂录校订：《云南史料丛刊》（第四卷），云南大学出版社，1998年，第438—450页。
②朱和双：《从"地羊鬼"看华夏边缘的昆仑狗国神话》，载《中华俗文化研究》第八辑，巴蜀书社，2013年，第156—177页。

将军、邓子龙为游击参将，会诸夷兵，共击大破之，俘岳凤至京，寸磔之。应里遁去。十五年，缅酋应里复攻迤西。……至十八年，缅如孟养。二十年缅入蛮莫，邓子龙击却。二十年，缅又入蛮莫。……至二十七年，缅攻孟养。三十年，缅又攻蛮莫。……三十四年，缅酋阿龙攻围木邦宣慰司，我军不能救，遂失之。因是五宣慰司复尽为缅所陷。①

与战乱相伴的是宝石开采带来的冲突。嘉靖年间张志淳所纂《南园漫录》记述了猛密宝井的来龙去脉：

初，木邦宣慰罕楪以女曩罕弄妻司歪，因猛密有宝井，故使守之。楪死，子落立，落死，孙兖为宣慰，嗜酒好杀，曩罕弄遂以猛密叛，然犹未敢侵占木邦也。南宁伯毛胜既以贿创始镇守，遂大诱取猛密宝石，俾自入贡，从是势益张。至成化十年，云南镇守太监钱能日遣人诓之以取宝石，其势始炽。至成化庚子，太监王举索宝石不获，遂疏其叛木邦之罪，请征之……夫猛密之失，萌于毛胜，盛于钱能、王举，而成于万成，终使再无以善其后。②

张志淳为云南永昌人，卒于嘉靖十七年（时年81岁）。《南园漫录》自序于正德十年（1515），刻印于嘉靖五年（1526），该书影响较大，《徐霞客游记》提及寻访、抄录《南园漫录》《南园续录》

---

① （明）沈德符：《万历野获编》，中华书局，1997年，第928—930页。
② （明）张志淳：《南园漫录》，方国瑜主编，徐文德等纂录校订：《云南史料丛刊》（第五卷），云南大学出版社，1998年，第155页。

之事,可惜的是,《南园续录》已经不可得见。郎瑛《七修类稿·续稿》卷四称道《南园漫录》"记本省事最悉"①。在《南园漫录》中没有记载的地羊鬼,也许出现在《南园续录》,《七修类稿》之"孟密鬼术"可能来自后者亦未可知。

《万历野获编》记有"滇南宝井"一则:

> 云南宝井,环孟艮、孟养诸夷俱有之,惟孟养所出称最。孟养故木邦宣慰司所辖地,井所出,色类不一,其价亦悬殊,有铢两即值千金者。世宗末年,索宝于户部尚书高燿,至倾全滇物力,不能如数。未几,上晏驾得寝,即此地也。木邦既专宝井之利,四方估客麇集其境,乃命所爱陶猛名司歪者守之。陶猛即头目也。宣慰使罕撰至,以女名囊罕弄者妻司歪,既擅有宝井,遂藐视其父家,因据孟密以叛。成化中,南宁伯毛胜、太监钱能等镇守滇中,受其重赂,许其得自入贡,不复闻,木邦因略取木邦地以自广(句读应为:不复闻木邦,因略取木邦地以自广)。继钱能者为王举,请征之。时有江西人周宾王者,逃罪在孟密,私说罕弄曰:"今阁老万安,贪闻天下,而内结昭德万贵妃,若以重宝投之,不第免讨,可得世官如木邦。"罕弄喜从其计。万安果遣都御史程宗往抚,以所略木邦地界之,开说安抚司令罕弄子孙世袭。万安大快意,即以程宗镇云南,官至尚书。于是孟密尽夺木邦故地,木邦酋罕空出亡云南,诸夷俱怒(句读应为:木邦酋罕空出亡,云南诸夷俱怒),誓必共灭孟密。弘治间,孟养遂亦擅攻孟密,取蛮奠(应为:蛮莫)等十七寨,而西南夷从此怨朝廷,多跋扈矣。此后则嘉靖三十九年,孟密酋思真死,嫡庶争

---

① 方国瑜:《云南史料目录概说》,中华书局,1984年,第386—387页。

立，为缅甸所侵夺，势复中衰。又至今上之十三年，滇中多事，抚
臣刘世曾请升孟密安抚为宣抚，而以蛮莫、耿马二安抚司属之。
孟密益尊大，不可复制。比癸卯、甲辰间，矿税事起，太监杨荣
入滇开采，朵颐宝井之利，与孟密争，屡抚屡叛，避入蛮莫。缅
人乘之，蛮莫思政逃入中国。缅以大兵来索，抚镇惧祸，至斩思
政首畀之，始解。而杨荣为滇人所切齿，忽聚众鼓噪，捕荣出杀
之，焚其骨，扬灰于金沙江。朝廷惧生乱，悉贷不问，而滇中诸
夷，益轻天朝矣！一宝井耳，司歪以之反君，罕弄以之叛父，罕
宅以之失国，毛胜、钱能、万安诸奸，以之纳贿生边衅。当其时，
滇中土司无一不思奋臂逆我颜行矣。赖孝宗初政清明，而林见素
（俊）适备兵其地，百方招诱，抚之以恩，惧之以兵，孟密稍稍
还故主侵地，夷心始宁贴，以至于今者百年。而杨荣凶竖，生事
遐荒，又以宝井蛊上心，几令滇地摇动，犹幸积忿之极，夷夏蜂
起，荣虽斋粉，而一方稍得安枕，宝井亦从此封闭，无敢议开，
仅听孟密之独擅金穴而已。国体至此，已糜烂不可收拾，仅一切
付之羁縻。古人不贵异物，有以哉？①

天启《滇志·羁縻志·猛密宣抚司》记载"猛密"：

　　有宝井金矿，估客云集……山高田少，米谷腾贵。又多地羊
鬼，为行人祟……一由蛮莫入……成化间，夷目思歪据宝井叛。②

---

① （明）沈德符：《万历野获编》，中华书局，1997年，第769—770页。
② （明）刘文征：《滇志》卷三十《羁縻志》，古永继校点，云南教育出版社，
　　1991年，第990页。

同书《蛮莫宣抚司》记载"蛮莫"：

> 当缅人水陆之冲，实陇川右臂。旧为猛密分地，后酋长稍强，擅而有之。[①]

据清初张廷玉等编纂的《明史》记载：

> 初，孟密宝井，朝廷每以中官出镇，司采办。武宗朝钱能最横，至嘉靖、隆庆时犹然。万历二十年，巡抚陈用宾言，缅酋拥众直犯蛮莫，其执词以奉开采使命令，杀蛮莫思正以开道路。全滇之祸，皆自开采启之。时税使杨荣纵其下，以开采为名，恣暴横，蛮人苦之。且欲令丽江退地听采，缅酋因得执词深入。巡按宋兴祖极言其害，请追还荣等，帝皆不纳。凡采办必先输官，然后与商贾贸易，每往五六百人。其属有地羊寨，在孟密东，往来道所必经。人工幻术，采办人有强索其饮食者，多腹痛死；己所乘马亦毙，剖之，则马腹皆木石也。思真尝剿之，杀数千人，不得绝。至是，复议剿，以兵少中止。[②]

毛奇龄所编《云南蛮司志》与《明史》有相似之处：

> 猛密产宝石，武宗朝钱能出镇，每岁采办，至嘉靖初，犹然。巡抚刘臬疏止之不听，时猛密酋思真犹在也，年一百岁，凡

①（明）刘文征：《滇志》卷三十《羁縻志》，古永继校点，云南教育出版社，1991年，第990页。

②（清）张廷玉等编纂：《明史》卷二百零三《云南土司传》，中华书局，1974年，第8149—8150页。

采办例必先应官府，然后与商贾贸易，每一往五、六百人。其属有地羊寨，在猛密东，往来取道所必经者，寨中男妇皆黄睛黥面类鬼，翦旧铜器联衱之缠两足间以为饰，然工幻术，能易人心肾手足致死，即牛马亦然。时以采办者多，人有强索其食者，既去腹痛死，已而所乘马亦死，剖之则马腹皆土石也。思真尝剿之，又杀数千人，不得绝。至是复议剿，以兵少中止，思真一百十岁死。①

嘉庆《重修一统志·云南省·关隘》述及"地羊寨"，并转述《明史》：

地羊寨在猛密司东。《明史》：其属有地羊寨，在猛密东，往来道所必经。有地羊鬼，短发黄睛，奸狡嗜利，出没不常，工幻术，采办人强索其饮食者，多腹痛死，乘马亦毙，剖之则马腹皆木石也。②

嘉靖年间，云南永昌文人张含因宝井之祸有感而写《宝石谣》，其友人杨慎以《宝井篇》一首相和：

彩石光珠从古重，窈窕繁华急玩弄。岂知两片弱云鬟，戴却九夷重译贡。……君不见，永昌城南宝井路，七里事前碗水铺。

---

① （清）毛奇龄：《云南蛮司志》，方国瑜主编，徐文德等纂录校订：《云南史料丛刊》（第五卷），云南大学出版社，1998年，第441—442页。方国瑜指出，《云南蛮司志》"其资料来源于《土官底薄》《四夷馆考》诸书，而从《明实录》抄出者最多，与《明史·土司传》校之，其事迹大都相同，而无条贯。惟风土琐削之事，《明史》多不载，有可供考校也"，见同书第424页。

② 方国瑜主编，徐文德等纂录校订：《云南史料丛刊》（第十三卷），云南大学出版社，2001年，第741页。

情知死别少生还，妻子爷娘泣相诉。……说有南牙山更恶，髡头漆齿号蛮莫。光挠虿磴与猛连，哑瘴须臾无救药。莫勒江傍多地羊，队队行行入帐房。……回首滇云已万里，宝井前瞻犹望洋。紫刺硬红千镒价，真赝入眼无高下。得宝归来似更生，吊影惊魂梦犹怕。吾闻昆仑之山玉拂鹊，庆云之地金掷龟。安得仙人缩地法，宝井移在长安街。①

以当事人的口吻诉说宝石采办的凶险及扰民，提到南牙山、蛮莫、瘴疠、莫勒江与地羊鬼。天启《滇志·羁縻志·猛密宣抚司》记载进入猛密有4条路，其中一条为"由邦抗鲁祖渡莫勒江，过南牙而入"，另一条为"由蛮莫入"②。二者所记相符。

　　在明成化之前，孟密可能就有宝石开采之事，但形成规模，牵动地方政权乃至中央政府的关注则始于成化年间。孟密在明代本属木邦宣慰司，因为据有宝井而逐渐壮大，软硬兼施，贿赂朝廷，以至僭越其主，在成化二十年（1484）被朝廷确立为孟密安抚司。"正是由于曩罕弄有了宝井的物力财力的支持方才使她积蓄起强大的势力，有能力与木邦相抗衡；正是有了宝井宝石的诱惑，方才使得毛胜、钱能、卢和等贪婪之辈会去支持并庇护猛密；也正是有了宝井宝石的诱惑，方才使得身处京城的大学士万安暗授程宗许设安抚司之议。"③此后不断扩大地盘，尽夺木邦故地，引发诸夷俱怒。嘉靖三十九年（1560），孟密

①王文才选注：《杨慎诗选》，四川人民出版社，1981年，第31页。
②（明）刘文征：《滇志》卷三十《羁縻志》，古永继校点，云南教育出版社，1991年，第990页。
③张磊：《明代嘉靖至万历间中缅冲突研究》，云南大学硕士学位论文，2010年。

土司思真死后,随继承人之争而来的是缅甸势力的介入。万历十三年(1585),为平息该地战乱,孟密安抚司升为宣抚司。万历二十八年(1600)太监杨荣奉命入滇监管孟密矿井开采,5年后,中央政府下令中止开采。由于杨荣管理不善,干犯众怒,终致暴乱再起,自己也被焚尸泄愤①。

　　朝廷"宝石之取"虽然"盛于成化",但只是"在京购买",没有直接影响云南。嘉靖六年(1527),开始派遣官吏到云南采买,"岁动布政司及永昌府银八千,散之于民间。民间鬻男贩妇不充所值,因而逃亡"②。万历二十七年(1599)入滇监理云南矿务的尚膳监太监杨荣本来只负责金银矿税,"朵颐宝井之利"③,又想借此讨好神宗皇帝,于万历二十八年(1600)十月上疏:"阿瓦、猛密土夷效顺,恭进宝石、象牙、布毯诸方物,并祈宝井专敕以便开采。上令方物贮库,敕如请,予之。"实际上,此时的宝井已经属于缅甸的势力范围,"宝井在缅服中,远数千里,夷有以为利"④。这个奏折不合时宜又具有欺骗性,但神宗皇帝却准奏了。

　　前引文献的记述,主要线索基本一致,但详略有所不同,记述有所出入。按照《南园漫录》《万历野获编》,太监钱能入滇是在成化年间,而清代的两则文献则说在武宗即正德年间,晚了

---

① 据《明史》卷二十一《神宗本纪》载:二十八年冬十月"云南税监杨荣开采阿瓦、孟密宝井",三十三年十二月"诏罢天下开矿","罢采广东珠池、云南宝井",三十四年三月"云南人杀税监杨荣,焚其尸"。见张廷玉等编纂:《明史》卷二十一,中华书局,1974年,第281、285页。

② (清)冯甦:《滇考》卷下《珍贡》,载王有立主编:《中华文史丛书》(二十二),台北华文书局,1968年,第353页。

③ (明)沈德符:《万历野获编》,中华书局,1997年,第770页。

④ (明)陈用宾:《罢采宝井疏》,载(明)刘文征:《滇志》卷三十《羁縻志·种人》,古永继校点,云南教育出版社,1991年,第748—749页。

三十来年。《南园漫录》中的万成当为万安之误，《万历野获编》所记是对的。天启《滇志》记载"成化间，夷目思歪据宝井叛"，可见在《南园漫录》《万历野获编》记述中管理宝井并与曩罕弄结婚的司歪，应该写作思歪，乃思真、思正（或思政）等思姓土司的先人。思真土司是个传奇人物，《万历野获编》记载"嘉靖三十九年，孟密酋思真死"，《云南蛮司志》特别强调嘉靖初年思真还在，已经100岁，最后又说他110岁才死的。如果嘉靖初年思真百岁，至嘉靖三十九年，思真已经接近150岁了。思真年龄之所以被错误地夸大，与他在孟密地方政局曾经产生的巨大影响不无关系。《云南蛮司志》提及的刘臬上疏之事应该是在嘉靖九年（1530）正月，时任云南巡按御史的刘臬上疏说："孟密地方产有宝井，为土酋思真所辖，其境与西洋番舶相通，兑取以营重利，且此酋以木邦叛竖遗孽，窃据此土自恃富强，吞噬缅甸、木邦、孟养，又密迩腾冲，窥我境内虚实，较诸夷尤黠，往年采办之役故违稽迟，又地极瘴疠，俗尚蛊毒，往年采取人役，多被中伤，况抚处数十年，至今始顺，虽朝廷宥其罪过，而夷性叵测，若再行采取，或启戎心，宜暂停三四年，候夷情宁靖，另行采买。"[1]对思真政权与宝井的诸多关联有极为清晰的认识，可惜嘉靖皇帝未采纳其建议。

　　思真控制孟密的时间应该不短，地羊鬼可能是困扰其统治的一股力量，以致思真对其采取近乎赶尽杀绝的严酷手段。地羊鬼的人数应该在数千以上，所以剿而不绝。思真死后，地羊鬼继续活动于蛮莫之外的水陆要冲，成为一种持续的不安定因素困扰着宝石运输。刘臬上疏中所言"俗尚蛊毒，往年采取人役，多被中

①《明实录·世宗实录》卷一百零九，台湾"中央研究院"历史语言研究所校印本，1962年，第2570—2571页。

伤",指的应该就是地羊鬼。前述明代万历年间有孙能传、张萱的《内阁藏书目录》载"云南诸夷图说,二册全,万历乙未巡抚大中丞陈用宾",《云南诸夷图说》今已不得见,地羊鬼可能在其中。陈用宾主政云南,一直为宝井引发的冲突所苦,多次上疏罢采宝井,他对于地羊鬼的认识不会比刘臬少。

值得注意的是,《南园漫录》《万历野获编》叙述宝井之祸时没有提及地羊鬼之乱,至嘉靖杨慎《宝井篇》、天启《滇志》则叙及地羊鬼,《明史》《云南蛮司志》将地羊鬼之乱并入宝井之祸的叙述,比之《滇志》所述地羊鬼"为行人祟"的语焉不详,对地羊鬼之乱与宝井之祸二者的关系有更为深入的认识。乾隆《腾越州志》叙述物产时提及地羊鬼:"宝石之外,有'碧霞玺'者……其物亦出猛密,大约宝石之流也。然闻其地宝石止有数井,皆本地夷人环屋围之,开凿于室内,虽取有佳者,外人不知,每为缅酋得去。至碧霞玺,则与中土开厂同。有凿硐得佳者,即为旺硐,转售于外,可发财;凿而不得,或得而非佳者,即财命随之俱尽,又不但明时地羊鬼之为祟也。盖其地有地羊鬼,故吴君及之。"[1] 其论公允,寻找宝石矿业成败的原因,而不是将地羊鬼做替罪羊。道光《云南通志稿·南蛮志》记夷人141种,最后一种为"木邦",引陆次云《峒溪纤志》,有"相传其人多幻术,能以木换人手足。人初不觉,久之,行远,痛不能胜。有不信其说者,死之日,剖股视之则果木也"的描述,显然是地羊鬼传闻的一种遗响和变音。王崧编纂《云南备征志》,收毛奇龄《蛮司合志·云南土司》,题名为《云南蛮司志》。王崧修纂《云南志钞》时,吸纳《云

---

[1] (清)屠述濂纂修:《腾越州志》,台北成文出版社,1967年,第49页。屠述濂纂修《腾越州志》以前人志稿为基础,文中提及的"吴君"即吴楷,乾隆三十五年任腾越知州,纂有州志稿。

南蛮司志》内容，在所记地羊鬼后补充一句"国朝平滇，为荒外地"①，表明包括地羊寨在内的孟密已处于清政府治外，地羊鬼及其地域与中央王朝渐行渐远。

地羊鬼的历史与文献脉络

系列	时间	历史或文献事件
A1	1457—1464年（天顺元年至八年）	木邦所属猛密崛起，投靠缅甸，与木邦争夺土司权。
A2	1484年（成化二十年）	孟密设安抚司。
B1	1530年（嘉靖九年）	云南巡按御史刘臬上疏："孟密地方产有宝井，为土酋思真所辖……地极瘴疠，俗尚蛊毒，往年采取人役，多被中伤。"
C1	1531—1555年（嘉靖十年至三十四年）	缅甸东吁王朝崛起，灭阿瓦王朝，北逼云南。
A3	1560年（嘉靖三十九年）	孟密土司思真、思汉相继死亡，境内大乱。
D1	1566年（嘉靖四十五年）	地羊鬼出现在《七修类稿》，地域为孟密安抚司所属。
B2	1583—1591年（万历十一年至十九年）	邓子龙帅军征缅。
B3	1584年（万历十二年）	刘綖军克蛮莫，在威远营筑坛誓众，参与者有孟养、木邦、陇川宣慰使和孟密安抚使。
A4	1585年（万历十三年）	孟密安抚司升为宣抚司。
D2	1588年（万历十六年）	《西南夷风土记》记："蛮莫威远营，有火药匠与夷人哄，已而病没……满腹皆泥沙。"地羊鬼活动的地域为"蛮莫之外"。
B4	1592年（万历二十年）	云南巡抚陈用宾上疏："缅酋拥众直犯蛮莫，其执词以奉开采使命令，杀蛮莫思正以开道路。全滇之祸，皆自开采启之。"

---

① （清）王崧：道光《云南志钞》，云南省社会科学院文献研究所，1995年，第428页。

续表

系列	时间	历史或文献事件
D3	1597年（万历二十五年）	《广志绎》记："过者曲意接之，赏以针线果食之类，不则，离寨而死，剖腹皆木石。"地羊鬼地域为"孟密所属"。
C2	1602年（万历三十年）	缅军为夺取孟密宝井，出动十几万军队攻占蛮莫。
B5	1605年（万历三十三年）	中央政府下令中止孟密宝井开采。
C3	1606年（万历三十四年）	30万缅军进攻木邦，明军救兵不至，木邦失陷。明缅战争基本结束。
D4	1620年（万历四十八年）	《滇略·夷略》明确地羊鬼为"僰夷"种人。
D5	1625年（天启五年）	《滇志·羁縻志·种人》明确地羊鬼为独立种人，文字与《滇略》相同，增加"如元江所为"。另，《猛密宣抚司》记猛密"有宝井金矿，估客云集……山高田少，米谷腾贵。又多地羊鬼，为行人祟……成化间，夷目思歪据宝井叛"。
D6	1636年前后（明末清初）	顾炎武《天下郡国利病书》引《滇志》"地羊鬼"。
D7	1636年前后（明末清初）	顾炎武《肇域志》引《广志绎》，明确"地羊寨"地名。
B6	1656年（明永历十年，清顺治十三年）	南明永历朝廷迁入云南。
B7	1659年（明永历十三年，清顺治十六年）	清军入云南，永历朝廷逃往缅甸。
B8	1662年（清康熙元年，明永历十六年）	缅王将永历帝送回云南，永历帝在昆明被杀。
D8	1683年（康熙二十二年）	《云南通志·土司·种人附》引《滇志》"地羊鬼"。
D9	1719年（康熙五十八年）	《滇小记·滇云夷种》增加地羊鬼妖术细节。
D10	1736年（乾隆元年）	《云南通志·土司·种人附》引康熙《云南通志》"地羊鬼"。

续表

系列	时间	历史或文献事件
D11	具体时间不详（雍正—乾隆四年之前）	《云南蛮司志》记"其属有地羊寨，在猛密东，往来取道所必经者，寨中男妇皆黄睛㿜面类鬼，翦旧铜器联袇之缠两足间以为饰，然工幻术，能易人心肾手足致死，即牛马亦然。时以采办者多，人有强索其食者，既去腹痛死，已而所乘马亦死，剖之则马腹皆土石也。思真尝剿之，又杀数千人，不得绝。至是复议剿，以兵少中止"。剿杀事件时间应在嘉靖三十九年思真死之前。
D12	1739年（乾隆四年）	《明史》记"其属有地羊寨，在孟密东，往来道所必经。人工幻术，采办人有强索其饮食者，多腹痛死，已所乘马亦毙，剖之，则马腹皆木石也。思真尝剿，杀数千人，不得绝。至是，复议剿，以兵少中止"。
D13	1761年（乾隆二十六年）	谢圣纶《滇黔志略·种人》提及"地羊鬼"，但没有描述。
B9	1762—1769年（乾隆二十七年至三十四年）	清缅战争。
D14	1775年（乾隆四十年）	胡蔚订正《南诏野史》，将地羊鬼与元江夷混合，添加细节，将地羊鬼归为"僰人"。
D15	1790年（乾隆五十五年）	《腾越州志》记"（宝石）凿而不得，或得而非佳者，即财命随之俱尽，又不俾明时地羊鬼之为祟也"。
D16	1799年（嘉庆四年）	檀萃《滇海虞衡志·志蛮》引《滇志》"地羊鬼"。
D17	1808年（嘉庆十三年）	师范《滇系·属夷》在《滇志》的"元江"后增加一"夷"字。
D18	1829年（道光九年）	《云南志钞》在《云南蛮司志》所记地羊鬼后补充一句"国朝平滇，为荒外地"。

续表

系列	时间	历史或文献事件
D19	1835年（道光十五年）	《云南通志·南蛮志》引乾隆《云南通志》"地羊鬼"。
D20	1873年（同治十一年）	《海客日谈·缅甸语略·与缅酋闲话》认为地羊鬼邪术类湖南北祝由科，地域为干崖宣抚司所属。
D21	1891年（光绪十七年）	《云南通志稿·南蛮志》引道光《云南通志稿》"地羊鬼"。
D22	1890年（光绪二十六年）	《普洱府志》对道光《云南通志稿》"地羊鬼"有所修改，引《宁洱县采访》"从军越南……见一兵……失去一足，系以芭蕉二尺余易之，次日即死"。
D23	1901年（光绪二十七年）	《续云南通志稿·南蛮志》引道光《云南通志稿》"地羊鬼"。

此表截取与地羊鬼有关的重要历史与文献事件，按照时间顺序排列，并将事件分为4个序列：A序列以木邦、孟密土司为主，B序列以明、清王朝为主，C序列以缅甸为主，D序列为文献。在这些不同序列的前后交错中，可见地羊鬼的叙述脉络与历史流变或隐或现的关系。

第四节　生成语境

位于今缅甸掸邦东北部的木邦与今缅甸掸邦西北蒙米特的孟密是地羊鬼故事的主要发生地。木邦又称"孟都"或"孟邦"，明永乐二年（1404）以木邦府改置木邦军民宣慰司宣慰使司。孟密于明成化二十年（1484）置安抚司，万历十三年（1585）升宣抚司。孟密"东产宝石、产金，南产银，北产铁，西产催生文石"[1]，

---

[1]（明）朱孟震：《西南夷风土记》，方国瑜主编，徐文德等纂录校订：《云南史料丛刊》（第五卷），云南大学出版社，1998年，第493页。

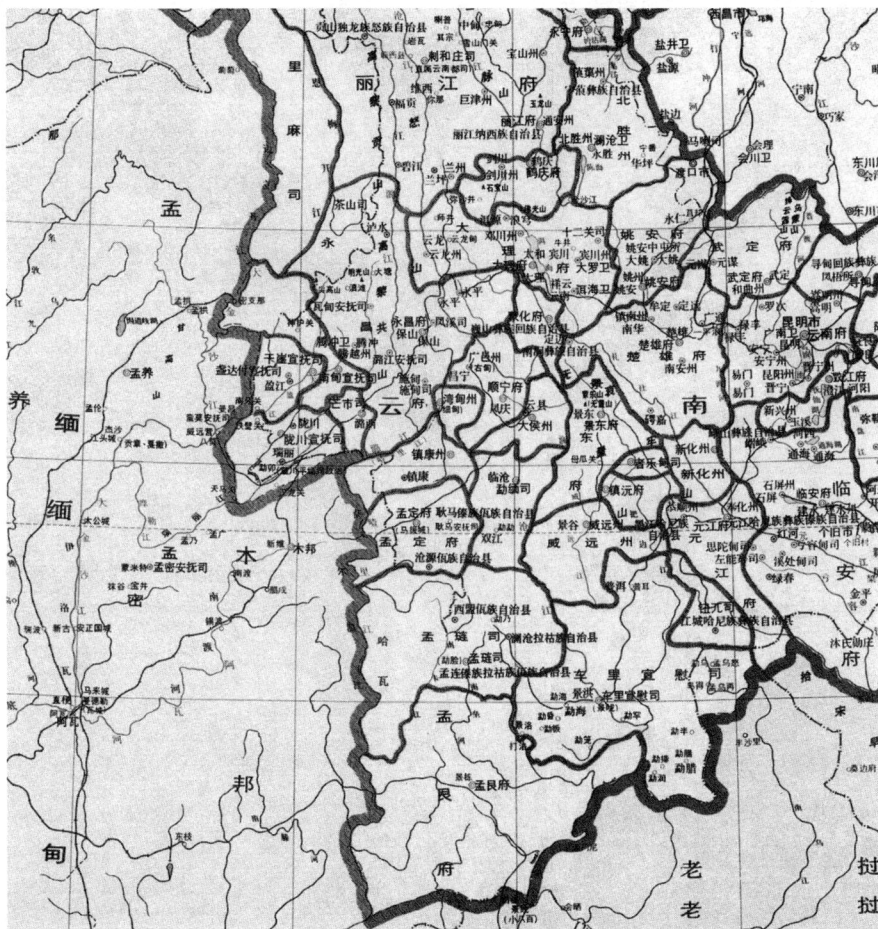

图5-9　明代中缅边疆地图[1]

---

[1]OSGeo中国"开放地理空间信息科学技术、数据、知识共享网"https://www.osgeo.cn/map/m05a2。

孟密宝井在今缅甸抹谷①。

明代滇缅边疆山区的一个大型银矿需要多至两三万的从业者来维持其挖矿、冶炼、供应、物流等产业链,"在木邦与阿瓦之间的山区,猛密、猛谷附近的宝石厂和玉石厂也聚集了大量来自内地的工人和商人,他们不断将开采的矿产运回内地"②。地羊鬼可能是随矿业发展而迁移到孟密的元江僰夷,后因战乱等原因而失业,成为边缘游民,"出没不常",活动于孟密、蛮莫一带,被迫以劫掠为生。得不到明王朝、孟密和缅甸任何一方的认可与庇护,在汉人文献中被妖魔化,孟密土司思真也要剿灭之。

滇西及缅甸异域环境的恶劣与明缅、清缅长年战争的惨烈,可能会加剧当事人及叙述者的不安。那位亲历明缅战场的佚名文人在《西南夷风土记》记下此方面的信息:

> (风气)四时皆热,五六月水如沸汤,石若烁金。三宣、蛮莫、迤西、木邦、茶山、黑麻皆瘴疠恶毒……华人初至亦多病。(地理)山则悬崖峭壁,河则黑水弱流,遥见隔崖粉墙,庐舍俨然,车马往来,而世莫能通焉,亦不知为何地也。(山川)山涧多蝮蛇、孔雀,其水多毒。蒲窝之外有毒泉,鸟兽饮之无不即死,毛骨积泉傍者不知其几许也。……蛮莫山中,木多连理。潞江以

---

① 抹谷矿区4个开采区至今仍在开采,主要出产红宝石及蓝宝石。抹谷红宝石色元素为钛,极少含有其他暗色红宝石中的铁,色调纯正明快,透明度极佳,晶莹剔透。少量的杂质无损其光彩,反而成为源自天然的明证。抹谷红宝石被誉为世界上唯一带有星光的红宝石,而抹谷被称为红宝石圣地。

② 马健雄:《"佛王"与皇帝:清初以来滇缅边疆银矿业的兴衰与山区社会的族群动员》,《社会》2018年第4期。

外,道傍草节自相纠结,谓之"揪头",瘴发则如此也。①

至于缅人之凶残,则记述曰:

> 应里性极惨刻,凡有罪者,群埋土中,露头于外,以牛耙
> 之,复复以柴草,举火焚之,彼此纵观以为乐。江头城外有大明
> 街,闽、广、江、蜀居货游艺者数万,而三宣六慰被携者亦数万,
> 顷岁闻天兵将南伐,恐其人为内应,举囚于江边,纵火焚死,弃
> 尸蔽野塞江。②

作为幕僚,周裕随云贵总督明瑞部队征缅,其《从征缅甸日
记》记述乾隆三十二年(1767)入缅之事:

> 二月初十日夜半……合营大噪,枪炮雨集,被伤颇众。方过
> 贼营前,涉深溪,官兵争渡,践踏溺毙者甚多。裕下马涉水,几
> 至灭顶,仆役尽失,独乘驽马缓行而前。十一日午后至一山,山
> 径甚险,攀援而上,贼已至山下,鼓噪放枪……裕马极疲乏……
> 闻将军独自殿后,众贼围绕,且行且战,中途阵亡。领队大臣观
> 音保、扎拉丰阿亦死之。……十二日,午后天雨,行至山中,远
> 闻枪声,有随征广南沙练走而告曰:"贼至矣!"……十三日早,
> 至一山,俯视土境,猛卯江不远,上无路径,草茂极滑,既难驻

---

① (明)朱孟震:《西南夷风土记》,方国瑜主编,徐文德等纂录校订:《云
南史料丛刊》(第五卷),云南大学出版社,1998年,第488—489页。
② (明)朱孟震:《西南夷风土记》,方国瑜主编,徐文德等纂录校订:《云
南史料丛刊》(第五卷),云南大学出版社,1998年,第491页。应里,指缅
王莽应里。江头城一说在今缅甸八莫,一说在今缅甸杰沙。

足，又无可攀援，因匍匐而过，两足蹒跚，竟不能举……裕体质
素弱，不耐艰苦，自猛域至宛顶，计行三昼夜，不特无帐房，且乍
雨乍晴，衣履屡湿，所携饭团一枚已食尽，饥渴殊不可忍，见军
人炊饭，索汤饮之，不啻玉液……自入宛顶即患痢，卧病数日，
力疾赴永昌，弟山甫见之，几不相识。……外域早晚多凉，日出
后，隆冬亦如盛夏，黎明大雾迷漫……瘴气春深始发，涉冬尽
消。冬月绝无雨泽，交春雨水渐至，夏秋则无日不雨。……木邦、
锡箔、宋赛一路，间有坦道，邦海至猛弄、大山一路，跬步皆山，
极其险阻。[①]

　　地羊鬼活动的时代正是明王朝与缅甸和木邦、孟密等地方土
司展开拉锯角力的时代。孟密因宝井而崛起于木邦，新兴的缅甸
东吁王朝北扩，明王朝对木邦与孟密土司纷争处置失当[②]使明朝
耗费大量军力、物力去重新获得对木邦等地的控制权。最终，明
王朝丧失对孟养和木邦两宣慰司的统治，其范围相当于今缅甸八
莫、开泰以北，那伽山脉以东直到掸邦东北部的广大地区[③]。进
入清代，南明政权流亡云南和缅甸，永历帝最终在昆明罹难，以
及此后乾隆年间持续7年的清缅战争，使地羊鬼曾经活动的区域
及其历史仍然受到史家关注，已经成为传闻的地羊鬼得以出没在
各种文献中。上述背景脉络可以解释为什么最初与地羊鬼相伴的

① （清）周裕：《从征缅甸日记》，李德龙、俞冰编：《历代日记丛钞》（第
　　二十九册），学苑出版社，2006年，第331—336页。
② 杨世武：《明朝对孟密与木邦土司纷争的处置及影响窥探》，《湖北民族
　　学院学报（哲学社会科学版）》2018年第6期。
③ 贺圣达：《嘉靖末年至万历年间的中缅战争及其影响》，《中国边疆史地
　　研究》2002年第2期。

扑死鬼没有在历史文献中成为特定的种人，也没有地羊鬼那样高的出现频率。地羊鬼的叙述正是在这样的历史时空交错点上完成的，其中一类事件与宝石运输有关，另一类则与行军作战有关，二者又围绕巫蛊之术展开叙述。

地羊鬼显然是他称。大部分汉文献修纂者理所当然地将地羊鬼作为一种独特的种人。唯有谢肇淛、胡蔚将地羊鬼视为"僰夷"或"僰人"之一种，亦即今天的傣族支系。就地羊鬼活动的区域而言，这一判断有其合理性。地羊鬼的记述在明末战乱后由历史变为传闻，其族群身份无法获得持续性的记述，给后人判定其族属带来困难。不过，重要的不是地羊鬼的族属，而是地羊鬼如何在历史时空中出没，以及这种出没与历史表述之间的关系。

擅于宏观叙事的史家往往忽略弱小群体及其事件的意义，在某些情况下又转而将历史教训归结于这样的群体或事件。不止一种史书认为，"全滇之祸，皆自开采启之"。地羊鬼融入"宝井之祸"的叙事，增添其恐怖气氛。"宝井之祸"固然加剧了明末边疆的混乱，其根源却在明缅局势的变化及明王朝晚期的衰颓。勒内·基拉尔的研究表明，社会骚乱时的紧张关系使得少数社会边缘人成为"替罪羊"。人们解决社会紧张的途径之一是集体施暴于"替罪羊"，希望由此保障社会群体的和谐、团结。"如果一个群体被剥夺了解决内部分裂和动荡的政治和法律手段，那么会有一种不可抵抗的倾向，将任何困扰它的责任近便地归咎于某个人或某些人。"[1]他把这样的叙事称为"神秘化迫害文本"，同

----

[1]（法）勒内·基拉尔：《双重束缚：文学、摹仿及人类学文集》，刘舒、陈明珠译，华夏出版社，2006年，第245页。

时指出这样的文本是"研究被迫害少数群体的主要来源"①。从正统叙事的立场看，地羊鬼行事诡异，确有劣迹，本非善辈。但实际上，地羊鬼不过充当了"替罪羊"的角色，明末战乱与"宝井之祸"则成为塑造"替罪羊"的历史语境。正如有学者指出的，明清以来，由汉人知识分子操控书写的巫蛊叙事将巫蛊迷信的诡异奇观和混乱想象并置到"云南"这个"蛮夷"之地。处于弱势地位的"他者"很容易被妖魔化，成为仇恨或恐惧的对象②。

　　中央政府停止宝石采买后，地羊鬼遂退出历史舞台，成为历史文献与夷人图说中传说的鬼怪。与地羊鬼有关的历史叙述集中在嘉靖、万历年间，此后的叙述脱离历史语境，定格成一种静态的、令人匪夷所思的奇闻。顺着这种奇闻，后世文人展开符合逻辑但未必符合历史的想象，并没有增加关于地羊鬼的新认识（原先被命名为地羊鬼的族群可能已经并入当地其他族群）。夷人图说的图像与此相应。出于图像与文字不同的特性，后世图绘者可能产生溢出文字之外的细节想象，诸如手舞引魂幡和抓取活人内脏等。地羊鬼之所以施行巫术、"为行人祟"，并非毫无理性的举动，而在于其所嗜之"利"，具体而言即是孟密宝石带来之利。此外，还有更具体的原因，诸如"火药匠与夷人哄""采办人强索其饮食者""过者曲意接之，赏以针线果食之类，不则离寨而死"。这些历史上确曾引发地羊鬼报复行动的细节在定格化的文献中被略去，只剩下含混的"与人相仇"几个字。

----

① （法）勒内·基拉尔：《双重束缚：文学、摹仿及人类学文集》，刘舒、陈明珠译，华夏出版社，2006年，第253页。
② 朱和双：《明清以来滇中地区的巫蛊叙事与族群认同》，《楚雄师范学院学报》2010年第7期。

第六章　夷人图说的绘写者 ①

　　面对图说，我们自然会问：图说中的诸夷是什么人？图说的作者又是什么人？前一问，学界关注多，回答多。后一问，则不然。图说是如何绘写的？绘写者对于自己的绘写有何看法？对于这样的问题，学界还需要进行更多探索。有研究者指出，绝大多数夷人图说是由无名画工绘制的，他们或受雇于各级地方官员，或为了在市场上贩卖盈利，因而多不著作者、不附序跋，与一般史料相比具有很强的特殊性，故在对其开展具体研究之前，对图说的绘制目的、主事之人、图绘作者、流传状况等问题须持有清醒认识②。图说序跋是绘写者自己或绘写者的友人知己所述，其中透露的信息是了解图说绘写者身份、心态和艺术观的重要线索。

第一节　身为画家的图说画师

　　现藏于哈佛燕京图书馆的《滇苗图说》记有种人36种，其"侬人"图说上有"丙申春日金门画史顾云臣制"，且钤朱印"顾

---

① 本章部分内容发表于《云南师范大学学报（哲学社会科学版）》2019年第
　3期。
② 干小莉：《"苗图"浅议》，《百越研究（第四辑）》，厦门大学出版社，
　2015年。

云臣"3字。该册页并非原作，据其说文中出现避道光帝旻宁之"宁"字讳而不避同治帝载淳之"淳"字讳，且与咸丰四年之后"宁"的避讳写法不同，判断图册制作于道光至咸丰三年之间[1]。图册中的"丙申"应为清顺治十三年（1656），亦即顾氏绘制原作之时。固然，不排除此册页纯属伪造。然而，伪造者要有所依据，很可能原作确实存在或者顾云臣曾经画过类似的夷人图说[2]。

收藏者摘抄了一段顾氏小传：

> 顾见龙，字云臣，太仓人，居虎邱，祇候内廷，名重京师。工人物故实，写真克肖，临摹古迹，虽个中目之，一时难别真伪。固非虎头再世，堪与十洲割席。明万历己酉生。[3]

结合朱万章的相关研究，我们对顾见龙有更多了解[4]。顾见

---

[1] 干小莉：《"滇夷图"民族志遗产的内涵与价值》，《南方文物》2018年第1期。本文在此处的考证补充该册页"宁"字写法不同于咸丰四年之后"宁"的避讳写法，从而推断该作的时间为道光至咸丰三年之间。

[2] 比如广州艺术博物馆藏《峒民采芝图》即为顾氏之作。托名伪作的民族图说在清中后期并不鲜见，可能与图说在逐渐丧失其实用功能的同时转换出作为收藏品的商业价值有关。藏于中央民族大学图书馆善本库的《御制外苗图》托名职贡图画师金廷标所绘，盖有乾隆御览印鉴和"石渠宝笈"，或如河南省新乡市博物馆藏《明邓廷宣绘琼黎风俗图》手绘册页。后者伪造的序言称图册绘于顺治二年，而实际伪作于道光年间，时间情况与《滇苗图说》很相似。

[3] （清）彭蕴灿《历代画史汇传》卷五十二，清道光五年吴门尚志堂彭氏刻本，第17页。

[4] 参见朱万章：《顾见龙生平考略》，载俞建良主编：《昆仑堂十年论文集》，荣宝斋出版社，2011年；朱万章：《17世纪宫廷画家顾见龙研究》，《美术学研究》（第1辑），东南大学出版社，2011年。

龙是江苏太仓人,生于万历三十七年（1609）,约卒于康熙二十七年至二十九年（1688—1690）间。据张庚《国朝画征录》"顾铭"条记载:

> 康熙辛亥春,圣祖召写御容,赐金褒荣之。时吴江顾见龙,字云程,亦以写真祇候内廷,名重京师。[1]

宣统《太仓州镇洋县志》记载:

> 顾见龙,字云臣,善画人物,宗仇英,工写照,丰神态度无不毕肖,世祖召入画院,呼为顾云臣。遂以字行。归,自号金门画史。[2]

与顾见龙同时的僧人澹归在《题顾云臣卷》云:

> 南菊翁以高才挟绝技,负盛名,而有奇穷。客岁赴京师,奉天子英鉴,一时传为画榜中状元,旋以病假请归。[3]

钱谦益为《顾见龙绘明代君臣四十像册》所作题跋中写道:

> 右太祖高皇帝、成祖文皇帝、世宗肃皇帝御容各一,下及列

①卢辅圣主编:《中国书画全书》第十册,上海书画出版社,1996年,第437页。

②（清）王祖畲、钱溯耆纂修:宣统《太仓州镇洋县志》卷二十二,民国八年刊本,第3页。

③（清）澹归:《徧行堂续集》卷八,段晓华点校,广东旅游出版社,2008年,第197页。

朝名臣图像，通计三十七像，系前供奉臣曾鲸奉福庙旨摹写入大内，其副本携归。臣谦益获亲觐焉，乃令其弟子顾见龙重为临本，汇装成帙。①

另据清代桂馥《丁亥烬遗录》显示顾云臣绘有《耕织图册》。

顾见龙的老师曾鲸（或曾鲸），在明朝曾奉召入宫临摹历代君臣画像。明清易代，顾见龙仿佛老师当年，受顺治帝所召，入宫"祗候内廷"②，虽然在宫内呆的时间不长，但"名重京师"，被誉为"画榜中状元"，进一步提升了其画坛地位。被召入皇宫，说明他此前非无名之辈。他的名声在人物画和临摹古画方面，所谓"工人物故实，写真克肖，临摹古迹，虽个中目之，一时难别真伪。固非虎头再世，堪与十洲割席"。即便不是顾恺之再世，也能与仇英分庭抗礼（割席为断交之意，此处应非此意），这两位均是江苏人，以人物画闻名天下。

现在无法证明顾见龙是否画过夷人图，但是他之所以被署名为《滇苗图说》绘制者肯定有其缘故或者说资质。这些资质条件是夷人图的画师们需要具备的。宫廷画家、声名远扬，这两条可能不是一般画师所具备，但受邀参与夷人图的画师肯定要小有名气，为官方认可。另外两条尤其重要，亦即擅长人物画和模仿前人绘画。夷人图并非山水画，人物不是点缀，而是主体。判断夷人图的画师是否称职，或者夷人图是否原作，摹本或改绘本是否贴近原作，就看其人物是否为画面主体，人物及其服饰的细节是否到

---

① 转引自朱万章：《17世纪宫廷画家顾见龙研究》，《美术学研究》（第1辑），东南大学出版社，2011年，第37页。

② 宣统《太仓州镇洋县志》说顾见龙"入画院"不确切。清代画院始于乾隆元年，此前称为"画画处"。

位、自然，山水在画面中是否喧宾夺主。如果画师不称职，程式化的痕迹会很明显，而其改写也是没有实际依据和知识考量的。画师具备临摹或模仿前人画作的能力，说明夷人图不同于一般的绘画创作，其中有很大一部分源于模仿前人留下来的图像，而非实地写生或据所见写照。这一点与夷人图说的说文类似，说文也并非全是撰写者原创，而可能来自前人留下的文字。

云南总督伯麟于嘉庆二十三年奉皇命绘制《伯麟图说》，图成后，于嘉庆二十四年二月初六日向嘉庆皇帝奏报相关事宜，他在奏章中说：

> 臣等检齐陈牍，益以近日见闻，时越一年，图分四册，前二册为舆地图，省图居首，十四府，三直隶厅，四直隶州之图次之。……后二册为夷人图，夷人名不一，既其著者绘为一百八种，略识其刚柔、好尚、服饰、饮食之异。宜列之简端，敬备乙览。凡说未详，臣等复据所见，谨跋于后。①

我们并不清楚伯麟与李诂团队到底如何"检齐陈牍"，又如何"益以近日见闻"，但可以肯定《滇省夷人图说》中的"夷人"形象源自两个方面的信息：一是之前的文本中有关"夷人"的记载和图像；二是当时的所见所闻。至于哪些是依据"见闻"，哪些是依据"陈牍"，目前尚无确证。按现代人的逻辑，应主要依"见闻"，无所见无所闻者，方依"陈牍"。但细检图说，并将之与不同时期的"夷图"文本相比照，则可以发现另一种组织信息和构建形象

---

①见苍铭、熊燕：《〈开化府图说〉及所绘中越边界夷人》，《广西民族研究》2018 年第6期。

的模式。

伯麟上呈皇帝的奏折未提及延请画师李诂绘图之事。据道光《云南通志稿》载：

> 李诂，号仰亭，郡人。性倜傥，见古名画辄临摹，几逼真，并善篆隶，绘夷人、舆地图，神采酷似。且不事家产，终其身，清贫自若。①

据道光《昆明县志》：

> 李诂，字仰亭。放达不羁，性明敏，见古名画辄临摹，几逼真，后遂以老画师名。巨室豪家张之壁者，不得诂画不贵也。嘉庆二十三年总督伯麟既平礼社江夷酋高罗衣，绘诸夷人图以献，俾诂司之。图成，神采酷肖，称善本云。②

另据《续修昆明县志》：

> 李诂，其弟子也，字仰亭。放荡不羁，不事家产，终其身清贫自若。性明敏，善篆隶，尤精绘事。见古名画辄临摹，几逼真，后遂以老画师名。巨室豪家张之壁者，不得诂画不贵也。嘉庆二十三年总督伯麟既平礼社江夷酋高罗衣，绘诸夷人图以献，俾

---

① （清）阮元、伊里布等修，王崧、李诚等纂：道光《云南通志稿·人物志·方技》，道光十五年（1835）刻本，第4页。
② （清）戴纲孙纂：道光《昆明县志》，台北成文出版社，1967年，第121页。

诂司之。图成，神采酷肖，称善本云。[1]

在《云南通志稿》相似记载基础上，两部《昆明县志》明确李诂负责绘制《伯麟图说》之事。文献均提及李诂个性鲜明，清贫一生，颇有几分名士风度，可想而知一时闻名于地方。李诂有临摹古画、以假乱真的高超本领，绘夷人"神采酷似"。《云南通志稿》谓李诂擅长山水，后两种文献对此只字未提。《云南通志稿》关于李诂绘夷人图只有寥寥数语，后两种文献则有具体的时间、缘由。之所以后者在丰富李诂绘夷人图信息的同时略去山水一节，恐怕意在剔除人物画之外的信息干扰。李诂或李诂负责的团队怎么绘制夷图，两则文献均未言及，其中固然有"神采酷似（肖）"4字，未必就意味着基于实地见闻而来的准确再现，而可能是一种程式化的品评套话。

宋兆麟在介绍《滇南夷情汇集图册》（亦即《伯麟图说》）时指出绘制者李诂"到过云南许多民族地区，观察民情，就地取材……作品采自风俗，绘其形声，宛如入民族居住之山村"[2]。不过，宋文并没有提供更多的相关文献和线索。为《清代滇黔民族图谱》作序的李孝友谈及明代《云南诸夷图》至乾隆嘉庆年间"已成稀世之本，仅李诂藏有原刻原印之本，珍若拱璧，秘不示

---

① （清）陈荣昌、顾视高纂：《续修昆明县志》卷四《人物志二》下，民国三十二年（1943）铅印本，第6页。
② 宋兆麟：《云南民族的生动画卷——〈滇南夷情汇集〉试析》，《中国历史博物馆馆刊》1998年第2期。

人”①。当云贵总督伯麟延请李诂绘制夷人图说时，李诂以自己
所藏《云南诸夷图》为蓝本，编绘《滇省夷人图说》。此说未提供
相关文献支持，细审之，漏洞多，恐怕只是个人猜测。方国瑜先
生认为，《云南诸夷图》"在宣德年重刻，其时原刻版片已漫漶，
想已多历年所，不知初刻在何年，亦不知何人所作。明兵入滇，
至是已五十年，不识在洪武年刻否？近古堂、绛云楼所著录，别有
《云南三十七部种夷图》，即为初刻本否，不得而知也"，至于《云
南诸夷图说》，除张萱《内阁书目》著录外，"未见藏书家著录，
盖为写本进呈者，不识即就宣德刊本《诸夷图》而附详说成二册
否，抑别为一书耶"②。而《伯麟图说》的实际作者则无法确定，
"不知何人代笔"③。方先生的困惑切近实际，其看法较为中肯。

　　由于文献匮乏，现有研究对夷人图说的绘制细节大多语焉不
详或流于想象，其绘制者形象模糊不清。李诂与顾见龙的例子能

---

①云南大学图书馆编：《清代滇黔民族图谱》，云南美术出版社，2005年，
　第6页。李孝友的原文如下："清嘉庆二十三年（1818）云贵总督伯麟（瑚锡
　哈哩氏，字玉亭，满洲正黄旗人），在解决礼社民族问题后，着力搜集整理
　云南少数民族资料，汇编成册待刊。由于得知'李诂见画辄临摹，几逼真，
　遂以老画师名，巨室豪家张之壁上，不得诂画不贵也'，乃延李诂绘画谱以
　光篇幅，李氏乃以庋藏《云南诸夷图》为蓝本，编绘插图成《伯麟图说》一
　书。清阮元等修道光《云南通志·南蛮志·种人》多引《皇清职贡图》《伯麟
　图说》，共收一百四十种，每种绘有图。清光绪年间，有人据《伯麟图说》
　遴选其中之二十二幅彩绘成册，题名《云南种人图说》，即今云南大学图书
　馆馆藏之本。《伯麟图说》早已散佚不存，故此本更弥足珍视。"
②方国瑜：《云南史料目录概说》，中华书局，1984年，第461页。
③方国瑜：《云南史料目录概说》，中华书局，1984年，第737—738页。在此
　处，方国瑜指出，"官修《职贡图》后，多有作者，或仅作图，或仅作说，或
　兼图说。所知者如嘉庆年间，云贵总督伯麟作《种人图》，不知何人代笔，
　道光《云南通志（稿）·种人》，多引《伯麟图说》。《艺文志·杂著》二十，
　载伯麟进《云南种人图说》"。

够提供一些线索,帮助我们澄清某些错误认识。对于他们那样的画家,实地考察夷人既不现实,也不符合其一贯做法。从古画中取材,甚或临摹古代夷图,也许是更为现实,并能为官方主事者认可的做法。所以,临摹古画的能力成为其特征描述的重点之一。如果像道光《云南通志稿》所言,李诂以山水见长,又如果现存《滇省夷人图说》能够体现李诂所绘原作精髓,那么《滇省夷人图说》不同于《滇夷图说》之处可以得到很好的解释。比较起来,前者人物细节的处理没有后者到位和准确,而用心山水更多。前者说文字数明显少于后者,得以不像后者那样"图"与"说"分属两个页面,而是在一个页面上图说合一,说文如同题画诗跋,使图说充满诗情画意。长于山水、富有艺术气质的李诂被选择或者被署名为夷人图说的画师,有其必然性。

第二节　绘写意图的趣味指向

一、两则图说自述

德国莱比锡民族学博物馆收藏的《滇省迤西迤南夷人图说》木夹封套中间竖刻"滇省迤西迤南夷人图说",可能是收藏者制作封套时的题名。内文首页篆书题名为"滇省西南诸夷图说",可能是作者贺长庚原来的命名。乾隆五十三年,湖北钟祥人贺长庚为自己编纂的《滇省迤西迤南夷人图说》作序曰:

> 自蜀汉诸葛丞相平蛮理治,封白国王龙佑那于故地,配蛮中大姓焦、雍、娄、爨、孟、量、毛、李为部曲,厥后南北分争,宁州道绝。爨氏王滇,诸姓散居三迤,不知纪(后一字漶漫不

清),名号差殊,语言服食因之各异。我朝声教远敷,诸夷与汉人杂居者多知向化,读书习礼,不惟列庠、食饩者比比而出,且缀科名、登仕版者亦颇有人。服食婚丧悉变汉俗,讳言为夷矣。惟边域岩棲谷处之辈,犹仍夷风,其种尚繁。此守土者之责,而丑类又不可不辨也。予滥竽仕籍,历篆滇之三迤,体访治夷之情,而难易不齐。爰就耳目所及,绘得四十四种,并录其概于端。非欲争奇好异,聊备为治之采访云。时乾隆五十三年岁次著雍涒滩仲春如月三楚贺长庚序。①

"著雍涒滩"即戊申年,亦即乾隆五十三年。贺长庚先后担任过永昌府知府(乾隆三十六年在任)、蒙化直隶厅掌印同知(乾隆三十六年或以后在任)、迤南道兵备道道员(乾隆三十八年初任、五十二年复任)、临安府同知(乾隆四十七年任)、普洱府知府(乾隆五十年任)、云南按察使(乾隆五十四年任)等职,乾隆五十八年(1793)代理云南布政使,同年任贵州布政使,嘉庆三年任山西布政使。贺长庚在滇为官长达二十余年,《滇省迤西迤南夷人图说》自序实乃其心志的自然流露。

故宫博物院古籍特藏部所藏《普洱夷人图说》图册函套贴有当代人拟定的"滇黔苗蛮民图说"标签(之前的函套题名为"苗民图说"),《故宫善本库目录》作者以皇史宬所藏清宫档案为依据,将该图册定名为《普洱夷人图说》。嘉庆三年,驻军普洱的清朝名将杨遇春在其编纂的《苗民图说》(《普洱夷人图说》)图册

---

① 贺长庚:《滇省迤西迤南夷人图说序》,见Claus Deimel. *Das Yunnan-Album Diansheng Yixi Yinan Yiren Tushuo: Illustrierte Beschreibung der Yi-Stämme im Westen und Südene der Provinz Dian*. Museum für Völkerkunde zu Leipzig, 2003, I–II.

序言中写道：

> 余在黔最久，历任苗疆，丁巳季冬，奉命镇普。马迹所经，
> 备阅百蛮种类，钩念夷情，每叹滇黔苗蛮之俗，性不甚相远也。
> 公余之暇，汇得四十五种，外域不与焉。爰命丹青绘辑成图，务
> 肖其实，不假妆饰。一者效古辅轩所采左图右史之意，一者见今
> 衣冠所被，苍山阿墨之外，皆内地之版图也。凡莅滇有民责者，
> 亦可按图索考，思所以治安而抚驭之，则苗夷格心，而不毛之乡
> 几于中土，庶不致如昔年之穷瘠。即谓为有助于治术也亦可。嘉
> 庆三年四月朔日，时斋杨遇春书于普洱军次。①

丁巳年即嘉庆二年（1797）。据《清史稿》和光绪《云南通志》传
载，杨遇春是四川崇庆州（今四川省崇州市）人。生于乾隆二十五
年（1760），乾隆四十四年中武举人，乾隆四十五年征调入伍。乾
隆六十年（1795），随福康安入黔，作战英勇，战功显赫，赐号劲
勇巴图鲁。其后数年，转战滇、黔、湘、鄂、陕、甘诸省。道光五
年，署理陕甘总督。道光十七年（1837）病逝。

　　贺长庚与杨遇春，一文一武的图说绘写者与编纂者，相似的
为官经历使他们的自述如出一辙。图说仿佛个人功勋的一个明
证，"予滥竽仕籍，历篆滇之三迤，体访治夷之情"，"马迹所经，
备阅百蛮种类，钩念夷情"。自称制作图说为其治理夷人分内之
事，指向守土有责、抚夷有术的边疆治理，为后来者提供资政启
示的不二法门。然而，图说实质仍是个人行为和业余爱好，并非

---

① 赵荔：《清代〈普洱夷人图说〉研究》，云南大学硕士学位论文，2013年，
　　附录"《普洱夷人图册（图说）》图文照片"，第52—53页。

其本职工作必需的组成部分。这样，图说就充斥着官员与文人双重身份构成的张力。即便在作为武将的杨遇春那里亦如此，他之所以命人作图，是缘于古代文人左图右史的惯例。这种张力不仅体现在自序中，也使图说具有某种奇妙的混杂性。说文与自序同属文字系统，源于也局限于前人志书的体例与内容。即便如此，说文的书写并非刻板的印刷体，而是归入某种书体、具有艺术格调的书法，能够体现作者的趣味，亦可供人赏玩。我们注意到，《滇省迤西迤南夷人图说》（含自序）由楷、行、隶、篆4种字体书写而成。与说文相比，图有更多挥洒个人趣味的空间，于是与实际相悖、本不该出现的山水出现了。如果说这种山水并没有使图说变得怪异离奇、不可思议，那恰恰证明图说具有非写实的艺术维度。这种艺术维度却又带有强烈的政治性，展示出一幅夷人华化、天下大治的理想图景，也是对诸夷边疆纳入帝国版图的间接宣示。所以，贺长庚有理由说"我朝声教远敷，诸夷与汉人杂居者多知向化"，杨遇春则说"今衣冠所被，苍山阿墨之外，皆内地之版图"。无论雅致的审美情趣，还是宏大的政治图景，都只有当暂时离开直接而迫切的实际事务时才可能在私人领域得到自由发挥。

武举出身的杨遇春，其在普洱驻军不到一年即编纂图说、为之作序，涉及的种人有许多超出普洱府范围，生活在普洱府周边或滇西北，可谓好大喜功而绝非原创。事实上，该图说与早它10年的贺长庚之作多有雷同。与杨遇春相比，贺长庚显得较为严肃，"非欲争奇好异"是他的立场。他描绘的种人极具地方性和原创性，成为刘文征《滇志》之外的另一个种人图说谱系。从自序看，与杨遇春不同，他本人可能就是绘制者或绘制者之一。主观上，他想要远离当时为"争奇好异"而绘写夷人图说的风尚。即便如此，上述分析还是足以证明他以及他的图说仍旧处在一种由艺术与政治主导的风尚之中。

二、文人雅集之图

上海师范大学图书馆藏《滇夷风俗图》是乾隆年间的图说，绘写者名为张素亭。乾隆十五年，昆山人杜诏为张素亭的图册作序说：

> 我友张君素亭，具经济才，足迹半天下。游历所至，辄志其山川风俗，兹相遇于金台，出滇夷图册见示展览，周环六诏诸夷俗宛然在目。且每图各为一说，载其俗之性情好恶，纤悉不遗，既详且核，非留心经世之务者，乌能若此。①

孙麒撰文分析《滇夷风俗图》，认为《滇夷风俗图》的窝泥图、蒲人图、拇鸡图、西番图、僰夷图、白人图、么些图、力些图、古宗图、罗罗图"十幅画面对应十个民族，对于同一民族之不同支系，仅在图说中有所反映，而存世之滇夷图册，多将同一民族之不同支系亦收入图册之中"②，然而图册制作者恐怕没有我们今天这样的民族与支系观念。图册研究者时常面临的问题是，图册是否完整与顺序如何，从该图册序文是否看得出完整的图册只有10幅，即便只有10幅，也完全可能是某种图册的节选抄本。就这10幅图说而言，实在看不出放在一起单独成册的理由。该图册很

---

① 序文见孙麒：《〈滇夷风俗图〉考略》，《西南民族大学学报（人文社会科学版）》2010年第7期。

② 孙麒：《〈滇夷风俗图〉考略》，《西南民族大学学报（人文社会科学版）》2010年第7期。

可能与《滇夷图说》同源，只不过是一个质量不高、存在图文错配的改抄本。

依据孙麒论文对《力些图》的描述，"二人俱环耳，跣足，腕带铜镯。男子交领及膝长衣，束腰带，及膝短裤，戴树叶帽，腰系短刀，右肩负弩，左手指前方前行，回视妇人。女子头系彩带，交领长衣及膝，束腰带，长裙，负一袋，右手持鸟一只"①，《力些图》当是《滇夷图说》的《西番图说》。除了缺"腕带铜镯""负一袋"，"环耳"模糊，"右手持鸟一只"为左手持一不明之物，其他细节完全一致。据文字描述看，《白人图》的内容不全，有耕而无读。孙麒比较《滇夷风俗图》与《滇夷图说》的《姆鸡图说》，发现二者"构图完全不同"，前者"画面右下之人物与左上之小猴遥相呼应，更显生活气息，背景之精致亦非普通抄绘本所能及，作者显然长于山水点染"，并得出结论说"《滇夷风俗图》虽较《滇夷图说》年代稍晚，但非其改绘本，而是自出机杼之作"②。二者构图确实不同，却似有某种关联。为了把问题说清楚，可以比较此两种图说的说文与《滇志》的异同。先录《滇志》姆鸡的说文如下："蓬首椎髻，标以鸡羽，形貌丑恶。妇女尤甚，挽髻如角向前，衣文绣，短不过腹，项垂璎珞饰其胸。迁徙无常，居多用竹屋。耕山食荞麦，暇则射猎，捕食猿狙。配利刀，负强弩毒矢，伺隙剽掳（原文为'卤'），飘忽难御。性狠恶，父子兄弟，怒

① 孙麒：《〈滇夷风俗图〉考略》，《西南民族大学学报（人文社会科学版）》2010年第7期。
② 孙麒：《〈滇夷风俗图〉考略》，《西南民族大学学报（人文社会科学版）》2010年第7期。

则相杀。辖于宁州及王弄山，时为崇迤东。"[1]比较起来，《滇夷图说》缺"荞麦"之"麦"字，"剽掳"改为"剽窃"，缺"时为崇迤东"[2]。《滇夷风俗图》将"鸡羽"之"羽"字移至说文最后，可能是先漏后补，缺"荞麦"之"麦"字，"剽掳"改为"剽窃"，"辖于"改为"多居"，缺"时为崇迤东"，在"项垂璎珞饰其胸"与"迁徙无常"之间增加"不知漱盥"4字。二者有3处改动是相同的，即便《滇夷风俗图》不直接来自《滇夷图说》，也可能有相同的渊源。另外，《滇夷图说》的说文更接近《滇志》，《滇夷风俗图》所加"不知漱盥"只是一种由"蓬首椎髻"而来的程式化联想，且与"迁徙无常"连读顺口，犹如对联，实际上并无确切依据，何况云南诸夷大概都可以如此形容，并没有给图说增加新的信息。

　　再来看图像与说文的关系，在《滇夷风俗图》中，男女主人公的距离被拉得很近，神态却极不自然，有一种相互疏离之感，比《滇夷图说》多出来的小猴是为了呼应说文的"暇则射猎，捕食猿狙"，并非为增添更多生活气息。至于背景精致与山水点染，只能说明绘制者受过绘画训练，程式化地添加山水作为人物背景。况且山水背景与说文无关（说文无一字提及水），有画蛇添足之嫌。要说笔法精致，《滇夷图说》的绘制者更胜一筹，只是严守"图"与"说"对应的准则，没有过多发挥。《滇夷风俗图》的绘制者显然不擅长人物画，尤其是衣饰细节的处理。此外还有明显的败笔，弓弩不分，将"负强弩"错误地描绘成"持强弓"（携带强

---

① （明）刘文征：《滇志》卷三十《羁縻志·种人》，古永继校点，云南教育出版社，1991年，第999页。

② （清）高其倬编：《滇夷图说》，刘铮云主编：《"中央研究院"历史语言研究所傅斯年图书馆藏未刊稿抄本（史部）》第二十一册，台湾"中央研究院"历史语言研究所，2015年，第55页。

图6-1　《滇夷风俗图·拇鸡》

弩被画成手持弓箭），完全没有"耕山食荞麦"的描述。《滇夷图说》则男女各有侧重，女子行为对应于"耕山食荞麦"，画面自然流畅，图说关系贴切。

以《滇志》和《滇夷图说》为参照系，即可发现《滇夷风俗图》撰写与绘制者对说文与图像均有增加、删减和改动，此种处理固然有"自出机杼"的成分，但更要归因于文人和画师所浸淫其中的文字与绘画传统，此传统使得图说的绘写者不由自主地改写，尤其是改绘其所依凭的图说母本。这是站在史学的写实立场上做出的评判。如果把图说视为艺术藏品则另当别论，而《滇夷风俗图》很可能就是出于艺术而非历史目的绘制的。

按照孙麒的描述，《滇夷风俗图》的说文书法或楷或行，字体皆不相同。窝泥、蒲人、僰夷、么些、古宗、罗罗等6篇图说为楷书，㧯鸡、西番、白人、力些等4篇为行书。每篇文末皆有钤印，或名章或闲章，当为10人分别题写。如《窝泥图说》篇首钤"书香剑气"，《力些图说》篇末钤"千岩竞秀万壑争流"。据白谦慎先生研究，文人在书画作品上集体题款之风起于元代，题跋的字体兼有楷书、行书、小草、章草、隶书等，书法风格各异。此做法从晚明流传至清初，反映出明末清初文人视觉习惯趋于复杂的变化①。夷人图说中出现的集体书写，可谓文人雅集之映射。

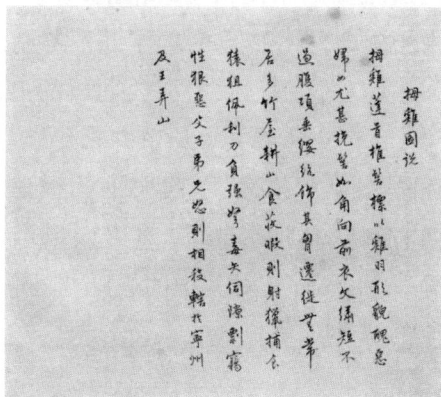

图6-2　《滇夷图说·㧯鸡图说》

　　此种文人雅集的特征与图说序文形成反差，揭示乾隆十五年昆山杜诏的序文是一种程式化而不可尽信之言。张素亭生平不详，从序文可知其喜游历，有现实关怀，并非循规蹈矩、潜心科举

①白谦慎：《傅山的世界——十七世纪中国书法的嬗变》，生活·读书·新知三联书店，2006年，第159页。

功名的读书人。他与杜诏见面时展示滇夷图册,令后者对其经世致用之才能与用心喟叹不已。序文没有明言该图册是否为张素亭所作,但似乎暗示出这一点。可以明确的是,图说综合明代天启刘文征《滇志》等志书与其他图说素材,有的图说说文完全照搬《滇志》,图像也看得出其他图说的影子,很可能仅仅是志书加图说母本的改写、改绘之作,与亲身游历无直接关联。由此观之,图说研究者不能轻信"载其俗之性情好恶,纤悉不遗,既详且核,非留心经世之务者,乌能若此"这样的表述,而要从中看出那个时代将风雅附庸于民俗与政治的风气。在夷人图说发展历程中,类似由历史向艺术转化的例子并不鲜见,后期尤多。

此种艺术与政治混合而成的夷图风尚,在清末民初董贯之所绘《古滇土人图志》那里并未绝响。只不过,艺术手法由国画变为西洋钢笔素描,"原西人钢笔描法立体入画之意摹绘"①。而在西方科学精神影响下,对夷人风俗的描述一方面表现为"争奇好异",一方面又对其中的愚昧与迷信颇多微词,比如地羊鬼、飞头僚的描述。

三、从图说到绘写者

转换视角是反思意识的一种表现,而反思的匮乏可能使我们出现盲区,对可能存在的问题与可能有价值的材料熟视无睹。张琏通过重读李宗昉《黔记》关于陈浩《八十二种苗图并说》的一段文字,注意到此前被忽略的信息。进而指出,大部分苗图或夷图绘写者的匿名性、群体性,图说内容的复制性与功能的混杂性

---

① 董贯之自叙,载董路明编著:《古滇土人图志——董贯之清末民国初年钢笔画》,云南美术出版社,2013年,第6页。

等不同于常规史料的特点，使研究者很难甚至无法实现其关于年代、人物的考据。母本何在？母本作者为谁？就像荷马史诗作者的问题，可能谁也回答不了。所以，何不将认定陈浩《八十二种苗图并说》就是"百苗图"原始本的努力，转入对传抄者与绘写者的关注，从作为母本的图说到作为系统的图说，从母本的作者到图说作者的整体存在，发掘其间意义的流动、传释①。

　　与张琰有类似思考的，是向国内介绍《滇省迤西迤南夷人图说》的旅德学者吴秀杰。她不仅提出关于贺长庚的问题"题著者贺长庚的生平身世如何，制作该画册的真正动机如何，画册的真实作者、画册的完成及其流传过程究竟如何"，更为重要的是，将这一问题加以深化，颇具启发性："题著者在多大程度上采用的是来自自身实地观察的结果，多大程度上依赖于以往历史资料上的记载？为什么题著者会采取这样的混合？在多大程度上这些图文体现了题著者对'他者'的想象？这样的'想象'有着怎样的文化的、地域的和社会阶层的背景？从画法风格到内容表现的分析甚至可以为'图画如何作为文本资料'这一民族学、人类学上的基本理论和方法问题提供有益的见解。概括而言，在分析这些图画的过程中，我们要回答的不仅仅是这些图画提供了怎样的史实信息，而是要回答什么人在怎样的条件下通过这些特定的图画要表达怎样的内容，为什么以及怎样表达了这些内容。"②吴秀杰之问，在于从贺长庚到题著者的心态与文化情境。回答贺长庚是谁，固然重要，但还要透过贺长庚去问他所代表的题著者是谁。

────────

① 张琰：《关于苗蛮图研究的一点商榷与一个建议》，《遵义师范学院学报》2016年第6期。
② 吴秀杰：《异地的图说：一本关于云南民族的"苗图"——评介〈滇省迤西迤南夷人图说〉的德文译本》，《民族艺术》2005年第2期。

我们可能掌握不了贺长庚及其与图说相关的全部信息，但将他的案例与其他案例综合起来，就可能呈现出特定图说绘写者的某种整体特征。贺长庚可能不是绘写者或者只是绘写者之一，所以吴秀杰用的是题著者一词。大部分图说都未题著者，所以有题著者的图说可以做更多针对性强的讨论。上述清代民族图说反映的绘写信息可概括如下：

图说名称	绘写时间	绘写者身份	绘写意图	绘写方式
滇苗图说	顺治十三年（1656）	宫廷画师顾见龙		写生：写真克肖。法古：临摹古迹。
滇夷风俗图	乾隆十五年（1750）	普通文人张素亭	实用性认识：留心经世之务。	写生：游历，志山川风俗、性情好恶；纤悉不遗，既详且核。
滇省迤西迤南夷人图说	乾隆五十三年（1788）	地方官员贺长庚	治理之术：守土者之责、治夷之情、为治之采访。版图宣示：声教远敷、诸夷向化。	写生：就耳目所及，绘得44种。
普洱夷人图说	嘉庆三年（1798）	地方官员杨遇春	治理之术：钩念夷情、治安抚驭、有助于治术。版图宣示：衣冠所被，苍山阿墨之外，皆内地之版图。	写生：务肖其实，不假妆饰。法古：效古辀轩所采左图右史之意。
滇省夷人图说	嘉庆二十三年（1818）	民间画师李诂	治理之术：识其刚柔、好尚、服饰、饮食之异；敬备乙览。版图宣示：平礼社江夷酉高罗衣，绘诸夷人图以献。	法古：临摹古画，几逼真。

图说序跋揭示出绘写者的心迹和旨趣，"绘写了什么"与"谁来绘写、为什么绘写、怎么绘写"密不可分，绘写者的绘写动机与绘写方式决定了图说对象的最终呈现。透过图说，我们看到的也

许不是古代民族与民俗风貌，而是绘写者所认知、理解或想象的古代民族与民俗风貌。图说肯定具有史料意义，但这种史料意义并不简单等同于对古代民族的认识，也不完全等同于对古代民族的识别。对于图说绘写者而言，在关于古代民族的认识、理解或想象之外，图说还有政治道德意义和艺术审美意义，有时后二者的意义要大于前者。将图说视为古代史料时，要留意绘画（包括书法）与文字相比的特殊性，很大一部分图说之所以在世易时移的辗转中成为风俗画，演变为艺术藏品，自有其缘由。至少就一部分图说而言，在产生之初，无论图说绘写者的主观意愿还是图说的实际效应，都包含着地方知识、政治诉求与审美旨趣三重意义，后来的研究者可以选择其中一种意义进行研究，但不应该忽视三重意义并存的事实。

就本研究讨论的图说绘写者而言，顾见龙是名噪一时的职业画家，受政府所聘，完成指定的图说绘写任务。贺长庚、杨遇春是另一类，他们出于为官一方的需要以及由此引发的个人兴趣，自己绘写或组织他人绘写图说，对自己的为官之道和心志做出某种意义的总结。职业画家之所以受聘于政府，并非因为其对于所绘民族对象有深入的认识，而在于其在绘画界所获得的声誉，代表的是对艺术传统和绘画技法的深刻把握与创造性运用，其绘写的图说在对古代民族的认识中自然带有绘画传统的图式和审美趣味，也包含着官方授意的政治意识形态指向。地方官员亲自参与完成的图说，留有关于图说的自述，更为清晰地透露出图说绘写的内在动机不仅仅是对于治下民族的认识，提及更多的是帝国版图内的少数民族如何被教化、管理。尽管教化和管理基于认识，但这种认识很难说不带有政治功利色彩和偏见。官员如果没有文人雅好，不具备一定的艺术素养、审美趣味，就不会选择绘画的方式来呈现其民族认识与政治抱负。即便是行伍出身的杨遇春也不例外。

这种文人气质在《黔南苗蛮图说》作者桂馥身上有突出表现，他"嗜古""工画"，满腹诗书，临摹古画，对于市场上粗制滥造的民族图说极为不满。这种不满既是认识论上的，也出于艺术鉴赏的眼光。市场中有民族图说流通，说明图说于时人而言具有的艺术价值。为桂馥图说作序的史念祖等人，与桂馥经历相似，气味相投。在某种意义上，围绕图说而成的序跋构成一次书画品评的文人雅集，所以才会针对当时图说的艺术市场发出批评①。图说成为激发文人雅兴的焦点，桂馥图说并非唯一的例子，早在乾隆十五年杜诏为张素亭图册所作序之中就有体现，"兹相遇于金台，出滇夷图册见示展览"，图说为那些虽不能至，却对蛮夷边地充满好奇的读书人提供了文人雅集的谈资，该图说出现的各体书法和文人闲章无不说明，也在满足此种雅集的需要。

就绘写方式而言，图说序跋或画家传记往往强调写真、亲历等记录方式的真实性，我们可将之概括为"写生"。与此同时，序跋提供的另一条线索不容忽视，那就是临摹古画、参究古书，与传统相应，可称之为"法古"。画师具备临摹或模仿前人画作的能力，说明图说中有很大一部分源于模仿前人留下的图像，或因循既有的程式格套，而非实地写生或据所见写真。这一点与民族图说的说文类似，说文也并非全是撰写者原创，而可能来自前人留下的文字。"写生"与"法古"交织，对照有关民族的文字描述，参考前人留下的画作，进行民族图说绘制。这应该是大部分

①参见李立、史青：《从图说到图说绘写者——基于清代滇黔民族图说序跋的研究》，《云南师范大学学报（哲学社会科学版）》2019年第3期。

图说绘写的实际情况。

　　古人绘写图说，并非站在纯粹的认识论立场，这是今天古代图说的研究者要留意的。研究者总希望从图说中获取关于古代民族的认识论信息，或者以认识论标准去衡量图说的价值，往往与古人意图相左或简化古人的意图，从而出现有意无意的误读。这不仅无益于图说作为史料的价值，也有损于图说的全面认识。英国史家柯林伍德曾经说："历史事件却决不是单纯的现象，决不是单纯被观赏的景观，而是这样的事物：历史学家不是在看着它们而是要看透它们，以便识别其中的思想"[1]，"历史的过程不是单纯事件的过程而是行动的过程，它有一个由思想的过程所构成的内在方面；历史学家所要寻求的正是这些思想过程"[2]。图说的研究也是这样，融入图说绘写者的思想世界，方能看清图说绘写的对象。

第三节　《维西见闻记》与《维西夷人图》

　　夷人图说属于志书的一部分或一种呈现方式，至少最初是这样。理解志书的特点，不仅有助于理解夷人图说的说文，还有助于理解图说的图像为何呈现不同于一般绘画的特点与规律。在此将与夷人图说相关的志书作者的自述纳入进来，与图说作者自述一并考量。

　　官修志书有时如同传递接力棒，对前人成果照单全收，有

---

① （英）柯林伍德：《历史的观念》，何兆武、张文杰译，中国社会科学出版社，1987年，第243页。
② （英）柯林伍德：《历史的观念》，何兆武、张文杰译，中国社会科学出版社，1987年，第244页。

时如同滚雪球，前人成果裹挟新材料，不断壮大。对于"图"与
"说"而言，沿袭旧说与旧图并不违背志书编纂的传统与惯例。尽
管不排除接力棒和滚雪球模式，私修志书的自由度毕竟比官修志
书更大，可能有更多逸出的新材料和新见解，也会在编写体例上
另辟蹊径。

元代李京在《云南志略》自序中言道：

> 乌蛮、六诏、金齿、白夷，二年之间奔走几遍。于是山川地
> 理、土产、风俗，颇得其详。始悟前人记载之失，盖道听涂说，非
> 身所经历也。因以所见，参考众说，编集为《云南志略》四卷。①

李京认为前人记载之错误在于道听途说，但他不排除参考前人文
献。明代天启《滇志》作者刘文征如是说：

> 《唐书》南诏及两爨蛮传，所载颇详。李氏旧志取而附益
> 之，作爨、僰《风俗》，谓二种尽滇南夷类。然夷繁有徒，髠括未
> 尽，又古今变殊，有名实刺谬，未免牵合附会者。②

对于李元阳《云南通志》因袭前人、不顾实际变化而牵强附会的
做法，颇有微词。刘文征述及自己如何编写：

> 兹旁索故府，有直指黄公所采《民风图》，纪滇中诸夷甚

---

① （元）李京：《云南志略自序》，载王叔武：《大理行记校注 云南志略辑
校》，云南民族出版社，1986年，第66页。
② （明）刘文征：《滇志》卷三十《羁縻志·种人》，古永继校点，云南教育出
版社，1991年，第994页。

详，又杂取耆老所称述，就旧志区分而详核之，使野鹿标枝，面目不失，鸟喙兽攫，本情悉穷。[1]

结合黄中采编的《民风图》及地方耆老的讲述，对李元阳志书做出订正。最后强调志书的意义在"柔服百蛮"："揽斯编也，其于柔服百蛮，或不为骈拇枝指乎。"[2]因为对官修志书的不满，才有民间修志者的用武之地。

乾隆三十四年（1769），湖北安陆人余庆远随其兄余庆长赴任云南维西通判，一年后写成《维西见闻记》，其中记有么些、古宗、那马、巴苴、栗粟、怒子等6种夷人以及黄教喇嘛、红教喇嘛、谟勒孤喇嘛、善知识喇嘛等4种喇嘛。余庆远认为以往志书"语多附会，事不确实，而奇绝之极者，则皆缺焉"[3]，至于他所记6种夷人，则是"备得详细，不袭不饰，不略不遗"[4]。之所以能够做到这一点，源于他的调查方法是"目击博访"："予得之目者十三四，访之父老得六七"[5]，"知土官之老者能识往事，谙华语，进而访之，颇得其详"[6]。

①（明）刘文征：《滇志》卷三十《羁縻志·种人》，古永继校点，云南教育出版社，1991年，第994页。
②（明）刘文征：《滇志》卷三十《羁縻志·种人》，古永继校点，云南教育出版社，1991年，第994页。
③（清）余庆远：《维西见闻记》，王云五主编：《大理行记及其他五种》，商务印书馆，1936年，第2页。
④（清）余庆远：《维西见闻记》，王云五主编：《大理行记及其他五种》，商务印书馆，1936年，第2页。
⑤（清）余庆远：《维西见闻记》，王云五主编：《大理行记及其他五种》，商务印书馆，1936年，第1页。
⑥（清）余庆远：《维西见闻记》，王云五主编：《大理行记及其他五种》，商务印书馆，1936年，第1页。

维西地处边徼,至明代木氏土司时期才内附中原王朝,在余庆远之前少有内地文人到此游历并诉诸文字。雍正九年(1731)维西通判陈权著有《维西节略》,余庆远在文中未提及,未必看过。没有太多旧说可以沿袭,他只能仰仗自己的耳目。他只是贡生,一介布衣,没有沾染官场习气,不会站在杨遇春、贺长庚那样的政治高度去夸耀自己和帝国的功勋,并宣称要将未竟事业和夷人图说托付给后来的官员,或者像刘文征、谢圣纶那样强调修志者参与"柔服百蛮"的"民社之责"与志书的"抚夷之旨"。他著述的动机似乎可以归于好奇心、求知欲,希望了解不同人群及其文化的差异究竟有多大,并加以忠实记录:

> 历纪之,以知人类之繁,而所性竟有与人殊者。①
>
> 今于草木、禽兽、器用之类,或为滇不常有,或为他省所无,而并非滇地共有者,纪之,以见天地异而人异,人异而物亦异之,有如此也。②

值得一提的是,尽管在夷人之后记录4种喇嘛,但他特别指出喇嘛"虽非于众夷之外,别为生育者,而其怪也,人也,夷也,故于'夷人'后统而计之"③。别的夷人图说作者如贺长庚,也将喇嘛作为夷人,却未加说明。余庆远的顾虑反映出夷人分类存在的

---

① (清)余庆远:《维西见闻记》,王云五主编:《大理行记及其他五种》,商务印书馆,1936年,第2页。

② (清)余庆远:《维西见闻记》,王云五主编:《大理行记及其他五种》,商务印书馆,1936年,第3页。

③ (清)余庆远:《维西见闻记》,王云五主编:《大理行记及其他五种》,商务印书馆,1936年,第3页。

问题，对此别人可能毫不在意。方国瑜注意到道光《云南通志·种人》"尽采庆远所记"，"喇嘛四条亦列为四种人，则失之也"①。

余庆远的记述缺乏张素亭那样的风雅，而多了后者没有的客观态度。然而，这种差异并非完全取决于态度。假如作为文人的余庆远撰写的不是见闻志而是百蛮诗或竹枝词，他会在诗词格律、用典炼字的传统中去营造一个虚实相生、诗情画意的夷人世界。而如果张素亭奉命绘制官方规范要求的职贡图或军营上报图册，那么山水即便出现也不会有太多文人画的色彩甚或将不再作为背景出现在夷人周围，就如同余庆远离开维西后出现的《维西夷人图》②。

乾隆三十九年（1774）余庆长离任维西，余庆远是在此时随兄离开，抑或此前离开维西，不得而知。嘉庆七年（1802）维西爆发以恒乍绷为首的傈僳族起义，一年后被镇压。当年余庆远如此记述傈僳"触忿则弩刃俱发，著毒矢处肉，辄自执刃刮去，性刚狠嗜杀"，似有某种预见性，而他指出傈僳唯有么些头目土官"能治之"，也确实成为镇压后治理该地的良策，"安设土弁头人分段管束"。驻防维西的清军协营命人绘写《控制土司所管夷人种类图像》及说文，记有么些、古宗、喇马、栗粟、怒子、龙巴、俅人等7种夷人及红黄喇嘛。其中傈僳一条，明确说"其性暴悍"。与之对应的是，在7种夷人图像中，唯有傈僳持弩，作射击状。该图册除夷人图像外，还有两幅涉及驻防城池、讯、塘的舆图以及驻防官兵信息，显然属于军营册报、内部流通的文件。

---

① 方国瑜：《云南史料目录概说》，中华书局，1984年，第643页。
② 该图说收入余庆远撰：《维西见闻纪》，李汝春校注，维西傈僳族自治县志编委会办公室编印，1994年，第89—104页。

从维西协营册报到《维西夷人图》要归功于清末民初收藏家杨昭儁，他在图册题跋中写道：

> 此种画册，可以观察边徼夷俗及其山川形势，偶一披览，如入其境接其人，亦学者所宜留意也。朽道人陈衡窗亦有藏本多于余册，但无舆图。庚申腊月十一日，灯下。乐潜翁记于京师。①

文字之下钤篆文印两方，阴文印"杨印昭儁"，阳文印"潜盦"，书中另有两处钤篆文印，阴文"净乐宦藏"，阳文"杨叔子"。潜盦是杨昭儁的字，乐潜翁是号，杨叔子是他的自称。庚申年即民国九年（1920）。杨是湖南湘潭人，精鉴别，富收藏。民国初曾任总统府秘书，久居北京，与陈师曾、齐白石友善，善篆隶，楷书学六朝造像。题跋中的朽道人陈衡窗即陈师曾（本名陈衡恪，陈寅恪之兄），图册中的"净乐宦藏"正是1916年陈为杨所刻的藏书章。据题跋所言，陈师曾亦收藏类似图册。以杨、陈的眼光和地位而论，包括军营册报在内的夷图已然成为当时收藏界认可的对象，数量应该不少。江山易代的动荡，让文人们有机会获取散落在外的前朝内部资料，使其本有价值发生根本转变。杨昭儁称其藏品"可以观察边徼夷俗……如入其境接其人"，仿佛是在重复乾隆十五年杜诏为张素亭夷人图册作序时所说的那种程式化的表述"周环六诏诸夷俗宛然在目"，而其所钤4方篆文印也像是《滇夷风俗图》那些文人印记的再现。类似的是，他们都有一个好古敏求、看起来关心时政的文人圈子。"善篆隶"的杨昭儁不仅将协营册

---

① 见李汝春：《关于〈维西夷人图〉》，载余庆远撰：《维西见闻纪》，李汝春校注，维西傈僳族自治县志编委会办公室编印，1994年，第85页。

报称为"画册"，可能也是他自己将"维西夷人图"篆书题写于重新装订的藏品上。这册《维西夷人图》最终被中央民族大学图书馆收藏，成为夷人图说研究的对象。

赋予图册以新意义的收藏者，如同那些出于各种目的摹写、改绘图说母本的人，参与图说意义的生产，可谓图说的二度绘写者。想要追寻图说的本义，就得揭开他们覆盖在图说之上的各种书法、图绘与题跋。

第七章　夷人图说的图文传统

在古代中国，"华夏"之外的少数民族不仅大量见诸文字记载，而且也常以图像的形式被直观地呈现出来。这些形象会出现在卷轴、手卷、册页和刊刻的书籍中，也会出现在墙壁、石碑、屏风之上，其样式尤以图文并举最为常见。夷人图说是古代中国人"天下秩序"图景的重要组成部分，其呈现方式可以归入图文并举的传统脉络。

就描述对象与图说形式而言，职贡图是夷人图说的一个类型。自萧梁时代，职贡图就有3种生成维度，亦即认识异族文化、塑造国家形象和表现审美趣味。"掌天下之图"，囊括"四夷八蛮，七闽九貉"，所以"瞻其容貌""讯其风俗""别加访采，以广闻见"，这是认识异族文化；"君临天下"，所以"掌天下之图"，要展示"四夷八蛮，七闽九貉""夷歌成章，胡人遥集"的盛况，这是国家形象塑造；被张彦远《历代名画记》列为"密画珍图"，说明职贡图所具有的艺术价值。

职贡图在历史、艺术两方面均有价值，比别的美术作品多出历史价值这一维度。发掘职贡图的史学意义，正基于其所具有的双重价值。站在史学立场上审视职贡图，要多一份谨慎，因为职贡图的历史信息缠绕在艺术符号中，要透过绘画语言和艺术传统去提取。面对李公麟、仇英这样的文人画大家所绘职贡图时，透过艺术看历史尤其有难度。随着美术史的发展，职贡图从起初的内容取材为特征演变为一种特殊的美术样式，形成自己的绘画传统而融入美术史的进程。

第一节　图文并举的文化景观

所谓"图文并举"，就是将对象的形象和描述文字以某种对应的方式一同呈现出来。早在商、周的青铜礼器上就能看到这种样式，宫墙、祠堂也常有搭配榜题的壁画，至于其他小型材质上的古代绘画，"图说样式"就更为习见。在中国的图像传统中，"图说样式"往往成为表现"四方之民"最主要的模式，夷人图说这种文类可作为其中的显例。这种图像的意义与其风格样式之间到底有何联系？

文字和图像二者的产生究竟孰先孰后抑或同时兴起，尚无定见明证。汉字以象形为基础，一般认为象形文字是从图画中抽象、规范、滋生而成①。这里面其实蕴含了一个线性进化的逻辑，一个从具象到抽象的文明的进程。如果真是如此，这应该也是一个漫长的过程，其间必有图文长期混用的时段②。中国古代关于图文起源最著名的说法是"伏羲作画，仓颉造字"。许慎对此有过完整的描述：

① 葛兆光：《中国思想史（中）》，复旦大学出版社，2009年，第41页。
② 巫鸿以良渚文化玉器上的鸟形符号为例，讨论了这种不同于纯装饰刻符而具有文字功能的"图形徽志"，认为早期阶段礼器上的雕刻可以分为两类：一类是图像装饰，主要是一种视觉性的表现方式；另一类就是"图形徽志"，基本上属于文字性的表现方式。后者甚至在晚商的青铜礼器上都还在沿用。见（美）巫鸿：《中国古代艺术与建筑中的纪念碑性》，李清泉、郑岩等译，上海人民出版社，2017年，第81—88页。

古者庖羲氏之王天下也，仰则观象于天，俯则观法于地，观鸟兽之文与地之宜，近取诸身，远取诸物，于是始作《易》八卦，以垂宪象……黄帝之史仓颉，见鸟兽蹄迒之迹，知分理之可相别异也，初造书契……盖依类象形，故谓之文；其后形声相益，即谓之字。①

这种说法将图像和文字的创制归属于不同时代的上古英雄，有着明显的神话色彩，难以确证。但它也有助于我们窥测中国古人讨论图像和文字起源的基本观念。从中可以看出，图像和文字在两个重要的方面是非常一致的：其一，两者都是取法天地、依循造化的成果。所以绘画与书写，与其说是"创制"不如说是"发现"，即在自然界中发现宇宙秩序的痕迹并将其显现出来。换句话说，图文都承载了自然之"道"②；其二，两者的发生原理基本相同，都是"尚象"的产物，在记事之初其实并无清晰的界限。

然而，古代社会却总给人一种"重文轻图"的印象。一方面，传世的古代典籍多为文字书写而成，后人考证经史，多以文字为据；另一方面，古代一个极重要的社会阶层——文士阶层的存在，

---

① （汉）许慎：《说文解字》，中华书局，1963年，第314页。

② 葛兆光在对汉字的讨论中指出：中国人对"象形性"绵延不绝的使用与中国古代的思想世界有着紧密而复杂的联系［见葛兆光：《中国思想史（中）》，复旦大学出版社，2009年，第40—46页］。李泽厚则用Clive Bell的"有意味的形式"一语来评价早期陶器上的几何纹饰，即那些在后世看来似乎只是"美观"的几何纹样，其实在当年却具有严重的礼仪含义（见李泽厚：《美学三书》，安徽文艺出版社，1999年，第22—25页）。民国学者柳诒徵曾批评时人为了符合中国人种西来之说，竟然"谓八卦即巴比伦之楔形字"，他认为"八卦可以开中国之哲学……举宇宙万有悉可归纳其中"，并坚定断言楔形字根本没有哲理之观念（见柳诒徵：《中国文化史》，中华书局，2015年，第44页）。

也充分地彰显了文字与权力的紧密关系。凭此两点,古代"重文"的传统似已毋庸置疑。但必须认识到,如果没有一个强大的、标准化的书写系统支持,这样的传统根本就不可能形成。这其中也包括那些更适宜书写和传播的媒材已经被广泛使用。这样的系统最早要到汉代才发展成熟,所以从文字的创立、使用到书写权威的确立是一个漫长的历史过程。

虽然早在商、周时代,文字(甲骨文和铜器铭文)已经相对定型,但识文断字只是少数人的特权,而且可用的文字数量也非常有限[①],文字实难"尽意"。信息的传递必须仰赖图像才能通达普通民众[②]。诸如天文、地理、历法、农务、兵事、易术、礼制等重要知识,常以"图文"的方式来承载和传播。图文并茂,应是早期社会人们描述世界、表达思想和传播知识最常用的方式,它们共同构筑一个符号世界。此一符号世界必然反映进而也强化了当时的社会现实。维持中国古代社会运作的礼制驱动了以礼器制作为中心的一整套礼制艺术。在关于早期中国礼器的研究中,巫鸿指出材料、形状、装饰和铭文是4个同等重要的元素,远在三代建立之前,这4种因素就已出现于东夷艺术之中,而且四者间的互动继续

---

① (美)孙康宜、(美)宇文所安主编:《剑桥中国文学史(上卷)1375年之前》,刘倩等译,生活·读书·新知三联书店,2013年,第29页。

② 易东华依据《周礼》对"三礼"的阐述,以及《七略》《别录》《汉书·艺文志》所辑录的古代文献存目中丰富的"图像"文本著录信息,推测上古的日常生活中可能"处处充斥着富有意味的'图'、'像',有教养的人接受专门的指导,以其所知解读日常生活环境中的种种'秩序'信息,并实践其中的'理念'"。见易东华:《中国古典语境中的"图"与"像"》,载黄专主编:《世界3·开放的图像学》,中国民族摄影艺术出版社,2017年,第194—210页。

左右了三代时期礼器艺术的发展①。出土青铜器的材料也表明，早在商代晚期和西周，图（纹饰）、文（铭文）结合的青铜礼器已经变得非常流行②。这些作品通过象征和感染将礼仪升华为普遍的秩序和规范，导致进一步的礼仪行为。正是在礼制艺术的影响下，礼的权力成为了最基本的、不变的、天生的东西③。同样也是在这样的影响中，作为手段的"图文"已无法隐形透明，它因"礼用"而获得了神圣性、权威性，成为了沟通观念与现实、知识与制度的有意义的形制。《诗经·大雅·烝民》有言："天生烝民，有物有则，民之秉彝，好是懿德。"巫鸿提醒我们注意刘节对上述颂诗的解释。刘氏的解释大异于儒家传统的注疏，即认为"则"的意思不是"准则"，而是"铭文"或"题写"，"物"则是指那些代表族群的某种图腾，"彝"是礼器的总称④。巫鸿认为这个解释说明这首颂诗表达了一种比经典注疏更为古老的观念，"即当中国文明刚刚出现的时候，支持这种文明的并不是某种抽象的法则，而是铸造着图像和文字的有形礼器；只有通过它们，人们才得以

---

① （美）巫鸿：《"大始"：中国玉器与礼器艺术之起源》，王睿译，载郑岩、王睿编：《礼仪中的美术——巫鸿中国古代美术史文编》，郑岩等译，生活·读书·新知三联书店，2005年，第535—548页。

② 参见巫鸿研究中所列的一系列青铜礼器图例。（美）巫鸿：《中国古代艺术与建筑中的纪念碑性》，李清泉、郑岩等译，上海人民出版社，2017年，第105—119页。

③ （美）巫鸿：《中国古代艺术与建筑中的纪念碑性》，李清泉、郑岩等译，上海人民出版社，2017年，第133页。

④ 刘节：《古史考存》，人民出版社，1958年，第163—173页。转引自（美）巫鸿：《中国古代艺术与建筑中的纪念碑性》，李清泉、郑岩等译，上海人民出版社，2017年，第48页。

'懂得基本的道德'"①。

这种观点与古代重"图学"②一脉的学者的认识非常契合。典型者如宋代的郑樵认为：

> 河出图，天地有自然之象。洛出书，天地有自然之理。天地出此二物以示圣人，使百代宪章必本于此而不可偏废者也。图，经也。书，纬也。一经一纬，相错而成文。图，植物也。书，动物也。一动一植，相须而成变化。见书不见图，闻其声不见其形；见图不见书，见其人不闻其语。图至约也，书至博也，即图而求易，即书而求难。古之学者为学有要，置图于左，置书于右，索象于图，索理于书，故人亦易为学，学亦易为功，举而措之，如执左契。后之学者离图即书，尚辞务说，故人亦难为学，学亦难为功，虽平日胸中有千章万卷，及寘之行事之间，则茫茫然不知所向。③

他强调"左图右书"是古人为学之要，两者必须并重，不可偏废，并把"图"和"书"的关系放在"约"和"博"的关系中来理解。求"约"而不至于"博"或者至于"博"而不返其"约"，都无法处理好智识基础和道德核心的关系。"左图右书"正是反映了将"约"与"博"、"一贯"与"多识"、道德与知识相统一的心智追求。

清代考证大家胡渭虽然质疑"河图洛书"的说法，但仍然把

---

① （美）巫鸿：《中国古代艺术与建筑中的纪念碑性》，李清泉、郑岩等译，上海人民出版社，2017年，第48页。

② 易东华按历史时间顺序，梳理了这一脉的学者。具体论述见易东华：《中国古典语境中的"图"与"像"》，载黄专主编：《世界3·开放的图像学》，中国民族摄影艺术出版社，2017年，第217—218页。

③ （宋）郑樵：《通志二十略》，王树民点校，中华书局，1995年，第1825页。

"图文一体"看成显现古今名教制度的定式，并将此作为其辨伪宋代易图的逻辑起点：

> 古者有书必有图，图以佐书之所不能尽也。凡天文地理，鸟兽草木，宫室车旗，服饰器用，世系位著之类，非图则无以示隐赜之形，明古今之制，故《诗》、《书》、《礼》、《乐》、《春秋》皆不可以无图。[1]

然而，这些"图文"在后世大都见"文"不见"图"。究其因，不仅与文字逐渐被确立为更高级的表达方式有关，与其不受空间和载体约束的特点也有关系。图像则往往有着与其形制相合的尺度、构形、元素以及内容，它们不可能像文字那样在不同形制的媒介之间流动自如，所以不如文字容易得到保存并流传于后世。但那种用"图文"承载有关秩序信息的观念却并没有因为图像的散佚而消失。"图说样式"作为一种习用的构建秩序的模式，往往在复古的大旗下被不断再造。

这些"图文"，并非只为观看。与魏晋时代兴起的审美图像不同，它们是知识的图像、权力的图像、秩序的图像。从地理图、仪礼图、兵事图，占卜图、天象图、神瑞图，到都邑、城筑、宫室、鸟兽、草木、夷人等图，形成一整套反映古代中国人世界观的图像谱系。

这个世界显然是以"华夏"为中心来绘写的，所以有关这套世界观的历史只能算半部中国史。但是即使仅在这"半边"的历史中，"夷狄"也是不可或缺的一方，"华夷秩序"实为一体两面的

---

① （清）胡渭：《易图明辨》，中华书局，2008年，第1页。

构造。无论时代主唱"天下一家"还是"夷夏之防",史书上所谓的"蛮夷戎狄",甚至《山海经》中的"远国异人",其实都一直扮演着建构华夏的重要角色。只是他们往往被塑造为"文明"的对立面,作为被征伐、羁縻和教化的对象。尽管如此,没有"夷狄"也就无所谓"华夏","天下有道"的重要表征即是"四夷宾服"。所以无论经学、史学、天文星象学、图学对"夷狄"都有着整体而精致的安排和建构[①]。其中最详尽的方式,一是作为史书必备条目的"诸夷志",二是与"诸夷志"紧密相关的"夷人图"。一边是文字叙述的历史化,一边是普遍观念的具象化。古代遗存的文献和图像资料都显示,绘写"夷人"的"图文"传统早在萧绎的《职贡图》问世之前就已经成形。如著名的《山海经》就图文并茂地绘写了多种"远国异人"。从东汉诗人王延寿的《鲁灵光殿赋》中,我们也可知道,这座奠基于鲁国都城宗庙旧址的汉代宫殿,有着所谓"通神之作"的壁画,"写载其状,托之丹青"的胡人"遥集于上楹"[②]。可惜这座宫殿并未能如王延寿所愿,即有神明庇佑而遗存万代,所以这件被他称为"图画天地,品类群生"的壁画作品,我们也只能凭借他的颂词去想象了。现存最早的描绘"夷人"朝贡的图像资料,可能是公元1世纪山东孝堂山祠堂的画像。在这座祠堂的东壁上,描绘了"夷人"骑着大象和骆驼向汉朝纳贡的场景。而在祠堂的西壁上,则绘有汉兵与头戴尖帽的胡兵争战的场面。我们

---

① 胡鸿:《能夏则大与渐慕华风:政治体视角下的华夏与华夏化》,北京师范大学出版,2017年,第115—162页。

② (梁)萧统编,(唐)李善注:《文选》卷十一,上海书店出版社,1988年,第154页。

根据画面中的榜题，还可以判断"胡王"所处的位置[1]。

值得注意的是，这些早期的"夷人"形象并非孤立地被呈现出来，而是和祥瑞、神怪、宫室、鸟兽、草木、历史人物等图像放在一起，身处一个丰富而完整的宇宙图像之中。这提醒我们，理解之后出现的那些主题单一的"夷人图"，必须预设一个整体的语境。在这个整体的语境中，图像在意义和形式两方面都保持着联系性。比如瑞应图和"夷人图"的联系就非常紧密。一种名为"胜"的征兆图像就直接指涉外夷，所谓"金胜，国平盗贼，四夷宾服则出"[2]。至于这两种图类在构形上的相似性，比较一下敦煌出土的公元6世纪的"瑞应"图卷和同一时期萧绎制作的《职贡图》足可一目了然。瑞应图的这种样式可能在汉代就已经非常流行。虽然至今还没有发现汉代的瑞应图文本，但正如巫鸿所论证的，山东嘉祥武梁祠屋顶上的图像可以作为汉代及以后这类图像的最佳代表[3]。在武梁祠屋顶上，这些包括"胜"在内的多种祥瑞图像被雕刻成行，每幅图像都有与之对应的名称和叙述其出现条件的榜题[4]。这正是后人所熟悉的"夷人图"样式。这些图文样式甚至早在战国时期的月令图中就已显端倪。例如长沙子弹库战国楚帛书，略近正方形，沿尺幅四周绘有四时十二个月的月神图像，旁边标有月名，并注有该月的行事宜忌，每月一神，一一对应。

---

[1] 关于孝堂山祠堂画像及其分析，参见（美）巫鸿：《武梁祠：中国古代画像艺术的思想性》，柳扬、岑河译，生活·读书·新知三联书店，2015年，第213—216页。

[2] （梁）沈约：《宋书》，中华书局，1974年，第852页。

[3] （美）巫鸿：《武梁祠：中国古代画像艺术的思想性》，柳扬、岑河译，生活·读书·新知三联书店，2015年，第98页。

[4] 图样可参见（美）巫鸿：《武梁祠：中国古代画像艺术的思想性》，柳扬、岑河译，生活·读书·新知三联书店，2015年，第254—255页。

十二月神环绕着帛书中间两段行款相反的长文。一段叙述历法紊乱而导致的灾异,一段叙述伏羲、女娲等四神建立宇宙秩序的创举①。子弹库楚帛书也可以被看作神怪图的一种早期形式。事实上很多带有上天信息的征兆常常会具象化为某种神怪,在《山海经》的《海经》中也有诸多关于神怪名类的记载。最晚在公元3世纪之后还出现了像《白泽图》《白泽精怪图》《百鬼图》一类专门记载神怪名目、习性及厌劾之法的图说②。其文字的叙述结构和图文并举的形式与瑞应图、夷人图如出一脉。这些图说显然都隐射了一位"多识"的圣人贤君,隐射了明德治世的典范和政权的合法性。

佛教的传入和审美图像的兴起使得图像的功能、意义乃至形式趋于多元,图说文本自身也发展出了多种类型,但图文样式一直都是承载古代中国人"天下秩序"图景信息的基本范式。从这一传统来观看夷人图说,可以发现其不仅是知识的产物,也是信念的产物,是生活于此种秩序中的人们构建、感知和体验该秩序的传统方式。

第二节　政治与艺术交织的职贡图

张彦远《历代名画记》卷三"述古之密画珍图"称:

　　古之密画珍图,故多散逸人间,不得见之。今粗举领袖,则

---

① 关于子弹库楚帛书的分析,可参考刘宗迪:《失落的天书:〈山海经〉与古代华夏世界观》,商务印书馆,2016年,第280—286页。
② 游自勇:《丝绸之路上的"百怪图"》,《文史知识》2018年第12期。

有……职贡图一。外国酋渠，诸番土俗本末，仍各图其来贡者之状。金楼子言之梁元帝画。①

据《历代名画记》记载：

> 元帝萧绎，字世诚，中品。武帝第七子。初生便眇一目，聪慧俊朗，博涉技艺，天生善书画。初封湘东王，后乃即位，年四十七。追号元帝，庙号世祖。尝画圣僧，武帝亲为赞之。任荆州刺史日，画蕃客入朝图，帝极称善。《梁书》具载。又画职贡图并序，善画外国来献之事。②

萧绎自号金楼子，并以此名著书立说。在自己的著述中称自己画了《职贡图》，可见当时风气和萧绎个性③。

《新唐书·艺文志》有"梁元帝《职贡图》一卷"的记载④。《职贡图》仅存北宋摹本，现藏于中国国家博物馆。原绘有使节

---

① （唐）张彦远：《历代名画记》，周晓薇校点，辽宁教育出版社，2001年，第41—43页。

② （唐）张彦远：《历代名画记》，周晓薇校点，辽宁教育出版社，2001年，第66页。

③ 王素提出《职贡图》创作的"三阶段说"，即《蕃客入朝图》是最早的底图，《职贡图》是稍后的增补图，《贡职图》为最后的完成图，见王素《梁元帝〈职贡图〉新探——兼说滑及高昌国史的几个问题》（《文物》1992年第2期）。陈继春则认为《职贡图》《蕃客入朝图》《贡职图》是同一作品的不同名称，"图兹贡职"可能是为押韵所致（陈继春：《萧绎〈职贡图〉的再研究》，载薛永年、罗世平主编：《中国美术史论文集——金维诺教授八十华诞暨从教六十周年纪念文集》，紫禁城出版社，2006年，第153—160页）。

④ （宋）欧阳修、宋祁：《新唐书》卷五十八，岳麓书社，1997年，第990页。

35人, 南宋《遂初堂书目》录有《正和大理国入贡记梁二十八国职贡图》, 由此可见当时该图已有残缺。该图的北宋摹本在清初被梁蕉林收藏, 此时仍有25幅人像和26国题记(或称说文)。后入清宫, 乾隆时又丧失14国题记和13国人像。目前残卷仅存使节肖像12人。

萧绎有《职贡图序》曰:

> 窃闻职方氏掌天下之图, 四夷八蛮, 七闽九貉, 其所由来久矣。……皇帝君临天下之四十载, 垂衣裳而赖兆民, 坐岩廊而彰万国。……尼邱乃圣, 犹有图人之法, 晋帝君临, 实闻乐贤之象, 甘泉写阏氏之形, 后宫玩单于之图。臣以不佞, 推毂上游, 夷歌成章, 胡人遥集, 款开蹶角, 沿泝荆门, 瞻其容貌, 诉(疑为"讯")其风俗, 如有来朝京辇, 不涉汉南, 别加访采, 以广闻见, 名为贡职图云尔。[①]

《职贡图》为纪念梁武帝登基40年而作。其材料来源有二:一是在各国贡使经过荆州时"瞻其容貌""讯其风俗";二是对"来朝京辇, 不涉汉南"者"别加访采, 以广见闻"。

据金维诺先生考证,《职贡图》上的文字记载和《梁书·诸夷传》大体相同, 有的地方更为详实, 能补充和校正《梁书》[②]。

---

① (清)李兆洛选辑:《骈体文钞》, 楚生点校, 中州古籍出版社, 1992年, 第68—69页。

② 余太山不同意金维诺的看法, 认为北宋摹本残卷并非梁《职贡图》, 可能是裴子野的《方国使图》, 否定《梁书·诸夷传》大体来源于梁《职贡图》, 认为两者有相同的资料依据, 即裴子野《方国使图》。见余太山《〈梁书·西北诸戎传〉与〈梁职贡图〉》(《燕京学报》第5期, 北京大学出版社, 1998年, 第93—123页)。

进而言之，《职贡图》可能就是《梁书》的史料来源，这一点反过来证实梁元帝绘《职贡图》一事并非虚构。《职贡图》在唐代仍然作为梁元帝的作品流传，因此，《新唐书·艺文志》上就有"梁元帝《职贡图》一卷"的记载。但是，到宋代以后，这张作品却被误认为唐阎立德的绘画。同时又有其他摹本传为阎立本的"诸夷图"（汪珂玉所见有宋魏泰题跋的一卷），一些伪造的卷子却称为"梁元帝职贡图"（宋濂《宋学士集》中所记述的一些职贡图）。关于梁元帝"职贡图"，曾流传另外一些传摹或伪造的本子。如宋李廌《画品》上所载的"番客入朝图"，就是唐以后的摹本或假画。根据明张丑《真迹日录》所载，当时他曾看到一卷所谓"阎立德王会图"的作品，虽同样有24段画像，但国名不同，后面题跋有三，除康里巙巙、王余庆二跋，又多一王宇泰跋。但王宇泰跋又见于另一卷阎立本"王会图"。如果不是张丑记录有误，那么实际上张丑所见，不过是根据梁元帝《职贡图》和阎立本《王会图》拼凑起来的假画而已[①]。岑仲勉先生认为现存《职贡图》并非原本，但高度肯定其史料价值，"旧存的绘画，价值多在艺术方面，这图则对历史、艺术均有供献，职贡图比别的画之尤为可贵者，其故即在此"[②]。

"职方氏掌天下之图"说明在梁元帝之前应该就有类似职贡图的传统，"甘泉写阏氏之形，后宫玩单于之图"说明汉代即有外夷图像在宫中流传。由于其特殊身份，梁元帝进一步确立了职贡图这一画种在中国历史和艺术中的传统和地位。此后历代均有

[①] 金维诺：《"职贡图"的时代与作者——读画札记》，《文物》1960年第7期。

[②] 岑仲勉：《现存的职贡图是梁元帝的原本吗？》，《中山大学学报》1961年第4期。

职贡图问世,著名者如唐代阎立本《职贡图》、周昉《蛮夷执贡图》、赵伯驹《诸夷职贡图》、章怀太子墓壁画《客使图》。宋代有李公麟、苏汉臣所绘职贡图,其中李公麟《万方职贡图》记载了占城、浡泥、朝鲜、女直、三佛齐、罕东、西域、吐蕃等。元代则有钱选、赵孟頫绘《贡獒图》和任伯温的《职贡图》,明代仇英、陈洪绶画《诸夷职贡图》,至清代则有苏六朋的《诸夷职贡图》。

梁元帝绘《职贡图》以对使节的目睹、访问为基础,结合其他资料来源,如比他早些时日由裴子野主修的《方国使图》。唐以后,职贡图逐渐从"绘画题材"演变为"绘画体裁",从以纪实为基础演变为摹写和想象。明代韩洽的题画诗《题李龙眠诸夷职贡图(元丰二年画)》能够说明这种变化。其诗云:

> 有唐贞观万国宁,殊方异域皆来庭。立本为图拟王会,诡形怪状流丹青。龙眠居士生有宋,未必诸蕃真入贡。得毋旧本重临摹,左食贯胸聊玩弄。元丰天子承平日,君臣竞讲强兵术。不知中国正凋残,驰想海邦兼日出。贡獒西旅四夷宾,作训犹烦保傅臣。为问伯时图作贡,何如郑侠绘流民?①

按照葛兆光先生的分析,有宋一代,疆域缩小、族群统一化和诸国并立。在这样的背景下,《职贡图》因何而出现?接见外国使节是古代帝王宣示其权力的重要活动,即便没有条件去做,也会去想象。李公麟《职贡图》就是如此,"龙眠居士生有宋,未必诸蕃真入贡。得无旧本重临摹,左食贯胸聊玩弄",图中朝贡国与

---

① (清)沈德潜、周准编:《明诗别裁集》卷十一,上海古籍出版社,1979年,第306页。

非朝贡国兼有，实录、想象与记忆混杂。朝贡国如占城国、朝鲜国和淳泥国抱着与宋朝做生意的动机而来，女直国等是外国而并非朝贡国，拂菻国（即东罗马帝国）是商人借国王的名义来进贡，其目的还是做生意[①]。李公麟在何种背景下绘职贡图尚不清楚，他本人或者请他作画的人不一定有当年梁元帝绘《职贡图》那样的政治抱负，所以韩洽的嘲讽之问"为问伯时图作贡，何如郑侠绘流民"很可能是一种苛责，以此图来注解北宋朝廷的好大喜功、虚张声势，不免使之承载超过其自身内涵的史料分量。

　　葛兆光先生认为"《职贡图》有一半是写实，也有一半带偏见"："梁元帝萧绎作记录时，确实有很多资料、很多观察"，"古代中国长期以来的那种自命天朝，自认为是文明中心的这样一

①葛兆光：《想象天下帝国——以（传）李公麟〈万方职贡图〉为中心》，
　《复旦学报（社会科学版）》2018年第3期。对于"龙眠居士生有宋，未必
　诸蕃真入贡"，赵灿鹏认为"这不过是史学不足的诗人没有根据的猜疑罢
　了"，北宋不仅有朝贡而且有关于朝贡的图绘，记载诸如：宋李焘撰《续
　资治通鉴长编》卷八十五记载张复"请纂集大中祥符八年已前朝贡诸国，
　缋画其冠服，采录其风俗，为《大宋四裔述职图》"；宋王栐撰《燕翼诒谋
　录》卷四载张复"乞纂朝贡诸国衣冠，画其形状，录其风俗"；《宋会要》
　载"（大中祥符八年）九月，判鸿胪寺张复言，请纂集大中祥符八年已后朝
　贡诸国，绘画其冠服，采录其风俗，为《大宋四夷述职图》，上以表圣主
　之怀柔，下以备史臣之广记"。另据他梳理，托名李公麟的职贡图明清以
　来不断涌现，韩洽所见"李龙眠《诸夷职贡图》"不知是哪一种，是否有传
　本，当存疑。参见赵灿鹏：《宋李公麟〈万国职贡图〉伪作辨证——宋元
　时期中外关系史料研究之一》，《暨南史学》（第八辑），广西师范大学出
　版社，2013年。赵灿鹏的看法实证性强，但也有值得商榷之处。即便北宋
　有朝贡，来者未必都真正抱着朝贡的目的。即便有相关图绘，与请纂四夷
　述职图的史官张复不同，自由文人画家李公麟未必需要见到朝贡者方能
　据实作画，"得毋旧本重临摹，左食贯胸聊玩弄"即便是实情在艺术创作
　上也无可非议。史实与绘画不能完全画等号。

个观念，使得它对四夷都有一种鄙夷，因此，也会采取图像描述这些民族的丑陋、野蛮和怪异"。他以南宋诗人刘克庄为李公麟《职贡图》所写的跋为例，说明李公麟所画有"非虚幻恍惚意为之者"（至少关于日本、越南、波斯这些画得还是很准确的），但也有"把异国人想象成野蛮人"的一面，"把他们的王画成这样：'其王或蓬首席地，或戎服踞坐，或剪发露骭，或髽丫跣行，或与群下接膝而饮（没有君臣之分，大家坐在一起喝酒），或瞑目酗醉，曲尽鄙野乞索之态（好像是很野蛮的样子）。'"①

　　李公麟《职贡图》属文人雅集、寄托艺术想象之作，不可单凭人物写实或政治偏见的标准去衡量。正是在文人雅集的氛围中，李公麟创作了属于他的文人圈子的《职贡图》。其时的文人雅集盛况，反映在李公麟的另一幅作品《西园雅集图》中，刘克庄亦为之跋，"想见一时风流蕴藉，为世道太平极盛之候"②。除《职贡图》外，李公麟改造传统题材为文人画的例子还有道释性质的《莲社图》，"采用'当代'视野和文人立场改编文本与图像，将道释题材纳入文人画叙事体系"③。

　　当职贡图成为一种稳定的绘画体裁，它就在绘画史的传统脉

---

①葛兆光：《描述天下的职贡图》，《人民周刊》2016年第23期。李公麟画过《职贡图》，也画过《十国图》，刘克庄所跋为《十国图》而非《职贡图》。据北宋《宣和画谱》著录，御府所藏李公麟画作107种目录，其中有《十国图》两卷、《职贡图》两卷，《十国图》可能已佚。

②西园雅集可谓北宋最著名的一次文人集会。西园乃驸马都尉王诜府邸，出席者是以苏轼为首的文坛名流，包括苏辙、黄庭坚、秦观、张耒、晁补之、李公麟、米芾、蔡襄等。米芾为此次雅集作记，李公麟作《西园雅集图》描绘当时聚会的盛景。

③刘静：《从〈白莲社图〉看文人画家对道释画的改编》，《中国国家博物馆馆刊》2014年第10期。

络中获得不同于梁元帝《职贡图》那样的更为纯粹的文人立场和
创作背景。明代仇英所绘《诸夷职贡图》即是一典型例证。据明
代万历、崇祯年间藏书家张丑《清河书画舫》记载：

> 仇实父《诸夷职贡图》卷在姚氏。绢本，大着色。布景甚
> 奇，或云仿阎令笔也。前有许元复题署，后有文徵仲、彭孔嘉跋
> 尾，极称许之云。
>
> 　《诸夷职贡图》卷，诸夷职贡，许初书。九溪十八洞主、汉
> 儿、渤海、契丹国、昆仑国、女王国、三佛齐、吐蕃、安南贺、西
> 夏国、朝鲜国。仇英实父为怀云先生制。
>
> 　昔颜师古于贞观四年奏请作《王会图》，以见蛮夷率服之
> 盛。自是以后，继作不绝，亦谓之《职贡图》，《宣和画谱》所
> 载是已。及观张彦远《名画记》，载有梁元帝善画外国来献之
> 事，又尝作《职贡图》而序之。《贞观公私画录》载有陈江僧宝
> 所画《职贡图》三，则知其来非一日矣。近见武克温所作《诸夷
> 职贡》，乃是白画，而此卷为仇实父所作，盖本于克温而设色者
> 也。观其奇形异状，深得胡瓌、李赞华之妙，克温不足言矣。壬
> 子九月既望，题于玉磬山房，征明。
>
> 　右《职贡图》，十洲仇君实父画。实父名英，吴人也。少师
> 东村周君臣，尽得其法，尤善临摹。东村既殁，独步江南者二十
> 年，而今不可复得矣。此卷画于怀云陈君家，陈君名官，长洲人，
> 与十洲善，馆之山亭，屡易寒暑，不相促迫，由是获画。其心匠
> 之巧，精妙丽密，备极意态，虽人殊国异，而考按图志，略无违
> 谬，能事直出古人上，衡翁太史公论之详矣。然非好古诚笃如
> 陈君，抑岂易得哉？予闻画家立意，或援古以讽今，或藉近以
> 规远，凡致力精工者，不虚作也。使十洲操笔金马之门，亲见百

蛮率服宾贡阙廷，则其所图又岂若是邪。……嘉靖壬子（嘉靖三十一年，1552）腊月既望，沛彭年题。[①]

　　嘉靖三十一年（1552），仇英完成《诸夷职贡图》后，文徵明及其好友彭年分别为之题跋。从彭年所写的跋中得知，仇英在赞助人陈官家画《职贡图》，作为受到陈官资助的回报，"馆之山亭，屡易寒暑，不相促迫，由是获画"，所以张丑说职贡图乃"仇英实父为怀云先生制"。仇英出身贫寒，初为漆工，后转攻绘画，"画艺出群的原因，一方面是其天分高迈加之勤奋用功，另一方面是能在以收藏称著的巨富之家中，安然饱览历代名迹，潜心图写山川人物。他曾先后在周凤来、项元汴、陈官居停多年，潜心艺术创作，佳构纷呈叠现。当然，为这些居停主人绘制图画是仇英必不可少的人生经历。作为回报，画家为项元汴的兄长项元淇所画《桃村草堂图》轴（故宫博物院藏），与为陈官所画《职贡图》都是精心绘制的佳作"[②]。

　　彭年的跋说仇英"善临摹"，文徵明跋提及仇英以南宋画家武克温所作《诸夷职贡》白描图为底本，"本于克温而设色者也"，但又高于武克温，"深得胡瓌、李赞华之妙，克温不足言矣"。张丑猜测仇英模仿阎立本，"仿阎令笔也"。仇英并未亲眼目睹所绘诸夷，也没有能力自己去研读史书方志，借助文字揣摩异邦古人形象。不过，他所居停的陈官家有大量古画供他临摹，

────────────

① 张丑：《清河书画舫》卷十二，徐德明点校，上海古籍出版社，2011年，第614—615页。转引自汪亓：《仇英〈职贡图〉卷流传考略》，《沈阳故宫博物院院刊》2016年总第17辑。

② 汪亓：《仇英〈职贡图〉卷流传考略》，《沈阳故宫博物院院刊》2016年总第17辑。

最后达到"考按图志，略无违谬，能事直出古人上"的效果。成功与否，其参照系均是古人留下的"图志"。所以，彭年想象，如果仇英亲眼目睹所绘对象，其画作将另有一番景象，"使十洲操笔金马之门，亲见百蛮率服宾贡阙廷，则其所图又岂若是邪"。

文徵明所说颜师古奏请作《王会图》一事，见《旧唐书·南蛮西南蛮传·东谢蛮》：

> 贞观三年，元深入朝，冠乌熊皮冠，若今之兜鍪头，以金银络额，身披毛帔，韦皮行滕而著履。中书侍郎颜师古奏言："昔周武王时，天下太平，远国归款，周史乃书其事为《王会篇》。今万国来朝，至于此辈章服，实可图写，今请撰为《王会图》。"从之。①

其绘制者即是阎立本，此事在明清时期广为人知，其影响不亚于梁元帝绘《职贡图》一事。所以文徵明说自己是在看了《历代名画记》后才知道梁元帝《职贡图》。清末桂馥在《黔南苗蛮图说》自序中列举古代民族图说源流，排在首位的也是《王会图》，并未提及梁元帝《职贡图》②。

由于承载了朝贡、王会的主题，本来凝聚着太多文人趣味的职贡图在后世获得超出初衷的政治意义。仇英《诸夷职贡图》历经时代更迭，数易其主，至民国年间为丁福保之子丁惠康所获，并在抗战胜利后的1946年10月公开展出，焕发出新的政治意义，

---

① （后晋）刘昫等：《旧唐书》卷一百九十七，陈焕良、文华点校，岳麓书社，1997年，第3337页。
② （清）桂馥：《黔南苗蛮图说叙》，见李德龙：《〈黔南苗蛮图说〉研究》，中央民族大学出版社，2008年，第151页。

"此卷实可觇吾国古代之盛强，不仅宣扬艺术已也"①。

第三节　处于"图""画"之间的夷人图说

　　乾嘉时期大型书画艺术著录文献《石渠宝笈续编》《石渠宝笈三编》收录《皇清职贡图》，中国国家博物馆编的馆藏文物研究丛书也将《皇清职贡图》列入绘画卷风俗画②。曾经在云南做过民族研究的台湾学者李霖灿在《中国风俗画欣赏》中将民族图说纳入美术史风俗画的范畴，对六朝职贡图、唐代阎立本职贡图、清代谢遂职贡图做出分析③。台湾学者萧琼瑞的《岛民·风俗·画：十八世纪台湾原住民生活图像》一书，以乾隆年间巡台御史六十七主导绘制的《番社采风图》为个案，研究18世纪台湾原住民生活样貌。他将《番社采风图》视为"风俗画"，亦即"一种以描绘、呈现同时代大众生活内容和氛围为目标，并藉以满足人们好奇心与热情心理的写实性绘画"④。民族学家宋兆麟将云南和贵州民族图说视为"风俗画"⑤。许多研究者将滇夷图、苗蛮

---

① 汪亓：《仇英〈职贡图〉卷流传考略》，《沈阳故宫博物院院刊》2016年总第17辑。
② 中国国家博物馆编：《中国国家博物馆馆藏文物研究丛书·绘画卷·风俗画》，上海古籍出版社，2006年。该书第180—225页收录金廷标绘《职贡图》第二卷。
③ 李霖灿：《中国风俗画欣赏》，台北"行政院"文化建设委员会，1989年。
④ 萧琼瑞：《岛民·风俗·画：十八世纪台湾原住民生活图像》，台北东大图书股份有限公司，2007年。
⑤ 宋兆麟：《清代贵州少数民族的风俗画》，《文物》1988年第4期；宋兆麟：《一幅珍贵的纳西族风俗画》，《民族研究》1989年第6期。

图视为"画卷"①。就光绪年间绘制的《云南种人图说》，李孝友先生在《序》中以传统绘画标准加以评说："画面构图中心突出，错落有致，情状各有不同，落笔或自臂起，或从足先，均能不失尺度。所绘种人，神采酷肖，各具形态，衣衫绉褶，潇洒飘逸，表情肤色，悉本天然，笑貌愁容，纤毫不苟，生动朴实，神态逼真，而且各民族人物形象，均从实际出发，善于描摹各自的神情意态，栩栩如生。正如古人所说：'画到精神漂没处，更见真神与真魂。'"②

　　作为一种具有史学意义的特殊绘画，夷人图说之"图"始终存在着艺术与历史的张力。要成为一种理想的史料，就应该写实，排除方国瑜先生所谓"以意为之"的想象，更不用说艺术语言和审美趣味的干扰；要成为一种真正的艺术经典，则应该在绘画技法和美学意境上有所体现和追求。简单地称其为风俗画，评价为兼具艺术与历史价值，并不能消除二者之间的紧张。

　　在名称上，夷人图说的命名是"图"，很少称为"画"。尽管图、画相连，古人对二者是有区分的③。需要思考的是，作为一种

---

①宋兆麟：《云南民族的生动画卷——〈滇南夷情汇集〉试析》，《中国历史博物馆馆刊》1998年第2期；石建中：《〈百苗图〉——苗族的历史画卷》，《民族论坛》1994年第4期；李露露：《清代黎族风俗的画卷——〈琼州海黎图〉》，《东南文化》2001年第4期；李宏复：《一部珍贵的民族画卷——〈百苗图〉》，《东南文化》2002年第8期；祁庆富：《绚丽多彩的清代民族画卷——"苗蛮图"研究述略》，《中央民族大学学报（哲学社会科学版）》2003年第3期。

②云南大学图书馆编：《清代滇黔民族图谱》，云南美术出版社，2005年，第7页。

③关于"图""像""画"三者的辩证，可参考易东华：《中国古典语境中的"图"与"像"》，载黄专主编：《世界3：开放的图像学》，中国民族摄影艺术出版社，2017年。

特殊的图像，夷人图说之"图"或者图说合一的整体究竟是"图"（picture），还是"画"（painting）？治中国美术史的英国学者柯律格指出，"迄今为止的讨论，在关注明代中国就具象艺术而言的观看对象时，回避了若干重要问题。最为关键的是，讨论中避免涉及对具象艺术作为话语的当代理解，而且竭力回避具象艺术的术语问题，使用了诸如'图画（picture）''地图（map）''绘画（painting）'这样的名称"[1]。柯律格此论针对的是英语世界的中国绘画研究，但对于夷人图说的研究也颇有启发。

据说出自明代画家龚贤的一段文字，收入佚名手稿《十百斋画录》，较为明确地区分了"图"与"画"：

> 古有图而无画。图者，肖其物貌其人写其事。画则不必。……人可有可无。若命题写事则俗甚。[2]

柯律格认为，"使用图画'讲述了一个故事'，及文字和图像之间完全是实指的关系，这样一来，这幅图画不再难以理解，却因而成为一幅恶劣的画作，或者说充其量是一幅图（picture）而非画（painting）"[3]，"'画'在明清中国首先是一个关于图像生产活动的话语对象，而非一个有固定界限的范畴。其构建是一场持续竞争之所在，重新肯定与否定，一整套命题皆意在强调其于

---

[1] 柯律格：《明代的图像与视觉性（第二版）》，黄晓鹃译，北京大学出版社，2016年，第115页。

[2] 转引自柯律格：《明代的图像与视觉性（第二版）》，黄晓鹃译，北京大学出版社，2016年，第219页。

[3] 柯律格：《明代的图像与视觉性（第二版）》，黄晓鹃译，北京大学出版社，2016年，第215页。

'图'之间的差异，而'画'时常面临与'图'相似的危险。这一差异从根本上说是一种社会差异，既与表现对象有关，也同样关系到绘画主体和观看主体（有文化的、有社会特权的，且通常是男性）"①。

可以说，"图"带有认知、政治或商业目的与实用性，是对文字进行的说明或叙事性图解。而"画"独立于文字，且具有文字无法替代的审美特质。就艺术品格和审美趣味而言，二者也不可同日而语。可以用雅、俗作为区分二者的标准，"画"雅而"图"俗。雅、俗分属不同的社会与精神世界。"画"力求避免实用与商业干扰，或者具有不同于底层民众和流俗社会的实用意义与商业价值。"图"则可以批量复制，面向大众流通，生产易于为大众接受的故事性图像或具有实用功能的肖像画。对于"图"，文人较为轻视。文震亨《长物志》搜罗甚广，对于插图本图书或书籍版画却有意忽略。柯律格注意到在明代近万种版刻书籍中，只有不到两百种的书名有插图字样，其中类似《三才图会》《状元图考》《易经来注图解》这样的书名并不多②。孟久丽发现尽管孔子画传对于文人世界意义非凡，却没有著名画家参与这一题材的雕版印刷制作③。明代藏书家高儒属于当时的另类，其所著《百川书志》收录为时人所忽视的带插图的图书，并在题解时特别加以说明，其中就有《云南诸夷图》。

---

① 柯律格：《明代的图像与视觉性（第二版）》，黄晓鹃译，北京大学出版社，2016年，第219页。
② 柯律格：《明代的图像与视觉性（第二版）》，黄晓鹃译，北京大学出版社，2016年，第34页。
③ 参见柯律格：《明代的图像与视觉性（第二版）》，黄晓鹃译，北京大学出版社，2016年，第53页。

由于没有掌握西方的透视法和明暗技术，中国古人绘画无法做到西方画家那样的写实、逼真，但在此方面早有形似与神似的辩证。形似，类乎西方式的真实，在中国古人看来，工匠气重，所绘人物徒有其表，难传其神。相传苏轼评价两幅欧阳询过世后的画像，一幅极为细致，面部特征鲜明，大概是依据欧阳询生前仪容写就，可以使人借此画想见死者生前的音容笑貌。另一幅则极简约，仅点出五官，无细致描绘，看不出欧阳询生前面目，却自有一番淡雅情致，与大幅留白相呼应，烘托出文人应有的格调。苏轼认为后一幅才是真正的欧阳询。前一幅画像表现的是现实中的欧阳询，画真人写照，类似今日的照片或西方肖像画。此类肖像画，在古代中国被用作祖先像，供奉于灵堂，供生者追思缅怀之用。后一幅求其神，表现的是欧阳询内在的文人气质，"通过简约的线条，空灵的构图，画家展现的正是那种轻物欲、重精神的高尚气质，也正是苏东坡心中所认同的、尊重和认识的欧阳询。可以说，两幅欧阳询的画像，第一幅是他的肖像，第二幅却是他作为文人典范的人物写照"[1]。肖像画"这类写真式的作品，在古代传统画家和史学家眼中，只有实用价值而没有真正的艺术价值，被认为都是工匠之作"[2]。写真的肖像画，多由工匠画家（即清代桂馥所言"画工家"）操刀，难登画史大雅之堂，与之相对的才是画史、画论中真正的人物画，其主题并非个别人物，而是人物代表的理想境界和伦常道德。相传为阎立本所绘的《历代帝王图》是立足于"助人伦、美教化"而结合帝王事迹为其精神写照，画家不可能亲眼见到历代帝王为其写生。

---

① 罗淑敏：《如何欣赏中国画》，中华书局，2017年，第99—100页。
② 罗淑敏：《如何欣赏中国画》，中华书局，2017年，第100页。

明清时期，中国画家对西洋绘画有所接触，甚至掌握了某些技法。即便如此，追求神似和写意仍然高于形似与写真。雍正、乾隆年间画家邹一桂深得乾隆喜爱，常入内廷作画。他对西洋画的理解颇有心得，在其所著《小山画谱》中评论曰：

> 西洋人善勾股法，故其绘画于阴阳远近，不差锱铢。所画人物屋树，皆有日影。其所用颜色与笔，与中华绝异。布影由阔而狭，以三角量之，画宫室于墙壁，令人几欲走进。学者能参用一二，亦其醒法。但笔法全无，虽工亦匠，故不入画品。①

西洋画高度写实，但"笔法全无，虽工亦匠，故不入画品"。在中国绘画传统中，不论写真技法如何高超，其艺术价值仍然低于写意。就"图"与"画"而言，写真的可能是"图"，而写意的更可能是"画"。

谈及夷人图说的绘写，古人往往用"肖"字来评价，诸如"神采酷肖""肖必自创其法，不肖则共识其非"，这符合明代"图"与"画"区分的表述："图者，肖其物貌其人。"人物肖像之"肖"主要体现在人物外部特征尤其服饰细节上，所以梁元帝绘《职贡图》强调"瞻其容貌"，北宋官员张复奏请纂述职图则曰"缋画其冠服""纂朝贡诸国衣冠，画其形状""绘画其冠服"，而乾隆职贡图上谕亦云"各绘其男女之状，及其部长属众衣冠之别"。

萧绎说"窃闻职方氏掌天下之图，四夷八蛮，七闽九貉，其所由来久矣"，《黔南苗蛮图说》的作者桂馥有类似说法："《周

---

① （清）邹一桂：《小山画谱》，中华书局，1985年，第43页。

礼》职方氏掌天下之图,辨蛮夷闽貉戎狄之人。"①"图"最初的含义是地图,职方氏所掌之图想必是地图。掌握地图,意味着控制地图所指范围的人民和物资。于是,就有被控制地区使节的朝觐和使节携带的贡品。人物并非职贡图的重点,重要的是他代表的被控制地区的文化特征和屈服姿态,他携来的贡品同样是一种象征符号。桂馥困惑于《黔志》"疆里有图,山水有图,城郭宫室祠宇皆有图","西南诸蛮,惟黔最多,而独无图"②,实际上,因为有舆地图在先,方志图中无人的现象并非《黔志》独有。

人物之所以成为职贡图的绘画重点,是因为无法获取外邦地图,文化信息和政治姿态都贮存在人物身上并透过他传递出来。人物图像与地图相同的要求是准确再现"人殊国异"的情状,不同的是人物图像有更多"以意为之"而呈现"奇形异状"之"意态"的发挥空间。人物代表的是群体的特征或者说个性,所以绘画并不需要突出表现个人的个性。某一群体的特征主要通过穿着服饰、行为动作的细节来与其他群体区分,文字对于人物的描述也集中在这两方面。图像不需要也无法表现人物生活的区域范围和历史沿革,那是地图或文字负责的内容。以下举梁元帝《职贡图》中的3个例子说明:

> 倭国在带方东南大海中,依山岛为居地。自带方循海水乍南乍东,对其北岸,其北岸历三十余国,可万余里。倭王所□□□在会稽东。气温煖,出珍珠、青玉。无牛、马、虎、豹、羊、鹊。

① (清)桂馥:《黔南苗蛮图说叙》,见李德龙:《〈黔南苗蛮图说〉研究》,中央民族大学出版社,2008年,第151页。
② (清)桂馥:《黔南苗蛮图说叙》,见李德龙:《〈黔南苗蛮图说〉研究》,中央民族大学出版社,2008年,第151页。

男子皆黥面文身，以木绵帖头，衣横幅，无缝，但结束相连。好沈水捕鱼蛤。妇人只被发，衣如单被穿其中，贯头衣之。男女徒跣，好以丹涂身。种稻、禾、麻、苎、蚕、桑。出袖布、缣锦。兵用矛、盾、木弓、箭，用骨为镞。其食以手，器用笾豆。死有棺无椁。齐建元中，奉表贡献。[1]

上述文字可以在图像中加以表现的，主要是服饰细节和动作姿态（"沈水捕鱼蛤""其食以手，器用笾豆"）。其他文字描述涉及区域、地理、物产、葬俗和史实等，就很难用图像去再现了。

周古柯国，滑旁小国也。普通元年，使使随滑使来朝贡。其表曰："一切所恭敬，一切吉具足，如天净无云，满月明耀。天子身清净具足亦如此。四海弘愿，以为舟航。扬州阎浮提夷一广大国，人民布满，欢乐庄严，如天上不异。周古柯王顶礼弁拜，问许天子念我，今上金碗一、琉璃椀一、马一匹。"[2]

题记（或称说文）主体是该国朝贡上表，除了金碗、琉璃椀、马等3种贡品，其他内容是图像无法对应的。

天门蛮者，昔孙休分武陵天门郡，时有怪石自开，故以天门为称。其种姓曰田、曰覃，主簿者最强盛，金银各数百石，恃其富豪，不肯宾兴。梁初以来，方纳质款，输租赋如平民，遣子田

---

[1] 见米婷婷：《梁〈职贡图〉源流初探》，中国艺术研究院硕士学位论文，2016年，第47页。

[2] 见米婷婷：《梁〈职贡图〉源流初探》，中国艺术研究院硕士学位论文，2016年，第49页。

慈入质。①

此段题记专讲传闻和史实，图像如何去表现？

　　同样是图说，图像与说文、"图"与"说"的关系其实差别很大。说文中无人物服饰描述，而图像中又必须或只能绘出人物的服饰细节，很可能就是想象的产物。这样的图像也无需顾虑是否与文字一致，因而想象的空间很大。梁元帝《职贡图》序中提及其材料来源有二：一是在各国贡使经过荆州时"瞻其容貌""讯其风俗"；二是对"来朝京辇，不涉汉南"者"别加访采，以广见闻"。"瞻其容貌"者，应该能够绘出其服饰细节，至于"别加访采，以广见闻"及其他未"瞻其容貌"者，大概只能凭借想象或依托古画了。梁元帝之后的阎立本情况相当，至于李公麟、仇英则未必见过所绘对象。

　　图说还涉及古今临摹问题。中国绘画讲求师法古人，临摹即其表现。所谓临，是把原画放在旁边，边看边依照原画而画。所谓摹，是把半透明的纸置于原画上如实勾勒。临摹之作如题写"临某人之作"，并署临摹者之名，则是一种绘画训练的产物。如果临摹者未署名，甚或署原作者之名，则是伪造赝品。因为艺术收藏市场的发展，伪造赝品这一现象至明清尤其普遍和突出。所谓苏州片、河南造、开封货，即赝品的区域性称谓。"明清时期是书画伪作的高产时代。据学者研究，都穆《铁网珊瑚》是书坊为牟利而作的伪书；明人张泰阶好临古作伪，他的《宝绘录》所收几乎全是伪作；清人杜瑞联的古芬阁被称作'伪画收容所'，《古芬

---

① 见米婷婷：《梁〈职贡图〉源流初探》，中国艺术研究院硕士学位论文，2016年，第56页。

阁书画记》所收伪作亦比比皆是。"①至民国,仍有此风。著名画家张大千伪造古画的功夫出神入化,其所作古画有被西方博物馆当作真迹收藏。与临、摹类似的是"仿",不求与原画一模一样,而求其笔法、意趣、风格的神似、相通。题写"仿某人之作",是向古人致敬,如清末《黔南苗蛮图说》的作者桂馥即有仿赵千里《廿四孝图》。

　　哈佛燕京图书馆藏《滇苗图说》有收藏者关于绘写者顾见龙的题记,其中提及顾氏"临摹古迹,虽个中目之,一时难别真伪"。无独有偶,道光《云南通志稿》关于《滇省夷人图说》绘写者李诂的记载中也提到"见古名画辄临摹,几逼真"。桂馥善于临摹古画,其绘写的《黔南苗蛮图说》有借用他人画作的痕迹。通过比对,占跃海发现《黔南苗蛮图说》有近半数图像与清代流行的《耕织图》《棉花图》存在借用关系②,韦天亮、杨振宁的研究证实桂馥收藏有被其评价为"真迹、能品"的清初顾见龙《耕织图册》。韦天亮、杨振宁认为占跃海的研究说明《黔南苗蛮图说》"不是原创,有近一半是抄袭来"③,桂馥收藏的《耕织图》为抄袭提供了方便,再剔除桂馥抄绘自其他版本"百苗图"的部分,《黔南苗蛮图说》的原创性就大打折扣。抄袭这一结论较为偏颇。实际上,占跃海说的是桂馥通过套用《耕织图》《棉花图》模板,表达苗疆治理的理想图景和美好愿望,有其深意或如占跃

①赵灿鹏:《宋李公麟〈万国职贡图〉伪作辨证——宋元时期中外关系史料研究之一》,《暨南史学》(第八辑),广西师范大学出版社,2013年。

②占跃海:《桂馥的〈黔南苗蛮图说〉和作者民族地区治理情结》,《贵州大学学报(艺术版)》2011年第4期。

③韦天亮、杨振宁:《桂馥及其〈黔南苗蛮图说〉考略》,《兴义民族师范学院学报》2017年第1期。

海所言之"情结",并非抄袭。客观地说,夷人图说不同于艺术创作,何谓抄袭、何谓原创,需要加以辩证。

为《黔南苗蛮图说》书跋的史念祖有一个讨论,他说:

> 昔人云:"画人不能见之鬼怪易,画人所习见之人物难。"余则谓:"画人所偶见之鬼怪而人物为尤难!"人不能见者,亦无可疵,人所习见者,虽工拙可指,亦有古师。人所偶见者,肖必自创其法,不肖则共识其非。此创与因之不同,而平易与恢诡,更非大手笔莫能合而一之也。[1]

所谓"因"即师法古人、临摹古画;所谓"创"即依据所见,随物赋形,创造一种新的画法。面对"披裙执盖,椎髻大环,奇形异服"的夷人,传统画法固有的模式对其服饰、形象失去表现力,因循守旧,其结果是"不肖"。对于"习见"者,已经有成熟的绘画经验可资借鉴,而对于"偶见"者则只能探索新的画法。

此段讨论暗示出一些信息。夷人不常见但并非不可见,如史念祖提到他在云南的集市所见夷人;文人对夷人抱有一定程度的歧视,视其为"鬼怪而人物"即介于人鬼之间的存在;在清末,如何画夷人仍然是个问题,并没有公认的绘画模式,许多夷人图说采用的可能还是传统的人物画法,这些画法难以传递关于夷人的准确信息,要么"平易"近人,要么"恢诡"如鬼,而真正的夷人应该是既"平易"又"恢诡"。史念祖认为只有大手笔,方能自创画法,合"平易与恢诡"而为一,准确再现夷人。尽管他称赞桂馥为

---

[1] (清)史念祖:《黔南苗蛮图说跋》,见李德龙:《〈黔南苗蛮图说〉研究》,中央民族大学出版社,2008年,第147页。

"有心人"，但没有明确说桂馥是"大手笔"，想来也注意到桂馥对他人画作的模仿、借鉴。另一个作序者许乃兴说桂馥深入夷人所处之地，见证夷人的民俗生活，"目睹心记"，而又"于古书杂志，参究始末"，二者对照才能"识其种类、分合之由"，进行"尽态穷形"的准确再现。所谓"古书杂志"不仅有文字文献，也包括图像文献。刘文征在编写天启《滇志》时参究黄中所采《民风图》，而乾隆时期的谢圣纶编纂《百蛮图说》时也对照乾隆《云南通志》，并发现其与夷人现实不符之处。顾见龙、李诂的临摹古画与刘文征、谢圣纶、桂馥的参究古书，说明古今之间"创"与"因"的辩证关系不仅存在于图像之间，也存在于文字之间，同时还存在于图像与文字之间。无论图像还是文字的"创"都建立在某种程度的"因"之上，也是对于"因"的修正。

　　从名称上看，夷人图说绘写的初衷是实用性的"图"而不是艺术性的"画"。清代营制总册中的夷人图说还有称"图像"者，如嘉庆年间驻防维西的清军协营组织绘写的"控制土司所管夷人种类图像"[①]，其军事实用目的极为突出。总体上，夷人图说之"图"并非纯粹的"画"，正如其名称所指，它的功能是与说文配合，是文字的图解，专注于描述夷人实际，应该力求写真而不是写意，并且无意于绘画的雅俗之辩，无意于文人雅趣的追求。在此方面，古人无异于今人，希望以图为志，故有"图志"之谓，以图为夷人的考据，故有"图考"之名，如同今人所谓"图像证史""有图有真相"。然而，对照实际情况，我们却发现夷人图说中有更接近"图"者，也有更接近"画"者。大部分图说在"图"与"画"两极间游移，既非纯然为"图"，亦非纯然为"画"。

①该图册被清末民初收藏家杨昭儁命名为《维西夷人图》。

如何使"画"区别于"图"？前引明代佚名手稿《十百斋画录》的一段文字指出，"图"的功能是"肖其物貌其人写其事"，而对于"画"而言则是"人可有可无"，比如山水画。"画"最忌讳的是"命题写事"，因为这是最俗之事。以此标准看，夷人图说肖人、写事、状物，尤其夷人图像是重中之重。图说往往是"命题写事"之作，受命于政府指派。反过来看，如何使夷人图说之"图"如"画"？引入山水，使本来聚焦于夷人的视点分散到山水画的笔法和意境之中，淡化"命题写事"的功利主义色彩。另一种表现是，将本来与"图"分开的"说"挪到"图"中，从而使说文变成绘画的题跋。此种变化是与绘写者从集体到个人、从"绘"与"写"由不同的人分别完成到绘写由一人完成的变化同步，而且后者是前者得以实现的前提。对于绘写者而言，当"图"如"画"时，夷人之肖与不肖的问题就不像以往那么重要了。

就图像与文字的先后而言，艺术画作完成后，画家本人或其他人在画上题诗，或在画的前后进行题跋，亦即先有画，后题诗文。图说则不然，"图"上题写的说文，并非题画诗，亦非文人的题跋，而是自成一体的说明性文字。许多图说是先有正史、方志中的描述性文字，后配"图"，亦即先有"说"、后有"图"。早期的图说，"图""说"分列，并不在同一页面，之后才演变为"图""说"浑然一体，"说"仿佛"图"上题跋，"说"的书写也是各体交错，充满文人气和艺术感。至此，图说已经近乎诗画，远离了初衷。

就创作的指向而言，艺术画作的文字与图像合在一起指向诗情画意的艺术境界。无论文字还是图像，以虚境和表现为主，再现性的实境为表现性的虚境而存在。写意画、工笔画虽虚实侧重有所不同，在创作指向的艺术性这一点上则相同。图说的初始指向具有实用性、政治性，旨在以实境再现所描述的民族。但是，对于图而言，这种初始指向有不同于艺术画作的复杂性。这正是图说耐人寻味之处。

通过比较中央制作的职贡图与地方制作的夷人图说这两类图说，此问题可以得到进一步澄清。前者只有人物而无场景，人物线描，较为写实，没有过多的表情、动作，类似于今天身份证标准照或者宣传画报上代表某民族的人物形象。后者的画面则丰富得多，彩绘人物置身田间、草庐、山水、木石之间，有鸟兽虫鱼之属，有某种潜在或显现出来的动势，尽管有的人物表情古怪或不明所以，总体上说表情都较为生动。作为身处帝都的宫廷画家，职贡图绘者的艺术水准和技巧肯定不比夷人图说的绘者低，但是他们克制自己的艺术发挥，力图与说文处在同一种写实、再现的层面。夷人图说的绘者则自由得多，在表现了说文可以表现的内容后，就展开艺术空间的营造。

职贡图与夷人图说的说文有所不同，前者详实，注重描述对象的历史沿革、分布地域、居处环境、人物服饰、生计方式、生活习性、饮食特征、纳入国家赋税体系的情况，以此呈现对象的教化程度及与中央王朝的远近亲疏关系。后者的文字简略，主要描述分布地域、居处环境、人物服饰、生计方式、生活习性、饮食特征等。职贡图的"图"与"说"，可以对应的主要是服饰、工具等，其他信息则难以图文对应。夷人图说的"图"与"说"，可以对应的是居处环境、人物服饰、生计方式、生活习性、饮食特征。职贡图人物服饰用线描形式，勾勒较为细致，远非文字所能描述。相比之下，夷人图说的人物服饰绘制得较为粗糙。这可能与绘画技法的选择有关，但主要是因为各自要实现的任务不同。职贡图对地方夷人的绘写对象从具体生活场景中抽离出来，是全国统一的标准像；夷人图说则注重生活场景的描摹、刻写，近似于风俗画。画与像不同，标准像要求准确、规范，排除多余信息；风俗画则不然，画面感带有更多的艺术性和随意性，也由此营造出某种模糊的地方感。夷人图说对职贡图有所模仿，但这种模仿要控制在一个范围之内，否则就是僭越；前者又可能是后者的绘写素材来源，并且对后者可能出现的错误进行修正。

无论夷人图说是“图”还是“画”，上述讨论都值得我们用来作为审视夷人图说的参照系。不同图说的绘写者或组织绘写者有中央政府机构，有地方行政机构和军事组织，也有在任的地方官员或职业画师，或是出于个人兴趣的文人，乃至于瞄准艺术市场的商业画工，其绘写图说的目的因人因事而异。随着明清王朝治理边疆民族的需要与重心改变，伴随冲突、征讨、柔服与归化的历史事件，不仅图说记载的夷人种类在变化，关于夷人的文字描述与图像表征也在变化。与之同步的是，夷人图说的性质与价值从“图”到“画”的迁移。

第四节　构建形象与考求真实

关于夷人图说的民族志史料价值，有两种对立的观点：一种力主其为写实之作，具有较高的研究价值；另一种则反之，认为此类图说全凭臆造，毫无现实依据。

前者如郑振铎在《西谛书话》中称《皇清职贡图》为“信史”。《西谛书话》有“皇清职贡图”（董诰等编 九卷九册 清乾隆三十六年刊本）条，称：

　　　　明人多绘苗傜图，施以彩色。清本苗图亦多。余以其皆为写本，不收。明刊三才图会，精采天下便览博闻胜览考实全书，及石渠阁诸书法海诸书中，皆有"九夷图"，而甚妄诞不经，甚至收及山海经中人物。皇清职贡图中所刊诸蕃夷，近自西南夷，远及西洋诸国人，则皆写实之作。原序云："非我监臣所手量，我将帅所目击，我驿使所口陈者不以登槧削焉。统计以部曲区名者，凡三百数，以男女别幅者凡六百数"。此语诚可信。此六百幅图像，皆可作"信史"，确非妄为向壁想象者，不啻"册府传信之钜观"也。余在北平曾见一部，以价昂，未收。兹于富晋书社得之。绘图者为监生门庆安、徐溥、戴禹汲、孙大儒四人，刻工未署名。笔法软弱，虽细致而不奔放，盖"匠人"之作也。皇家刻本，大抵皆然。[①]

作为藏书家，郑振铎先生对图说版本及质量有独到的评判眼光，苗图写本（抄绘本）不入法眼，大概是因为粗制滥造，数量多而质量低劣。《三才图会》、九夷图等过于离奇，失之不实，亦不可取。比较起来，《皇清职贡图》虽为"匠人"之作、"皇家刻本"，但信而不俗、雅且可信，故为郑先生所称道。不过，郑先生据《皇清职贡图》序所言"信史"而称其为"写实之作"，未免过誉。

类似的是，芮逸夫在台湾"中央研究院"历史语言研究所傅斯年图书馆收藏两种"苗图"影印出版序中称：

> 细审诸图并说，画多写生，文皆记实，惟不似通人手笔，然其所绘，皆有所本，而其所说，亦复可征。对近代民族学或文化人类学研究，多可供参政之资，其在艺术上之价值亦为通人所

---

① 郑振铎：《西谛书话》，生活·读书·新知三联书店，2005年，第263页。

许,弥足珍贵也。[1]

不仅肯定图说的研究价值,也注意到图说的艺术价值。

囿于"重文轻图"的史学眼光及苗图资料获取不便,更由于大多数"苗图"作者的匿名性特点,史学家在进行史料可靠性分析上便遇到了无法逾越的障碍,因此对"苗图"的价值便持调低下,有所保留[2]。方国瑜先生评价《清职贡图》与道光《云南通志稿》所引之云南种人图说"非当时专事调查所得。图像亦以意为之,不足根据也",又认为诸种云南《民风图说》"多非实地考察",而余庆远《维西见闻记》等杂说之书"大都辗转抄袭旧文,任意编造,且多污蔑,虽可供参考,不足为依据"[3]。尽管如此,图说之说并非全然采自既有志书,其略有改易,总得有所依据,不能排除实地考察和见闻为依据的可能性。图说之图,更非"以意为之"4字可以概括,既有因袭既往图像而来,亦有考察见闻而来,图像还要与文字相配合,全凭想象是无法完成的。关于《维西见闻记》的评论可以看出方先生怀疑民族图说价值的原因,不仅在于其抄袭、编造,而且涉及对非汉民族的"污蔑"。然而,在专论《维西见闻记》时,方先生却赞誉该作,云书中所纪"多近事实,非道听途说好为奇异者可比,言滇西北风土,允为善本也"[4]。方先生论及元代李京《云南志略》时说其《诸夷风俗》

---

[1] 芮逸夫主编:《"中央研究院"历史语言研究所影印苗蛮图集之一:苗蛮图册》,"中央研究院"历史语言研究所,1973年,第10页。

[2] 吴秀杰:《异地的图说:一本关于云南民族的"苗图"——评介〈滇省迤西迤南夷人图说〉的德文译本》,《民族艺术》2005年第2期。

[3] 方国瑜:《云南史料目录概说》,中华书局,1984年,第737—738页。

[4] 方国瑜:《云南史料目录概说》,中华书局,1984年,第643页。

"载白人、罗罗、金齿、百夷、末些、土僚、野蛮、斡泥蛮、蒲蛮诸条，大都为李京周历云南之见闻，有关民族社会生活，可资考究，然不尽可信。……自来记载民族生活，以搜奇说怪为能事，李京亦如此也"[1]。然而，据方先生转述李京自序云："乌蛮、六诏、金齿、百夷，二年之间，奔走几偏（遍）。于是山川地理，土产风俗，颇得其详，始悟前人记载之失。盖道听途说，非身所经历故也。自以所见，参考众说，编及《云南志略》四卷。"[2]可见，李京与余庆远都反对道听途说，强调亲身经历的重要性。近人王鹏惠肯定图说对象作为汉族异己的表征建构价值，却并不认可其写实性，"这些图谱的编纂或文字解说，大抵是静置于想象的历史时空之民族'传统'图像"，"由各地画师反复临摹，重复相同的母题"，"仿佛文明之钟摆之为书写者摆动。在传统的异族图绘中，再现内容少有变化，更多的是传统论述的复制"[3]。

　　上述两种观点各有道理，但都不能概括图说的所有意义。全为写实、信史固然夸大，而说其纯属虚构则以偏概全。以职贡图为例，傅恒等撰写的《皇清职贡图》跋文称其所作"非我监臣之手量，我将帅所目击，我驿使口陈者，不以登椠削焉"[4]，纪昀等人为《皇清职贡图》撰写提要称"《山海经》所载诸国，多出虚撰，概不足凭。……今之所绘，或奉赞贡箧，亲睹其人；或仗钺乘轺，

---

①方国瑜：《云南史料目录概说》，中华书局，1984年，第244页。

②方国瑜：《云南史料目录概说》，中华书局，1984年，第241页。

③王鹏惠：《"异族"新闻与俗识/视：〈点石斋画报〉的帝国南方》，《台湾史研究》2012年第4期。

④（清）傅恒等编著：《皇清职贡图》，辽沈书社，1991年，第1071页。

实经其地"①,即便不是全部实情,也说明其力求与"虚撰"相区别的立意和采集信息的部分方法。与此相对应的是,清代官修《四库全书》把《山海经》《神异经》从地理类移到小说类,《皇清职贡图》与之不属于同类②。职贡图作者的立意区别于《山海经》等的异族异邦想象,而要如此做,至少在条件允许的范围内就得由虚入实,在夷人种类增益的同时有所依凭。

夷人图说的制作、功能、效果、价值等问题,可能远比真伪的问题复杂、曲折。清代夷人图说的诸多成就可以说是较为直观的、显性的表现。而促成这些成就的则是背后那些隐约不显的变化。当然,显性的成就反过来也加剧了隐性的变化。两相交互,逐步形成了较为定型的关于夷人图说的社会性评价。观察这些隐性的变化,我们可以发现,其中有两种变化对当时图说文本的制作和评价影响显著:一是清代的夷人图说与政治权力的结合变得非常紧密;二是在图像制作上兴起了"务实"的风潮。

夷人图说这种文类在清代已成为统治者构建其帝国形象的重要手段。正如康熙皇帝在《钦定历代题画诗类》序中所言"夫图绘,艺事也,而近于道",清统治者对图像手段的重视是全方位的,除夷人图说外,舆地图、功勋图、民风图、耕织图等图像文本也发挥着政治宣传、历史记忆、功勋记录、道德教化的重要作用。所以不难理解一些大型的官修夷人图说会出现在清代。这些深具官方烙印的图像在制作、筛选、编排、传播、展示等方面往往有着相对严格的程式,同时又非常注重与正史、方志的互参互证。如

---

① (清)纪昀等总纂:《景印文渊阁四库全书》第594册,台湾商务印书馆股份有限公司,1983年,第1页。
② 葛兆光:《描述天下的职贡图》,《人民周刊》2016年第23期。

此形成的文本显示出了极大的权威性，使得夷人图说的地位不断提高，终于从猎奇、娱乐、审美的图像消费领域中分离出来，获得了正统知识的地位，对观看者、使用者、制作者产生指引和规范的作用[1]。我们现在所见的夷人图说大都是以官方版本为蓝本的抄本、摹本、改绘本。凭借这种兼具直观性和权威性的表征，官方意识形态能够有效地扩及、下渗到帝国的各个层面，官方描绘和定义的夷人成为普通文人和民众心目中的夷人形象。

夷人图说文本的制作者非常注重宣称其制图过程的"实证性"及成果的"真实性"。虽说存在"务实"与"宣称务实"的界分，但也可说明"闻见"之知与"写真"之实在当时已成一重要评价标尺，时人已经熟谙如何在图像和知识之间建立起有效的联系，反映出"图说"制作者希望观看者能把这些内容当作确定无疑的知识接受下来的意图。图像在清代似乎又回到了郑樵所强调的"左图右书"的传统，溢出了王微所谓"以一管之笔，拟太虚之体"[2]的界域。这股"时风"提醒我们，仅仅把夷人图说视为清统治者建构帝国形象的手段，有失之过简之嫌。这样容易把夷人图说从中国独特的图像历史的语境中抽离出来，将其复杂的社会功能简化为构建帝国形象和完成分类体系的"近代民族志"效用。换言之，在清代，"构建形象"与"考求真实"两者间存在着复杂的互动。

前述学界两种对立的观点都聚焦于清代夷人图说的民族志史料价值，都以图像是否反映当时现实为标准来进行评判。依此

[1] 一个典型的例子是道光《云南通志稿》，它一改以往正史、方志书写非汉民族只著文字的传统，图绘了141幅民族图像。

[2] （唐）张彦远：《历代名画记》，周晓薇校点，辽宁教育出版社，2001年，第60页。

标准,相对客观的判断或许是:此一时期所制的少数民族图像实际上虚实兼具。从乾隆《皇清职贡图》的绘制过程看,确实存在命宫廷画师目睹亲察的情况[1]。但这只有在内服的土司、头人入京朝贡的时候才有可能。多数成稿的图像,都是以各地方督抚进献的图册为蓝本进行绘制,而地方督抚的图册又依据其所辖各属"绘图册报"后,改绘辑撰而成[2]。这其中几经辗转,几层筛选,所得成果经过多次转换,确实也难保"确凿可据"。然而,这样的解释和前述两种对清代夷人图说的评价一样,都是从批评的角度看待历史,无意间却遗漏了"历史性"。从中其实无法了解文本和人之间的关系,无法了解当时的"行动者"是如何认识和对待这些客体的。我们认为夷人图说这类文本的价值,并不仅仅局限于其"史料"的一面。它作为一种社会表征,本身就是意义生产和实践的过程。对它的理解,虽要存真,却也不必去伪。而是要把真伪综合起来,努力进入它自身的意义系统。如果以此为目的,那么基本的问题就不是用夷人图说去证明那个先于图像而存在的"历史之物",而是要去关注那种使图像与现实之间的关系问题化的历史。这就需要研究者去挖掘现象背后的动机,揭示文本的意图性。毫无疑问,文本的意图性必然与产生文本的那些特定的历史、政治、文化资源息息相关,但它同时也受某些恒久传承的思想的熏染,甚至支配。正如张东荪所言,"当时社会的环境所决定于人的思想的是其思想中的趋向;传下来的文化所决定于人的思

---

① 参见赖毓芝:《图像帝国:乾隆朝〈职贡图〉的制作与帝都呈现》,《"中央研究院"近代史研究所集刊》第75期,2012年,第19—20页。

② (清)谢圣纶:《滇黔志略》卷十五《种人》,古永继点校,贵州人民出版社,2008年,第184页。

想的是思想所依据的格式"①。这就要求研究者去发现那些深层的内在于历史语境中的思想模式，它们不仅为知识的生产提供了一套既定的基本规则，也为意图的实现提供了可识别的样式。具体到夷人图说，贡布里希所谓"先制作，后匹配"②同样有效，也正是模式把历史引入了图像。我们的任务即是从夷人图说文本制作的基本模式入手，探究这些模式被选择和使用的动机，测定模式对形成文本的各项资源的利用和限制。这其中固然会涉及有关夷人知识的真实与虚构的问题，但此处的虚、实已不再是一个孤立的评价或者考定的问题。两者在思想模式的框架内互动纠缠，实际上形成了一套问题链条，何以虚之，何以实之？虚实如何搭配，又具备何种功能？产生了何种效果？对此系列问题的思考，有助于开显夷人图说价值的另外一种面向，即思想如何被制造和使用的面向。

　　图像的制作、流传，古图与今图、中央政府制图与地方政府制图之间的关联等图像内在的脉络，构成一种历史景观，形成一种理解历史的线索。以往研究依循的逻辑大多是左图右史、图像证史，聚焦于历史之"说"或"说"之历史，"图"只作为"说"的佐证。说文的意义在于还原历史，是历史的再现，而"图"是说文的再现，亦即历史再现的再现，与历史隔了两层。此种研究逻辑带来的问题，一是对"图"的意义的怀疑和否定，因为"图"如与"说"完全对应，作为"说"的替代品，就没必要存在；而如果"图"有文外之义，此种意义要获得确认，尚需要其他的历史文献来证

---

① 张东荪：《知识与文化》，岳麓书社，2011年，第206页。
② （英）贡布里希：《艺术与错觉：图画再现的心理学研究》，林夕、李本正、范景中译，浙江摄影出版社，1987年，第117页。

明、注解，成为多种"说"的组合替代品，"图"仍然没有独立性，其意义也是多余的；那些无法在历史文献中找到注脚的"图"的意义，被归于画家的无知或任性的艺术发挥，同样是冗余甚至错误的信息，因此也是无意义的。另一种可能存在的取向，则强调"图"有"说"不可替代的史学价值，希望以"图"正"史"，表面上是以"图"为中心，实质上还是以"说"为中心，因为"图"的意义在于是否能够还原为"史"，仍然无法以另一种视角面对上述所谓"图"的冗余或错误信息。

聚焦于"图"，去发现被"说"（历史意义）所遮蔽的"图"（艺术意义）。聚焦于历史，就可能忽视"图说"的艺术意义；聚焦于"图说"之"说"，就可能忽视"图说"之"图"。转变视角，重新聚焦，意味着回到"图"本身，促使我们更加认真地审视图像，以一种不同于历史研究的眼光看"图"，进而让"图"说"话"。这样做的结果，并非以图说的艺术意义否定图说的历史意义。如果真想从图像中获取不同于文字的历史信息，就不应该把"图"视为"说"的简单对应物，把"图"翻译为"说"，使"图"成为"说"的同义反复。直面图像本身所获得的信息，除了具有艺术史意义（艺术史亦是历史的一部分），对于民族史和社会史研究会有真正的裨益。图像所不同于文字的历史信息得以凸显，避免与文字的同义反复，图像才能真正证史或正史。

对夷人图说的研究价值之所以出现截然不同的看法，除了对于何谓史料的理解不同之外，可能源于对象混淆：一是没有区分图说的母本与摹本，二是没有从"图"与"画"的角度区分图说的不同类型。摹本乃临摹、抄绘，不代表母本亦然。不同类型图说有其摹本，形成不同的图说系列。摹本大多出于商业目的，在收藏市场和文人圈子流通，一改母本初衷，另当别论。对于母本的评判并不适用于摹本,反之亦然。同样,针对某一类型图说的评判并不适用于其他类型的图说。因为针对不同对象,所以各自有理。

结　语

　　研究夷人图说要从图说的夷人种类入手。由明至清，图说中的夷人类目在增加，其中的变化是否完全取决于对夷人认识范围的扩大，值得我们深思。透过爨僰二分这一对云南方志修纂者而言至为重要的命题，可以深入理解修志者有关云南种人分类的逻辑理路及其困境，进而探究只闻其名、不得其详的《云南诸夷图》是否可以作为夷人图说研究的真正起点。明清书目数次提及宣德年间曾有一部《云南诸夷图》记载了37种夷人，与天启《滇志》所记夷人有何关系，又与成书于清初的《滇夷图说》有何关系。循着爨僰二分的线索，我们发现三者的关系并非如此前学界以为的那样清晰，《云南诸夷图》所记37种人究竟为何目前无法确定。

　　深入夷人图说的文本世界，我们面对夷人图像本身，将图说作为一种特殊的文本类型加以细读。互文和语境是细读夷人图说文本的重要概念。"图"与"说"构成图说的基本单元，通过"野人图说"的细读揭示图说的互文性。"图""说"分主次，有时"图"是"说"的图示，有时"说"是"图"的说明。在不同的"野人图说"中，"图"与"说"的对应关系呈现不同特点，"图""说"不相应之处或是出于绘画与语言固有差异所致的转换难度亦即技术上的客观原因，而"图""说"被强调的关系或反复突出的特征则与绘写者的意识形态主导动机有关。同一套或一组图说之图与图有何关系，或者不同图说的同一描述对象之图与图有何关系，这是"图"的互文关系。图说之"说"，多取自历代地方志，结合对夷人生活新变的发现，文字描述可能有所增删，其中也有互文关系。"野人图说"互文性的讨论提示我们不仅要在图说互文的关系中理解"图"与"说"，而且应该在不同图说的关系脉络中理解图说的意义，不应就单幅图说而论其意义。总之，图说的意义生产很多时候是在文本的世界中进行的。

图说经由互文性而构筑自己的意义世界，不可否认的是，历史的现场为图说意义的生产提供了原初语境。进入这种语境，方能理解诸如"地羊鬼"这样在图说与方志世界中因污名而失去"原貌"的夷人。结合历史文献，对读地羊鬼图像与说文，可以发现图像中被误绘的地羊鬼发式尤其是与孟密宝石有关的细节。回到明末明缅战争及孟密宝石采买引发的地方冲突，就不难理解地羊鬼之所以出现及以某种特定形象出现在历史文献和夷人图说中的原因，而后世图说之所以存在误绘正是缘于绘写者没有在历史语境中探寻地羊鬼形象之由来。地羊鬼的案例以极端的形式告诉我们，夷人图说图像的意义不仅需要与说文对读来叩问，还要求深入历史语境的"现场"去读取。将具有互文性的图说置于特定的语境中，图说之"图"与"说"，尤其是"图"的意义才得以显现。另一方面，深入图说的互文世界也能使我们体会绘写者及绘写对象随时代而来的语境变化。

匿名性是图说与纯粹画作和一般历史文献相区别的特征。除少部分图说可以寻到绘写者的相关信息，大部分图说具有匿名性，没有绘写信息。不仅如此，艺术价值高的图说具有复制性，是某一图说的摹本，甚至是刻意为之的赝品。正是缘于匿名性与复制性，我们淡化分期，强调图说分类谱系，通过回到图说的历史语境并在与方志文献的互文关系中读取图说的意义。某一类型的图说应该有最初的版本，可称之为母本。质量高、名气大的母本会有一系列摹本。由于母本亡佚或无法确定现存的某一图说是否为母本，只能将母本问题暂时悬搁。将摹本描绘的种人类目及说文与编纂信息明确的方志两相对照，仍然可以有效分析并利用图说。在母本悬搁的前提下，摹本之间的关系类似于民间故事或古代文学研究中的"异文"。

不同版本的异文相互平等，均有合法性，也存在着同源异流与多源并流的关系，其"源"即图说母本，其"流"即各种异文摹本。同源异流之所以出现，是因为图说复制过程中基于新认识或新的意识形态而做的有意改写，抑或出于无知与技法局限而做的无意误绘。即便如此，异文摹本之间构成的图说互文性也提供了探知图说母本的线索。正是这些线索使我们得以区分出图说的不同类型谱系，比如《伯麟图说》与《滇省迤西迤南夷人图说》属于不同类型的图说谱系。多源并流的判断同样基于互文而来，《滇夷图说》早于《伯麟图说》，后者的部分图说吸纳前者而加以简化，典型者如《白人图说》《干罗罗图说》均截取《滇夷图说》图像的局部。此种现象在方志中尤为明显，道光《云南通志稿》的《南蛮志·种人》文字部分即由引述各类文献构成，《伯麟图说》是其引述的重要对象。由"文"的构成可以推知，道光《云南通志稿》"图"的构成应该也存在此种多源并流的互文现象。不过要注意的是，"图"毕竟不是"文"。"文"的多源并流是同一种人文字的层层叠加，"图"的多源并流则是不同来源的种人图像在志书中汇聚。志书以"文"为主、"图"为辅，且限于刻印技术，故其图像与图说的图像相比较为简化。就非方志的图说而言，由于图说从图文分别绘写在两个幅面到图文合在同一幅面，"图"与

"文"均简化,上述从《滇夷图说》到《伯麟图说》的简化即为此种情况。

就复制性而言,营制总册图说是较为特殊的一类。与方志图说相比,它是手绘本而非刻印本,且具有机要性质,不如方志那样刻印后在市面和人文圈流通。与一般图说相比,营制总册图说绘写艺术水准不高。总体上,文字不求典雅,书写不求笔意,绘画技法简单,缺乏文人气质与审美趣味,实际上内部上报、流通的营制总册也志不在此。鉴于这些特征,营制总册图说少有复制品流通,因此,其史料价值远高于艺术价值。

曾经有学者困惑于道光《云南通志稿》《伯麟图说》二者与《皇清职贡图》的关系:"《云南通志·种人》遵照《皇清职贡图》的'成例',即绘人物图,附加'说'。那么,《滇省夷人图说》是否也是遵从《皇清职贡图》的'成例'呢? 提出这个问题,是因为《云南通志·种人》和《图说》之图虽然人物形象相同,但也有个很大差异,就是《图说》有山水、房屋、田野等背景,而《云南通志·种人》只有人物,没有背景。那么,是《云南通志·种人》采录时删除了背景画面? 还是《图说》原本只有人物,没有背景,目前所见各抄绘本都是在原本人物基础上添绘的背景? 在《伯麟图说》原绘本真相大白之前,这个疑团很难揭破。"①如果换一种思路,从图说的类型谱系与复制性的源流差异去看待问题,也许就不必追问图说山水背景的有或无,因为其来源各异,而绘画手段与初衷也不同。

尽管我们更倾向于图说的分类研究而不是分期研究,但也应

────────────────

① 祁庆富、李德龙、史晖:《再谈〈伯麟图说〉及按语》,载云南民族大学编:《民族学报》第五辑,民族出版社,2007年,第50页。

注意到图说的动态流变。唐以后，职贡图逐渐从绘画"题材"演变为绘画"体裁"，从以纪实为主演变为摹写和想象，猎奇与审美的成分逐渐增加。至清代乾嘉年间，《皇清职贡图》又回到纪实为主的轨道上，尽管其中不乏政治与美学的倾向性。正如我们提到的，如此形成的文本显示出了极大的权威性，使得夷人图说的地位不断提高，终于从猎奇、娱乐、审美的图像消费领域中分离出来，获得了正统知识的地位。清代后期，包括职贡图在内的夷人图说又从当初的政治与认知语境中脱出，成为艺术市场和文人世界临摹、仿制的对象，猎奇与审美的趣味又占了上风。

就清代地方夷人图说与中央职贡图的关系而言，夷人图说既是职贡图的素材来源，又参考了职贡图的图文与做法。与职贡图的国家性、正统性相比，夷人图说有鲜明的地方色彩，描绘对象限于本地民族，图说形式更为灵活，大多以山水为背景，类似风俗画，充满艺术情趣。二者的不同，可以用标准照与艺术照来比拟。当然，正如前文所述，职贡图也有艺术化的一面。无论职贡图还是夷人图说，其图像均在"图"与"画"之间游移，如何定位即成为一个问题。视其为史料之"图"，或视其为艺术之"画"，抑或二者的混合，将让我们从图说中看见不同的内容。事实上，这种定位并非观者的臆见，而取决于图说自身的特点。关于图说的争论，很大程度上源于缺乏清晰的图像定位意识，因而夸大或贬低图说在历史或艺术方面的价值。

夷人图说必然有制作者，我们称其为图说绘写者。鉴于大部分图说的绘写者身份不详，以往对绘写者研究较为有限。然而，绘写者问题对于理解图说意义重大。严格意义上的绘写者应该是绘制图像与撰写说文的人，不过，图说绘写过程，图说最终以何种形式呈现，取决于组织者、订制者的意图。这种意图会以序跋的形式反映出来。序跋只是绘写者、组织者或评述者单方面的宣称,透过序跋去体会更多的意义需要做出比较与分析。此外,在图说的流通中,后世收藏者赋予图说的新意义往往具有文人化的艺术性,即便收藏者声称图说具有教化资政的目的。

　　贡布里希论述艺术史时用"制作"(making)与"匹配"(matching)这对概念取代"摹仿"这一概念,由此重新思考艺术的真实性问题。在他看来,"制作"先于"匹配",画家的工作并非摹仿,即便写实绘画亦如此。在技法上,不可能要求所有画家如同照相机般再现外物。更为关键的是,画家"不是从他的视觉印象入手,而是从他的观念或概念入手"①,他肯定带有先在的观物取象的概念图式以及各自的造型意志,也必须具备训练过的眼光和手法,才有能力去观察并制作外物的图像。在制作过程中,逐渐使自身的概念图式与外物的形象相匹配。这种匹配是内外双向的,最终呈现的图像既有物象,也包含着观念。所以,艺术真实性并非建立在摹仿之上,而所谓摹仿也不可能排除观念与图式,"艺术不是产生于空旷之地……是某个特定传统的一部分,在一个有结构的问题领域内工作"②。夷人图说绘写者虽然宣称亲历现场、目睹夷人,但实际上都处在某种传统中,临摹古画,效法古人。我们曾经提到为《黔南苗蛮图说》书跋的史念祖认为绘画夷人难在需要自创其法,而不是因循陈规,实际上他并不知道陈规图式无处不在,而且离开陈规图式,画家即无所见。他所称道的"创"离不开先在的"因"。

---

① (英)贡布里希:《艺术与错觉:图画再现的心理学研究》,林夕、李本正、范景中译,浙江摄影出版社,1987年,第85页。
② (英)贡布里希:《艺术与错觉:图画再现的心理学研究》,林夕、李本正、范景中译,浙江摄影出版社,1987年,第34页。

　　贡布里希还谈到："跟我们有重要关系的是正确的肖像如同有用的地图一样，是经过图式和矫正的漫长历程获得的最后产物。它不是忠实地记录一个视觉经验，而是忠实地构成一个关系模型。说视觉有主观性也好，说程式有支配性也好，都不需要否认上述模型的构成能够达到任何要求的准确度。这里事关紧要的显然是'要求的'（required）一词。一个再现的形式离不开它的目的，也离不开流行着那一种特定的视觉语言的社会对它的要求。"①这段话尤其值得深思，古人评价夷人图说有个反复出现的关键词"肖"，我们并不否认"肖"这一标准，但要充分意识到这所谓"肖"是透过在传统中流变的图式去实现的，图说的视觉经验体现的是汉人与夷人、中央与边疆之间的历史关系。图说的肖与否还取决于不同时代的观看者对于绘写者有何要求，这种要求要么出于政治意识形态，要么出于猎奇、审美和市场需要。

　　我们可以设想，夷人图说的绘写者从何入手开始其绘写？他要面对在他之前就画出过的夷人图像，这种图像可能来自此前的夷人图说抑或某种传奇性的古代民族图像。他还要面对需要与之匹配的说文，这种说文可能来自此前的夷人图说抑或历代方志。夷人的形象在方志和图说中不断累积、修正，任何一种夷人图说的绘写都既在此种累积、修正的传统中获取自己所需的材料与图式，又汇入此种累积、修正的传统中而成为夷人图说互文世界的一分子。后世研究者当用心体察绘写的来龙去脉，进入图说的互文世界，尝试以图说绘写者的眼光去看待图说，读取图说的文化意义。

---

① （英）贡布里希：《艺术与错觉：图画再现的心理学研究》，林夕、李本正、范景中译，浙江摄影出版社，1987年，第108页。

参考文献

一、古籍

（明）陈文等纂修：景泰《云南图经志书》，《续修四库全书》第
　　681册，上海古籍出版社，2002年。

（清）戴纲孙纂：道光《昆明县志》，台北成文出版社，1967年。

（清）鄂尔泰等修，靖道谟纂：乾隆《云南通志》，清乾隆元年
　　（1736）刻本。

（唐）樊绰：《云南志校释》，赵吕甫校释，中国社会科学出版社，
　　1985年。

（清）范承勋、王继文修，吴自肃、丁伟纂：康熙《云南通志》，清
　　康熙三十年（1691）刻本。

（清）冯甦：《滇考》，王有立主编：《中华文史丛书》（二十二），
　　台北华文书局，1968年。

（清）傅恒等编著：《皇清职贡图》，哈佛大学哈佛燕京图书馆藏
　　中文善本古籍。

——《皇清职贡图》，辽沈书社，1991年。

（清）高其倬编：《滇夷图说》，刘铮云主编：《"中央研究院"历
　　史语言研究所傅斯年图书馆藏未刊稿抄本（史部）》第二十一
　　册，台湾"中央研究院"历史语言研究所，2015年。

（明）高儒等：《百川书志 古今书刻》，古典文学出版社，1957年。

（清）顾炎武：《天下郡国利病书》，《续修四库全书》第595册，
　　上海古籍出版社，2002年。

——《肇域志》，上海古籍出版社，2004年。

（清）胡渭：《易图明辨》，中华书局，2008年。

（明）郎瑛：《七修类稿》，广益书局，1936年。

（明）刘文征：《滇志》，古永继校点，云南教育出版社，1991年。

（清）毛奇龄：《云南蛮司志》，方国瑜主编，徐文德等纂录校订：
　　《云南史料丛刊》（第五卷），云南大学出版社，1998年。

（清）倪惟钦、董广布修，陈荣昌、顾视高纂：《续修昆明县志》，
　　民国三十二年（1943）石印本。

（清）彭蕴灿《历代画史汇传》，清道光五年吴门尚志堂彭氏刻本。

（清）钱曾：《读书敏求记》，书目文献出版社，1984年。

（清）阮元、伊里布等修，王崧、李诚等纂：道光《云南通志稿》，
　　清道光十五年（1835）刻本。

——道光《云南通志》，方国瑜主编，徐文德等纂录校订：《云南
　　史料丛刊》（第十三卷），云南大学出版社，2001年。

（清）阮元编：《经籍籑诂》，成都古籍书店，1982年。

（明）沈德符：《万历野获编》，中华书局，1997年。

（明）孙能传、张萱：《内阁藏书目录》，清迟云楼抄本。

（清）檀萃：《滇海虞衡志校注》，宋文熙、李东平校注，云南人民
　　出版社，1990年。

（明）田汝成：《行边纪闻》，方国瑜主编，徐文德等纂录校订：
　　《云南史料丛刊》（第四卷），云南大学出版社，1998年。

（清）屠述濂纂修：《腾越州志》，台北成文出版社，1967年。

（明）王士性：《广志绎》，吕景琳点校，中华书局，1981年。

王叔武：《大理行记校注　云南志略辑校》，云南民族出版社，

1986年。

（清）王崧：道光《云南志钞》，云南省社会科学院文献研究所，
1995年。

（清）王文韶、魏光焘修，唐炯等纂：光绪《续云南通志稿》，清
光绪二十七年（1901）四川岳池刻本。

（清）王芝：《海客日谈》，台北文海出版社，1968年。

（梁）萧统编：《文选》，（唐）李善注，上海古籍出版社，1986
年。

（清）谢圣纶：《滇黔志略》，古永继点校，贵州人民出版社，2008
年。

（明）谢肇淛：《滇略》，方国瑜主编，徐文德等纂录校订：《云南
史料丛刊》（第六卷），云南大学出版社，2000年。

（明）杨慎辑，（清）胡蔚订正：《南诏野史》，台北成文出版社，
1968年。

（清）余庆远：《维西见闻记》，王云五主编：《大理行记及其他
五种》，商务印书馆，1936年。

——《维西见闻纪》，李汝春校注，维西傈僳族自治县志编委会
办公室编印，1994年。

（明）张丑：《清河书画舫》，徐德明点校，上海古籍出版社，2011年。

（清）张廷玉等编纂：《明史》，中华书局，1974年。

（唐）张彦远：《历代名画记》，周晓薇校点，辽宁教育出版社，
2001年。

（明）张志淳：《南园漫录》，方国瑜主编，徐文德等纂录校订：
《云南史料丛刊》（第五卷），云南大学出版社，1998年。

（宋）郑樵：《通志二十略》，王树民点校，中华书局，1995年。

（明）周季凤纂修：正德《云南志》，方国瑜主编，徐文德等纂录

校订:《云南史料丛刊》(第六卷),云南大学出版社,2000年。

(明)朱孟震:《西南夷风土记》,方国瑜主编,徐文德等纂录校
订:《云南史料丛刊》(第五卷),云南大学出版社,1998年。

(清)邹一桂:《小山画谱》,中华书局,1985年。

(明)邹应龙修,李元阳纂:万历《云南通志》,方国瑜主编,徐文
德等纂录校订:《云南史料丛刊》(第六卷),云南大学出版社,
2000年。

二、中文著作

白谦慎:《傅山的世界——十七世纪中国书法的嬗变》,生活·读
书·新知三联书店,2006年。

(英)彼得·伯克:《图像证史(第二版)》,杨豫译,北京大学出版社,
2018年。

揣振宇主编:《滇省夷人图说·滇省舆地图说》,中国社会科学出
版社,2009年。

邓启华主编:《清代普洱府志选注》,云南大学出版社,2007年。

董路明编著:《古滇土人图志——董贯之清末民国初年钢笔画》,
云南美术出版社,2013年。

杜薇:《百苗图汇考》,贵州民族出版社,2002年。

方国瑜:《云南史料目录概说》,中华书局,1984年。

(美)方闻:《超越再现:8世纪至14世纪中国书画》,李维琨译,
浙江大学出版社,2011年。

——《中国艺术史九讲》,谈晟广编,上海书画出版社,2016年。

——《心印:中国书画风格与结构分析研究》,李维琨译,上海书
画出版社,2016年。

(英)弗朗西斯·哈斯克尔:《历史及其图像:艺术及对往昔的阐

释》，孔令伟译，商务印书馆，2018年。

（美）高居翰：《气势撼人：十七世纪中国绘画中的自然与风格》，
李佩桦、傅立萃等译，生活·读书·新知三联书店，2009年。

葛兆光：《思想史研究课堂讲录——视野、角度与方法》，生活·读
书·新知三联书店，2005年。

——《中国思想史》，复旦大学出版社，2009年。

（英）贡布里希：《艺术与错觉：图画再现的心理学研究》，林夕、
李本正、范景中译，浙江摄影出版社，1987年。

——《文艺复兴：西方艺术的伟大时代》，李本正、范景中编选，
中国美术学院出版社，2000年。

——《象征的图像——贡布里希图像学文集》，杨思梁、范景中编
选，广西美术出版社，2015年。

胡鸿：《能夏则大与渐慕华风：政治体视角下的华夏与华夏化》，
北京师范大学出版，2017年。

江畲经编：《历代笔记小说选（明）》，商务印书馆，1935年。

江应樑：《滇西摆夷之现实生活》，江晓林笺注，德宏民族出版
社，2003年。

（英）柯林伍德：《历史的观念》，何兆武、张文杰译，中国社会
科学出版社，1987年。

（法）勒内·基拉尔：《双重束缚：文学、摹仿及人类学文集》，刘
舒、陈明珠译，华夏出版社，2006年。

李德龙、俞冰编：《历代日记丛钞》（第二十九册），学苑出版社，
2006年。

李德龙：《〈黔南苗蛮图说〉研究》，中央民族大学出版社，2008
年。

李汉林：《百苗图校释》，贵州民族出版社，2001年。

李霖灿：《中国风俗画欣赏》，台北"行政院"文化建设委员会，
　　1989年。

李孝友：《清代云南民族竹枝词诗笺》，云南美术出版社，2005年。

李泽奉、刘仲如编：《清代民族图志》，青海人民出版社，1997年。

李泽厚：《美学三书》，安徽文艺出版社，1999年。

刘锋：《百苗图疏证》，民族出版社，2004年。

刘宗迪：《失落的天书：〈山海经〉与古代华夏世界观》，商务印
　　书馆，2016年。

柳诒徵：《中国文化史》，中华书局，2015年。

卢辅圣主编：《中国书画全书》第十册、第十一册，上海书画出版
　　社，1996年。

罗淑敏：《如何欣赏中国画》，中华书局，2017年。

马雅贞：《刻画战勋：清朝帝国武功的文化建构》，社会科学文献
　　出版社，2016年。

（美）孟久丽：《道德镜鉴：中国叙述性图画与儒家意识形态》，
　　何前译，生活·读书·新知三联书店，2014年。

（美）欧文·戈夫曼：《污名——受损身份管理札记》，宋立宏
　　译，商务印书馆，2009年。

（美）欧文·潘诺夫斯基：《图像学研究：文艺复兴时期艺术的人
　　文主题》，戚印平、范景中译，上海三联书店，2011年。

潘超、丘良任、孙忠铨主编：《中华竹枝词全编》（7），北京出版
　　社，2007年。

彭刚：《叙事的转向：当代西方史学理论的考察（第二版）》，北京
　　大学出版社，2017年。

（法）皮埃尔·布尔迪厄：《区分：判断力的社会批判》，刘晖译，
　　商务印书馆，2015年。

祁庆富、史晖等：《清代少数民族图册研究》，中央民族大学出版社，2012年。

芮逸夫主编：《"中央研究院"历史语言研究所影印苗蛮图集之一：苗蛮图册》，"中央研究院"历史语言研究所，1973年。

施蛰存：《路南游踪》，云南人民出版社，2008年。

石光明主编，国家图书馆分馆编：《清代边疆史料抄稿本汇编》第36册，线装书局，2003年。

宋光宇撰辑：《华南边疆民族图录》，台湾"中央图书馆"，1991年。

宋兆麟：《民族文物通论》，紫禁城出版社，2000年。

（美）孙康宜、（美）宇文所安主编：《剑桥中国文学史（上卷）1375年之前》，刘倩等译，生活·读书·新知三联书店，2014年。

台湾商务印书馆：《辞源》（第7版），台湾商务印书馆股份有限公司，1984年。

万仁元、方庆秋主编：《中华民国史史料长编》第65册，南京大学出版社，1993年。

王明珂：《反思史学与史学反思：文本与表征分析》，上海人民出版社，2016年。

王文才选注：《杨慎诗选》，四川人民出版社，1981年。

王向峰：《文艺美学辞典》，辽宁大学出版社，1987年。

文化批判社编：《文化批判 中国民族史研究特辑》，中华书局，1935年。

（美）巫鸿：《武梁祠：中国古代画像艺术的思想性》，柳扬、岑河译，生活·读书·新知三联书店，2015年。

——《中国古代艺术与建筑中的纪念碑性》，李清泉、郑岩等译，上海人民出版社，2017年。

萧琼瑞：《岛民·风俗·画：十八世纪台湾原住民生活图像》，台北东大图书股份有限公司,2007年。

邢义田:《画为心声:画像石、画像砖与壁画》,中华书局,2011年。

徐益棠:《非常时期之云南边疆》,中华书局,1937年。

杨庭硕、潘盛之编注:《百苗图抄本汇编》,贵州人民出版社,2004年。

尤中:《尤中文集》(第3卷)、(第4卷),云南大学出版社,2009年。

俞建良主编:《昆仑堂十年论文集》,荣宝斋出版社,2011年。

云南大学图书馆编:《清代滇黔民族图谱》,云南美术出版社2005年。

张东荪:《知识与文化》,岳麓书社,2011年。

(美)张光直:《艺术、神话与祭祀》,刘静、乌鲁木加甫译,北京出版社,2017年。

郑岩、王睿编:《礼仪中的美术——巫鸿中国古代美术史文编》,郑岩等译,生活·读书·新知三联书店,2005年。

郑振铎:《西谛书话》,生活·读书·新知三联书店,2005年。

中国国家博物馆编:《中国国家博物馆馆藏文物研究丛书·绘画卷·风俗画》,上海古籍出版社,2006年。

(法)朱莉娅·克里斯蒂娃:《主体·互文·精神分析:克里斯蒂娃复旦大学演讲集》,祝克懿、黄培编译,生活·读书·新知三联书店,2016年。

三、中文论文

安琪:《图像的历史叙事——以〈南诏图传〉中的"图文关系"为例》,《民族艺术》2012年第4期。

——《图像的"华夷之辨":清代百苗图与苗疆历史的视觉表述》,《云南社会科学》2013年第2期。

——《从〈南诏图传·祭柱图〉看"南方佛国"的神话历史》,《云南社会科学》2015年第1期。

蔡琪蕊:《清代〈滇省夷人图说〉研究》,昆明理工大学硕士学位论文,2015年。

苍铭:《〈滇省舆地图说〉与滇越边界及边防》,《中央民族大学学报(哲学社会科学版)》2016年第2期。

苍铭、熊燕:《〈开化府图说〉及所绘中越边界夷人》,《广西民族研究》2018年第6期。

苍铭、张薇:《〈皇清职贡图〉的"大一统"与"中外一家"思想》,《云南师范大学学报(哲学社会科学版)》2019年第3期。

岑仲勉:《现存的职贡图是梁元帝的原本吗?》,《中山大学学报》1961年第4期。

陈继春:《萧绎〈职贡图〉的再研究》,载薛永年、罗世平主编:《中国美术史论文集——金维诺教授八十华诞暨从教六十周年纪念文集》,紫禁城出版社,2006年。

陈子丹、郑宇、庄兴成:《清代云南少数民族的生动画卷——〈云南种人图说〉考释》,《红河学院学报》2016年第3期。

邓菲:《图像与思想的互动——谈跨学科研究中的图像艺术》,《复旦学报》2012年第1期。

丁文江:《〈爨文丛刻〉自序》,载中央民族学院彝文文献编译室编:《彝文文献研究》,中央民族学院出版社,1993年。

干小莉:《"苗图"浅议》,《百越研究(第四辑)》,厦门大学出版社,2015年。

——《"滇夷图"民族志遗产的内涵与价值》,《南方文物》2018

年第1期。

高明扬、余碧莹：《〈历代滇游诗钞〉中"他者"视域下的云南印象》，《西南石油大学学报（社会科学版）》2017年第3期。

葛兆光：《思想史研究视野中的图像——关于图像文献研究的方法》，《中国社会科学》2002年第4期。

——《古地图与思想史》，《中国测绘》2002年第5期。

——《成为文献：从图像看传统中国之"外"与"内"》，《文汇报》2015年11月13日。

——《想象天下帝国——以(传)李公麟〈万方职贡图〉为中心》，《复旦学报（社会科学版）》2018年第3期。

（美）何罗娜：《〈百苗图〉：近代中国早期民族志》，汤芸译，《民族学刊》2010年第1期。

——《比较历史学视野中的〈百苗图〉》，汤芸译，《民族学刊》2010年第2期。

贺圣达：《嘉靖末年至万历年间的中缅战争及其影响》，《中国边疆史地研究》2002年第2期。

胡进：《"百苗图"源流考略——以〈黔苗图说〉为范本》，《民族研究》2005年第4期。

黄才贵：《〈黔苗图说〉与民族识别》，《贵州民族研究》1996年第3期。

黄金东：《〈云南民族图考〉版本考》，《中央民族大学学报（哲学社会科学版）》2018年第3期。

贾益：《从"种人"纪述到"人种"之分——元至清地方志中的滇西民族分类》，《云南社会科学》2017年第6期。

——《元明清云南方志中"百夷"等称谓的流变》，《西南民族大学学报（人文社会科学版）》2017年第9期。

金维诺：《"职贡图"的时代与作者——读画札记》，《文物》
　　1960年第7期。

赖毓芝：《图像帝国：乾隆朝〈职贡图〉的制作与帝都呈现》，
　　《"中央研究院"近代史研究所集刊》第75期，2012年。

——《清宫对欧洲自然史图像的再制：以乾隆朝〈兽谱〉为例》，
　　《"中央研究院"近代史研究所集刊》第80期，2013年。

——《构筑理想帝国：〈职贡图〉与〈万国来朝图〉的制作》，《紫
　　禁城》2014年第10期。

李汉林：《〈百苗图〉族称名源探析例举》，《贵州民族研究》2001
　　年第2期。

——《九种"百苗图"版本概说》，《吉首大学学报》2001年第2期。

李汉林、刘锋：《历史民族志研究方法探讨——以〈百苗图〉整理
　　为例》，《贵州民族研究》2002年第4期。

李宏复：《一部珍贵的民族画卷——〈百苗图〉》，《东南文化》
　　2002年第8期。

李立、史青：《从图说到图说绘写者——基于清代滇黔民族图说
　　序跋的研究》，《云南师范大学学报（哲学社会科学版）》2019
　　年第3期。

李露露：《清代黎族风俗的画卷——〈琼州海黎图〉》，《东南文
　　化》2001年第4期。

李瑜：《〈皇清职贡图〉、"滇夷图"中的云南古宗图像解析》，
　　《云南民族大学学报（哲学社会科学版）》2016年第4期。

李元茂：《明邓廷宣款〈琼黎风俗图〉鉴定刍议》，《文物世界》
　　2004年第3期。

李宗放：《〈黔苗图说〉及异本的初步研究》，《西南民族学院学
　　报》1995年第4期。

刘慧群、罗康隆:《从〈百苗图〉看19世纪初贵州高原各民族的纺织工艺》,《中央民族大学学报(哲学社会科学版)》2010年第4期。

刘静:《从〈白莲社图〉看文人画家对道释画的改编》,《中国国家博物馆馆刊》2014年第10期。

刘咸:《苗图考略》,《方志》1936年第9卷第1期。

刘星雨:《〈滇省夷人图说〉中祀田祝丰夷人图像解析》,载彭勇编:《民族史研究》第13辑,中央民族大学出版社,2016年。

刘星雨、苍铭:《〈滇省夷人图说〉中的婚俗图像解析》,《广西民族研究》2016年第4期。

罗康隆:《从〈百苗图〉看18—19世纪贵州各族渔猎生计方式》,《教育文化论坛》2012年第2期。

马国君、张振兴:《近二十年来"百苗图"研究文献综述》,《中央民族大学学报(哲学社会科学版)》2011年第4期。

马健雄:《"佛王"与皇帝:清初以来滇缅边疆银矿业的兴衰与山区社会的族群动员》,《社会》2018年第4期。

米婷婷:《梁〈职贡图〉源流初探》,中国艺术研究院硕士学位论文,2016年。

祁庆富:《绚丽多彩的清代民族画卷——"苗蛮图"研究述略》,《中央民族大学学报(哲学社会科学版)》2003年第3期。

祁庆富、李德龙:《〈伯麟图说〉考异——〈御制外苗图〉和〈滇省夷人图说〉述略》,《民族研究》2007年第1期。

祁庆富、李德龙、史晖:《再谈〈伯麟图说〉及按语》,载云南民族大学编:《民族学报》第五辑,民族出版社,2007年。

——《国内外收藏滇夷图册概说》,《思想战线》2008年第4期。

钱秉毅:《明清时期对云南非汉民族的认知演进与西南边疆治

理——基于明清云南省志和民族图册的研究》，云南大学博士
学位论文，2017年。

阮立影：《从〈皇清职贡图〉看清前期贵州少数民族社会——兼
论清前期的民族观》，西南大学硕士学位论文，2010年。

石建中：《〈百苗图〉——苗族的历史画卷》，《民族论坛》1994年
第4期。

史晖：《国外"苗图"收藏与研究》，《民族艺术》2009年第4期。

——《国外"苗图"收藏与研究》，中央民族大学民族学博士学位
论文，2009年。

宋兆麟：《清代贵州少数民族的风俗画》，《文物》1988年第4期。

——《一幅珍贵的纳西族风俗画》，《民族研究》1989年第6期。

——《云南民族的生动画卷——〈滇南夷情汇集〉试析》，《中国
历史博物馆馆刊》1998年第2期。

孙麒：《〈滇夷风俗图〉考略》，《西南民族大学学报（人文社会科
学版）》2010年第7期。

汪亓：《仇英〈职贡图〉卷流传考略》，《沈阳故宫博物院院刊》
2016年总第17辑。

王明珂：《王崧的方志世界——明清时期云南方志的本文与情
境》，载孙江主编：《新史学（第二卷）：概念·文本·方法》，中
华书局，2008年。

王鹏惠：《汉人的异己想象与再现：明清时期滇黔类民族志书写
的分析》，台湾大学《考古人类学刊》第58期，2002年。

——《"异族"新闻与俗识／视：〈点石斋画报〉的帝国南方》，
《台湾史研究》2012年第4期。

王素：《梁元帝〈职贡图〉新探——兼说滑及高昌国史的几个问
题》，《文物》1992年第2期。

王万发：《形制与观看：关于"苗图"的视觉分析》，《民族艺术》2017年第6期。

王蔚：《〈皇清职贡图〉的绘画史意义》，《云南师范大学学报（哲学社会科学版）》2018年第11期。

韦天亮、杨振宁：《桂馥及其〈黔南苗蛮图说〉考略》，《兴义民族师范学院学报》2017年1期。

畏冬：《〈皇清职贡图〉创制始末》，《紫禁城》1992年第2期。

吴莉苇：《比较研究中的陷阱——评劳拉·霍斯泰特勒〈清朝殖民地事业〉》，《史学月刊》2005年第6期。

吴秀杰：《异地的图说：一本关于云南民族的"苗图"——评介〈滇省迤西迤南夷人图说〉的德文译本》，《民族艺术》2005年第2期。

熊丽芬：《从普洱府图说看清代当地民族风俗（上）》，《收藏家》2011年第9期。

——《从普洱府图说看清代当地民族风俗（下）》，《收藏家》2011年第10期。

——《清代〈普洱府图说〉概况述略》，《西南古籍研究》，云南大学出版社，2011年。

熊燕：《清代"滇夷图"喇嘛图像探析》，《法音》2019年第2期。

严岩奇：《〈八十二种苗图并说〉的成书年代考——以余上泗〈蛮峒竹枝词〉为研究文本》，《民族研究》2010年第1期。

杨世武：《明朝对孟密与木邦土司纷争的处置及影响窥探》，《湖北民族学院学报（哲学社会科学版）》2018年第6期。

易东华：《中国古典语境中的"图"与"像"》，载黄专主编：《世界3·开放的图像学》，中国民族摄影艺术出版社，2017年。

游自勇：《丝绸之路上的"百怪图"》，《文史知识》2018年第12期。

余太山：《〈梁书·西北诸戎传〉与〈梁职贡图〉》，《燕京学报》第
　　5期，北京大学出版社，1998年。

占跃海：《桂馥的〈黔南苗蛮图说〉和作者的民族地区治理情
　　结》，《贵州大学学报（艺术版）》2011年第4期。

——《"白儿子"图与诗——清代艺术文献中对贵州威宁"白儿
　　子"风俗的描述与艺术家的眼光》，《民族文学研究》2012年
　　第1期。

张磊：《明代嘉靖至万历间中缅冲突研究》，云南大学硕士学位论
　　文，2010年。

张琎：《关于苗蛮图研究的一点商榷与一个建议》，《遵义师范学
　　院学报》2016年第6期。

赵灿鹏：《宋李公麟〈万国职贡图〉伪作辨证——宋元时期中外
　　关系史料研究之一》，《暨南史学》（第八辑），广西师范大学
　　出版社，2013年。

赵荔：《清代〈普洱夷人图说〉研究》，云南大学硕士学位论文，
　　2013年。

郑宇：《滇夷图：云南古代民族的生动画卷》，《兰台世界》2016年
　　第8期。

朱和双：《明清以来滇中地区的巫蛊叙事与族群认同》，《楚雄师
　　范学院学报》2010年第7期。

——《清代姚安府嫚且蛮的图像记忆与文化认同》，《民族艺术
　　研究》2011年第3期。

——《台湾华文书局版〈皇清职贡图〉举误》，《寻根》2013年
　　第5期。

——《从"地羊鬼"看华夏边缘的昆仑狗国神话》，载《中华俗文
　　化研究》第八辑，巴蜀书社，2013年。

——《作为食谱的〈滇省夷人图说〉：因华夏而叛逆的边地故
　　事》,《楚雄师范学院学报》2016年第1期。
朱万章：《17世纪宫廷画家顾见龙研究》,《美术学研究》（第1
　　辑）, 东南大学出版社, 2011年。

四、外文文献

Deal, David and Laura Hostetler. *The Art of Ethnography: A Chinese Miao Album*. University of Washington Press, 2006.

Deimel, Claus. *Das Yunnan-Album Diansheng Yixi Yinan Yiren Tushuo: Illustrierte Beschreibung der Yi-Stämme im Westen und Südene der Provinz Dian*. Museum für Völkerkunde zu Leipzig, 2003.

Hostetler, Laura. *Qing Colonial Enterprise: Ethnography and Cartography in Early Modern China*. University of Chicago Press, 2001.

Tapp, Nicholas and Don Chon. *The Tribal Peoples of Southwest China: Chinese Views of the Other Within*. White Lotus Press, 2000.

后 记

十多年前，每逢周末，就和三五知己聚在一起读书论道，美其名曰"昆明读书小组"。本书选题便在这样的聚会闲聊中酝酿而成。要感谢甲丙、史青、坚强、老许、嘉鸿几位至交，尤其杨磊，提及文学图像学研究，启发我关注古代民族图说，由此动念申报国家社科基金项目，进而在结题后完成本书。2014年开始此项研究，云南方志、民族图说的搜集、研读、讨论成为我生活与思想的一部分。某次在甲丙家，烟雾缭绕中，"昆明读书小组"辨认地羊鬼、野人图说细节直到深夜，各自家人不断催促，方才散去。人到中年，工作、家庭事务日趋繁重，类似场景渐行渐远，变成值得回味的人生印记。

研究得到许多帮助。申报项目时，老同学范舟、同事樊华、朋友赵玉中鼎力支持。项目开题时，施惟达、段炳昌两位恩师，何耀华、王文光、朱端强、周智生四位教授悉心指点。结题时，五位匿名评审专家给出中肯的鉴定意见，有助于书稿的修改、完善。云南省博物馆熊丽芬研究员在云南民族图说研究领域颇有建树，参与项目，提供资料。香港科技大学的马健雄兄赠送相关英文图书，邀我加入研究团队，在史料与田野、理论与方法等方面使我获益良多。云南民族大学干小莉老师的研究细致深入，在资料获取和图说分类方面给我不少启发。云南艺术学院薛其龙博士参与项目,发表阶段性论文。同事匡锦的女儿晚月从德国帮我购得《滇省迤西迤南夷人图说》,台湾学友洪伊君代为复印《滇夷图说》。在此一并致谢。

著作的出版得益于中华书局学术著作编辑室罗华彤主任对选题的肯定,尤其感谢余瑾编辑极为专业而用心的校读,面对书稿中她的勾画、字迹、符号,方知自己的粗疏,倍感中华书局的声誉源于不同流俗的学术眼光与编辑的不懈努力。

本书由我和史青合作完成,史青撰写第三章第一节,第四章,第七章第一、四节,我撰写其余章节,并负责全文统稿。

我们的研究伴随着孩子的成长和家人的付出,史青对此可能更有感触。研究开始时,他的儿子努比还小,女儿童童尚未出生,如今男孩已是少年,女孩也已到了顽皮可爱的年龄。史青的夫人赵声攀是北大计科系高材生,富才情,擅书法,是贤内助,尽力为史青的研究、写作创造条件。

最后想感谢一下我的家人。娥满陪我度过思考的艰难时光。傍晚一起散步,生性活泼、爱看晚霞的她却不得不忍受我喋喋不休的爨蛮、僰夷、地羊鬼谈。自说自话的我,只要她在身边,就有自信。开始此项研究,女儿阿诺还在读初中,此时已是大学三年级学生。2010年我在一本书的后记中说,"懂事的女儿阿诺从来没有打扰过我的工作,总是问我'什么时候写完你的书'"。我还说,相信她长大后比我写得好。女儿好学善思,在南京大学文学院接受规范的学术训练,习得查找、释读古籍文献的方法,我遇到解决不了的文献问题就向她求助。我仍然相信她在学术方面会做得更好。

李　立

2021年6月